運動・遊び・学びを育てる

ムーブメント教育プログラム100

―幼児教育・保育、小学校体育、
特別支援教育に向けて

小林芳文、是枝喜代治、飯村敦子、雨宮由紀枝 編著

大修館書店

まえがき

　この本は、幼児教育・保育、小学校体育、特別支援教育等の現場で、子どもたちの運動や遊び、学びをもっと豊かに、かつ楽しく支援したいとご尽力されている皆さんのアイデアづくりと実践に役立つ、ムーブメント教育での豊富な活用プログラムや事例を紹介しています。

　私たちは、2014年に「発達障がい児の育成・支援とムーブメント教育」（大修館書店）を刊行しました。本書は、その関連書として、特に保育や特別支援教育の場面や小学校の授業で"運動や体育に苦手さを抱える子ども"や"教育・福祉等の全般的な支援が必要な子ども"を主な対象に位置づけています。また、近年放課後等デイサービスなどの児童発達支援事業が急速に発展していることより、地域社会や親子教室にも活用できることを意図して先進的な取り組みも紹介しています。

　ムーブメント教育（Movement Education ）とは、「身体づくり、動きづくり」と「動きによる学び・考える力、関わる力」という二つの方向性を持った運動を通した教育であり、子どもの健康と幸福感の達成を究極的な目標としています。この教育の特徴の一つは、環境（遊具や音楽、場など）を子どもの目線で豊かに活用することにあり、そこには命令はなく、気持ちが湧き出る自発性や創造性を大切にする取り組みがあります。また特徴の二つ目は、子どもの行動の諸機能（からだ、あたま、こころ）を切り離すことなく発達全体を視野に入れ、かつ得意なことに目を向け強みを生かす教育であるということです。

　ムーブメント教育の祖と言われ、学習障害の教育や研究に成果をあげた米国のM.フロスティッグ博士は、教育に携わる教師は「運動で極めて多くのことが学べること」を常に知っていなければならないとして、ムーブメント教育を構造化した研究者ですが、この教育は、特に障害を持った子どもたちに大きな利益をもたらすとして、伝統的な障害児の教育方法に新しい流れを作りました。

　今日、どの子も共に育ち学ぶ、共生社会の実現に向けた理念が急速に広まりつつあり、保育や教育現場では、配慮を要する子どもや障害のある子どもへの柔軟な寄り添い支援が持たれるようになりました。その中には集団での活動が難しくボール

遊びやスキップが苦手などクラムジーと呼ばれる子どもも少なくありません。かつて、私たちは、横浜市の7.5万人程の小学校児童を対象にした世界に類のない大規模な調査で、何らかの支援が必要な学習に困難を示す要配慮児の約66％に、学習面のみならず運動面で課題があることを明らかにしました。本書では、このような子どもたちが簡単な遊びの要素を持ったムーブメント教育プログラムなどで、その課題が克服できるような事例や実践も紹介しています。

　学習面や運動面で支援を要した子どもたちの中には、思春期段階に入ると二次的で心理的、情緒的な問題へと発展していく可能性のあることも看過できないところです。当事者たちの回顧録でも、体育授業の参加が嫌で見学が多かったとか、上手に運動ができずつらい思い出しか残っていないとか、学童期の運動活動での否定的な内容が語られています。このような情況を鑑みると、保育園などの就学前段階や発達の可塑性が比較的高いとされる小学校低学年の時期から、多様な感覚運動活動や運動による楽しい学びを継続的に進めていくことが要求されます。

　本書は、第一部の理論編（第1章〜第6章）と第三部の事例・実践編（第9章、第10章）で、この教育の役割や基本、そして魅力的な環境づくりに役立つムーブメント遊具や用具の展開に触れています。第二部のプログラム編（第7章、第8章）は、本書の中核をなすM.フロスティッグのMGLプログラムを参考に、我が国でこれまで開発され実践されてきた動きづくりや学ぶ力を育む身体意識、知覚運動、精神運動などの人気のプログラムが系統的にわかりやすく配列されています。

　本書の出版に至るまで、大修館書店編集第三部の内藤千晶さんに大変お世話になりました。2020年春に始まった新型コロナウイルス禍の世界的蔓延の中、延期された東京オリンピックとパラリンピックの成功を願うと同時に、本書が、教育・保育・福祉などの関係者にとって日々の実務を助け、子どもたちの生きる力の糧となる笑顔のエールになれたらと願っています。

2021年1月

小林芳文、他編者一同

目 次

第 1 部　理論編

第 2 部　プログラム編

Part **1**

第 1 部

理論編

1 | ムーブメント教育の基礎・基本

■ フロスティッグによるムーブメント教育理論

［1］意義とねらい

　神経心理学者の1人である米国のマリアンヌ・フロスティッグ（Marianne Frostig）は、学習困難や発達に障害のある子どもの教育的治療に取り組んできた著名な実践家として知られています。フロスティッグ博士は、これらの子どもたちに対する有効な教育法の1つとして、ムーブメント教育・療法（Movement Education and Therapy）が位置することに気づき、1970年代初期にその理論と実践についての学問を公にしました。博士は適切なムーブメント活動が、なぜ子どもの教育や発達支援に必要かを明らかにしました。フロスティッグによる多くの関連書はわが国でも紹介され、特に、教育・療育領域に大きな影響を与えました。

　現在、わが国の特別支援学校や保育園、療育機関などでは、フロスティッグのムーブメント教育を様々な形で取り入れており、多くの教育者、知覚運動理論家、療育関係者によって、その意義と効果が立証されています。とりわけ障害のある子どもの教育や療育の考え方としてフロスティッグ理論が注目される理由は、**表1**に示すように、生きる力を支える人間発達の基礎つくり、人道主義に基づいた人間愛を大切にするアプローチ（Humanistic Approach）であるからと言えます。

表1　フロスティッグによるムーブメント教育の特徴

① 豊かに生きる力に通ずる「人間発達の基礎つくり」の教育
② 感覚運動を軸とした「発達全体を支える」教育
③ 子どもの自主性、自発性を重視する「人間尊重」の教育
④ 喜び、満足感に通ずる「健康と幸福感の達成」を目指した教育

　子どもは、ムーブメント活動を通して、身体を知り、動きの巧みさを身につけ、意思伝達機能や認知機能を助長させて、創造的に自己を表現し、情緒の安定と社会性の発達を促すようなスキルを身につけていきます。強調できることは、単に身体的な運動の能力だけでなく、対人行動（社会性）能力、自己感情（情緒）など心理的諸機能の発達をも助長できるということです。

［2］子どもの健康と幸福を支える

　フロスティッグによるムーブメント教育の中心的ねらいは、子どもの健康と幸福感を高め、感覚運動の諸技能や自己意識を発達させることにあります。多くの感覚（特に前庭感覚を中心としたハプティック感覚）が参加できる身体的な活動は、病気を予防し、健康を支えるのに効果的な働きを担います。

　また、心理的・情緒的な健康は、子どもの無邪気な喜びやムーブメント活動に伴う習得の感情によって高められます。ムーブメント教育・療法の活動は、遊具（用具）や場、音楽など環境を巧みに活用するので、楽しい動きや易しい活動として健康づくりにも無理がありません。また、遊びの要素を持つ活動として、子どもの心に「もっとやりたい」という意欲を促し、「やったー」という満足感・幸福感で満たすことができるのです。

　「動くことは、生命の源であり、発達の力である。それは身体を育て、頭を育て、心を育てる」。フロスティッグによるこの命題が、ムーブメント教育・療法の理念であり、適切なムーブメント活動は、子どもの生活や行動の本質をなすものとなっています。

　子どもは幼児期から児童期にかけて、ムーブメント活動の機会を最も必要とします。それは感覚機能や心理機能をより堅固なものとし、高次な認知機能や創造的活動、情緒発達への道づくりになるからです。子どもの発達にかかわるムーブメント経験は、身体活動の可能性を広げ、環境世界における自己を発見するための必要な手段として機能するのです。つまり、ムーブメント活動で身体意識、自己意識と他者意識、そして時間・空間意識を獲得していく過程において、子どもは次第に環境に適応して発達の道を歩んでいきます。

［3］子どもの発達段階とムーブメント教育の活用

　ムーブメント教育は、机上の教育でなく体育でもない「第3の教育」と言われており、感覚、知覚、精神という人間発達のどの機能とも結びつくことから、人間の社会的調和としての適応を支える学問となっています。これにより子どもの感覚運動、知覚運動、精神運動に関するムーブメント活動の取り組みが展開されています（図1）。

　なお、ドイツ、スイスなど欧州諸国では、ムーブメント教育を、アート、音楽、ダンス、スポーツ、宗教、体育、教科学習の土台を支える教育として位置づ

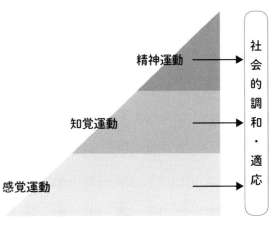

図1　ムーブメント教育と人間発達の結びつき

けており、その重さゆえに、幼児教育、特別支援教育の一翼を担っていることがうかがえます（**図2**）。

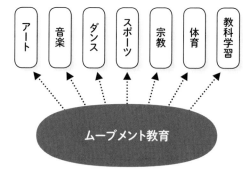

図2　ムーブメント教育の活動は様々な分野の開花に繋がる

近年、わが国では、ムーブメント教育は「遊び学習」「非認知教育」「アクティブ・ラーニング」「家族参加型の子育て支援」「早期療育」などの領域で活用されつつあり、中でも障害児教育（保育）においては、利益をもたらす教育・療育として益々活用されていくことと思われます。

周知のように障害のある子ども、とりわけ発達障害児は、その多くが神経発達的レベルで何らかの偏りや統合の弱さのある子どもとして知られており、中枢神経系の促通や感覚機能発達の支援を必要としています。米国精神医学会により発達障害の診断基準DSM-5が公開され（2013年5月）、神経発達症群/神経発達障害群と呼ばれるカテゴリーが登場しました。そして、以前にも増して発達障害児への支援における感覚運動刺激の位置づけが堅固なものとなりました。また、発達障害児の中には、日頃の行動の失敗や運動苦手などのつまずきが重なり、自己肯定の乏しい状態に置かれ自信を失っている子どもがいます。強み（ストレングス）につながる「心の支援」を望んでいる子どもです。楽しい身体運動は、子どもの情緒を安定させ、感覚を統合し、脳の機能を2倍にも3倍にも活性化させることもわかってきました。ここに遊びの要素を持った運動としてのムーブメント教育が位置づくことで、子どもの弱点を目立たせない易しい活動を通した、子どもの発達の好循環が支えられるのです。

2　ムーブメント教育MGLプログラム

［1］動きづくりと動きによる教育

図3　ムーブメント教育
MGLプログラム

自発性や創造性が培われるムーブメント教育は、子どもの健やかな発達にとって重要な栄養剤となります。フロスティッグは、「子どもの『からだ』（身体的側面）、『あたま』（知的側面）、『こころ』（心理的側面）は、不即不離の関係にある」としてムーブメント活動を体系づけ、その具体的実践法として「MGLプログラム」を作成しました（**図3**）。

MGLとは、「Move-Grow-Learn」（動き、発達、学び）の言葉で示されるように、「動きづくり」と「動きによる教育」の2つの方向性によるプログラムです。子どもの発達は、いろいろな感覚、知覚、精神機能および身体の運動刺激を通して進められ、そして、そこから

身体的機能や学習能力、心理的諸能力などを育んでいきます。ムーブメント教育での「動きづくり」には、運動に聴覚・視覚・触覚・筋感覚などを連合させた多くの連合運動プログラムがあるので、子どもの運動遊びの支援に結びつくヒントが生まれます（例：音や音楽の活用（聴覚運動連合）、動きの自由な創造（視覚運動連合）、多様な運動遊具の活用（触覚的、筋感覚運動連合）など）。これからの時代の学校体育に期待するところは、運動のバリエーションを考えて、様々な感覚機能の導入を試みプログラムを組むことです（例：動きの量－粗大運動など、動きの方向性－垂直性、水平性、回転性など、動きの質－安定姿勢、移動姿勢、操作運動など）。プログラムの詳細は、本書の第 2 部（第 7、8章）に、フロスティッグのムーブメント教育MGLプログラムを引用して示しています。

［2］教科学習に結びつくムーブメントプログラム

ムーブメント教育MGLプログラムは、子どもの身体的・心理的能力、学習能力、お互いに協調する能力、感情や環境への関連性というような、子どもにとって必要な諸能力全体の発達の支援をねらいとしています。プログラムにセットされている課題と手続きから、ムーブメント技能、言語発達、学習困難の指導、創造性、身体意識を発達させる実際の手がかりが得られるようになっています。適切に行われているムーブメント教育プログラム（学校のすべての教科のカリキュラムと統合されるプログラム）は、はるかに多くのことを成し遂げることができます。子どもの動きたいとする能力は、子どものすべての心理的な能力（伝達したり、知覚したり、課題を解決したりする諸能力）や、感じ方や他人とのかかわり合いの方法に影響を及ぼします。そのようなプログラムは、子どもの創造性を高めることにも役立つのです。

それは、子どもの教科技能を身につける能力を高めることさえ可能にするのです。前教科学習（Pre-academic）に結びつく理論が、ムーブメント教育の感覚運動、知覚運動、精神運動のプログラムにはあり、学習困難児の教育、特別支援教育、保育教育などにこの実践が活用できます。フロスティッグは、ムーブメント教育を前教科学習としても位置づけたのです。直接的な机の上での学習のみでなく、動きと遊具などを使い知覚機能や高次認知機能といくぶんか統合することで、学びを増進させ強化することにつながるからです。

現在、わが国の特別支援教育の学校（学級）では、算数ムーブメント、国語ムーブメント、音楽ムーブメントなどの学習形態を取り入れ、フロスティッグのMGLプログラムを参考に、教科学習としてのカリキュラムづくりを進めているところもあります。また、特別支援学校の教育課程で取り組まれている「自立活動の 6 領域（健康の保持・心理的な安定・人間関係の形成・環境の把握・身体の動き・コミュニケーション）」の授業にも、ムーブメント教育が活用されています。

［3］ムーブメント教育・療法のおもな達成課題

　フロスティッグの掲げたムーブメント教育のおもな達成課題を整理すると、以下に挙げる4課題にまとめることができます。

①感覚運動機能の向上

　身体的な運動は、孤立して存在するのではなく、そこに多くの感覚的なかかわりや経験が伴って展開しています。それゆえに意識的なムーブメント活動は、感覚運動の活動として、感覚と運動発達の両側面において意味があるのです。とりわけ小学校低学年や支援学級などの体育では、身体の運動だけに注視するのでなく、他の感覚機能の活用も取り入れることが必要となります。日本の小学校低学年の授業に、教科体育以外に運動遊びの活動が導入されていることは理にかなっていますが、運動遊びの内容や場づくりもさらに柔軟に検討される必要があります。共生教育、インクルーシブ教育の浸透のためにも、学校の校庭を遊園地のようにするなどの運動の多様な楽しみ方が望まれるところです（**図4**）。

図4　校庭（園庭）を遊園地のようにした運動環境

②身体意識の向上

　フロスティッグは、身体意識を、心身の正常発達の基礎を支える機能と捉え、「身体像、身体図式、身体概念」の総合体として定義しています。身体意識は、生後間もなくからの満腹・空腹感覚や触感覚など身体像（ボディ・イメージ）を持つことから始まり、動きの活発化に伴い経験する抗重力姿勢や加速度感覚などで、身体図式（ボディ・シェマ）が育まれていきます。身体図式は、自己意識や他者意識、ラテラリティ（身体優位性）の形成にとっても重要な役割を果たします。また、身体概念（ボディ・コンセプト）とは、身体部位の事実や機能についての知識であり、実際に身体を動かすことで理解を深め発達していきます。ムーブメント教育は、遊具や場などでの活動のバリエーションが自然に組め、様々な動きが経験でき、身体概念の発達も促します。子どもが相互にかかわる関係性の広がりも設定でき、身体意識の能力を育むことにつながります。

③時間・空間意識、その因果関係の意識の向上

　身体意識との関係が深くその延長線上に位置づけられているのが、時間・空間意識です。すべての事象は、時間や空間の中で生じ、それらが因果関係をもって知覚されます。これらの意識は、動きの拡大のみならず抽象的思考の基礎ともなります。子どもが自由に動き、移動できるようになれば、これらの機能はより広い外界へと拡張されますが、動き

が不足している子どもは、時間・空間意識が十分発達していないことが知られています。ムーブメント教育で経験できるプログラムには、リズム的運動（スクーターボード、トランポリンなど）、動きの速さの変化（ボール運動）、音など聴覚を参加させる運動（音楽ムーブメント）、飛び降りたり登ったりする前庭感覚運動などがあります。

④心理的諸機能の向上

心理的諸機能とは、社会性、情緒を含め、言語機能、視覚化と心像の機能、問題解決能力、連合の諸過程の機能などを言います。言語機能は、受容言語と表出言語の機能で、ムーブメント教育・療法での動きを言葉で表したり、行動を言語化したり、表現させる能力です。視覚化と心像の機能は、記憶や抽象などの認知的な操作にかかわる機能であり、創造的ムーブメント活動で助長することができます。問題解決能力は、自ら考えるムーブメントの課題で発揮できる能力を言います。連合の諸過程の機能は、視覚－運動連合や聴覚－運動連合のように感覚を同時に行使する能力であり、読む力、数える力、書く力などに生かされる機能です。ムーブメント教育は、このように高次の認知機能の発揮にも通じる活動であり、パラシュートムーブメントなど大勢が参加できるプログラムが社会性を育み、意欲や喜びのファンタジー感覚を育て情緒的満足をもたらすのです。

③ ムーブメント教育の進め方

［1］子どもの発達アセスメントや反応のチェック

ムーブメント教育・療法を適切に行うには、一人ひとりの動きなどの育ちをアセスメントできるムーブメント教育プログラムアセスメント（MEPA－R、障害の重い子どもにはMEPA－ⅡR）などの評定チェックシートが有効です。これは、子どもの発達の広がりを「からだ」「あたま」「こころ」の3側面で捉え、また発達の流れを「0～6歳レベル」の7ステージで把握する、日常の活動で簡単にできるアセスメントとして個別支援教育（IEP）に最適です。連携の実践プログラムもあり、PDCAサイクルが組めるようにもなっています。なお、おもに小学校低学年を対象とした運動に苦手さを示す子どもを支援するためのアセスメントには、ムーブメント－IESAがあります（第2章参照）。

［2］プログラム導入時の観察事項

ムーブメント教育・療法の導入セッションは、様々な局面に対する子どもの反応（発達）にかかわる情報を押さえて進められなければなりません。フロスティッグは、導入時に観察しなければならない事項を以下のように挙げています。

①技巧、②移動技能、③姿勢、④語彙、⑤関係用語と比較用語、⑥指示の理解、⑦記憶、⑧空間を使用する能力、⑨道具の使用、⑩個人の反応、⑪子どもたちの相互作用

なお、MEPA－Rはこれらの事項を参考に作成されています。これらのアセスメント事

項は、子どもの発達など「子ども中心」の育ちのチェックができるので、個々の子どもに寄り添うプログラムデザインを可能にしています。子どもの意欲的な参加を生かすためにも、支援者から子どもへの一方向の指導形態（時に訓練）では見落としがちな、上述のような様々な反応を大切にします。命令的な指導を、子どもの教育の中にかたくなに取り入れるとしたら、ムーブメント教育を進めることは難しいのです。

[3] 遊具、場などの環境の多様な活用

ムーブメント教育を進めるには、遊具（用具）、場などの環境の効果的な活用が大きな役割を果たします（『WHO－ICF』2001を参照）。支援者には、遊具などの環境を子どもの発達や教育支援にどのように結びつけるかについての柔軟なスキルと、それを使って活動を鼓舞するセンスが求められます。リボン、ロープ、フラフープ、風船、形板、プレイバンド、ユランコ、ビーンズバッグなどは、ムーブメント教育・療法でよく使う身近な遊具です。パラシュートやトランポリンなどの大型遊具、そして音楽もムーブメント教育に必要な環境です。いずれも子どものニーズがどこにあるかを見極め、その環境ではムーブメント教育のどの課題が組めるのかを判断して様々な活用の機会を設定します（第7、8、9章参照）。

[4] ムーブメント教育を進めるにあたって

ムーブメント教育は、物理的環境や子どもの発達状況、そして支援者の興味や能力などによって左右されますが、何よりも大切なことは子どもの反応に左右されるべきであるということです。表2は、フロスティッグによるムーブメント教育実施上の留意点です。

表2　ムーブメント教育実施上の留意点

① 喜びと自主性の重視	② 創造性の重視	③ 成功感の重視
④ 注意力・集中力の重視	⑤ 継続の原則	⑥ 制御の周期性の原則
⑦ 競争排除の原則	⑧ アプローチの柔軟性	⑨ 環境と遊具の有効活用の原則

[5] ムーブメント教育の計画指針

ムーブメント教育の支援者は、期待される動きの能力を伸ばすために、子どもに対し、「問い、導き、発見し、奨励し、強化し、助けの手を差し伸べる」ことが求められます。しかし、支援者は伝統的な意味で教えるのでも、単に自由な遊びを監督するのでもありません。「動きの起こり得るような環境」を提供し、命令スタイルでなく、導いて発見させ、極めて制限の少ないスタイルを大切にし、ガイドするのです。これにより子どもの自己実現、創造性が鼓舞されるのです。ムーブメント教育・療法の支援計画は構造化されますが、そこには柔軟性が含まれることが望まれます（図5）。

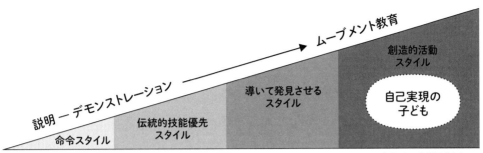

図 5　授業スタイルのスペクトラム（C.Sherrill,1993）

［6］ムーブメント教育の配慮事項

　フロスティッグは、ムーブメント教育で配慮すべきおもなポイントを以下のように述べています。

①運動の基本形を知らない子どもにはそれを練習する機会を多く与える。

②多くの能力（たとえば、記憶力、集中力、連合過程）がムーブメント教育の活動で伸ばされることを、常に知っていなければならない。

③ムーブメント教育での運動は楽しくなければならない。子どもが楽しかったと感じることが必要である。

④遊具（道具）や音楽などの環境を有効に活用するよう工夫する。

⑤子どもに成功経験を与え、失敗を避けさせる。また、競争は個人の中に置かれるべきである。

⑥プログラムは、自由な活動（フリームーブメント）と設定の活動（課題ムーブメント）の組み合わせで設定する。

（小林芳文、飯村敦子）

●引用・参考文献

M. フロスティッグ 著、小林芳文 訳（2007）『フロスティッグのムーブメント教育・療法－理論と実際』日本文化科学社.

小林芳文（2001）『LD・ADHD児が蘇る身体運動』大修館書店.

M. フロスティッグ 著、小林芳文 訳（1984）『ムーブメント教育MGLプログラム 教師用ガイド』日本文化科学社.

小林芳文、是枝喜代治（1993）『子どものためのムーブメント教育プログラム－新しい体育への挑戦』大修館書店.

小林芳文他（2001）『自立活動の計画と展開（全４巻）』明治図書出版.

2 | 運動の苦手さを救うアセスメントと 楽しい運動遊びの展開

◼1 運動が苦手な子どもの特徴とその背景となる要因

　子どもが示す運動の苦手さ、動きの困難さの背景には、中枢神経系の偏りなどの神経学的な要因や、生活環境や遊びの質の変化などの社会・環境的な要因、さらには運動嫌いなどの心理・情緒的な要因があり、それらが相互に関連しながら、日常生活における様々な動きの困難さを引き起こすと考えられています。

　特に学習障害（LD）や注意欠陥多動性障害（ADHD）などの発達障害に見られることの多い「身体的な不器用さ」は、教科学習や日常生活のあらゆる面に影響を及ぼします。国立特別支援教育総合研究所が実施した、教科学習に特異な困難を示す児童生徒を対象とした調査では、手先の不器用さや協調運動の困難さが影響を及ぼすものとして、「判読しにくい乱雑な文字を書く」「リコーダーで学年相当の曲を演奏することが難しい」「スキップができない」などの行動特徴が挙げられています。また、横浜市が実施した学習障害児をおもな対象とした調査では、学習上特別な配慮が必要と判断された児童生徒1,252名の中で、約52％に何らかの運動面での不器用さが認められたという報告があります。さらに、この調査では、特別な配慮を要する児童生徒の約66％に教科学習上の困難さ、運動面での不器用さ、社会的な困難さなどの複合的な課題が認められると報告されています。

　このように動きの困難さを示す子どもの実態は多様で、運動面のみでなく教科学習や日常生活などにも大きな影響を及ぼしていると考えられます。一般に、動きの困難さの兆候は年齢が低いほど顕著に現れますが、年齢の経過や運動機能の発達とともに軽減し、思春期以降まで持ち越すことは少ないとされています。しかし、学習と同様に運動場面における失敗が度重なると、本人の自尊心やその子どもに対する周囲の仲間意識が低下し、結果として運動能力のみでなく情緒や社会性の発達にまで悪影響を与えかねません。動きの困難さ、身体的な不器用さは、それ自体を主訴として病院を訪れるケースこそ稀ですが、そこから派生することの多い心理・情緒的問題を防ぐ意味で、教育上看過できない課題です。

◼2 子どもの全体的な発達を把握し、支援につなげるアセスメント

［Ⅰ］ムーブメント教育プログラムアセスメント（MEPA-R）

　運動が苦手な子どもたちはその特徴が一人ひとり大きく異なるため、多面的な評価を試みる必要があります。ムーブメント教育プログラムアセスメント（MEPA－R）はムーブメント教育・療法を展開するために開発された検査で、０歳（０か月）から６歳（72か

月）までの子どもの発達の状況を総合的に明らかにし、個に応じたムーブメント教育プログラムを作成することができます。また、その結果に基づいて個別の指導計画（IEP）を作成することもでき、半年から1年後に再評価を行うことで、子どもの発達的変化を確認できます。MEPA－Rは身体運動を軸に発達の全領域（運動・感覚、言語、社会性（情緒を含む））をカバーし、子どもの日常の遊びの中でも評価できるため、保護者でも簡易に評定することが可能です。年齢が低く発達が未分化な状態にある子どもに関しては、運動や言語、認知面などの領域を単独で評価するのではなく、全体的・総合的に把握する必要があります。MEPA－Rは0〜6歳までの子どもの発達を3分野6領域の複合的な内容で把握できるように構成されています（**表1**）。また、子どもの運動発達を7つの月齢ステージごとに評定することで、各段階に適したプログラムが検討できます。支援に際しては、『ムーブメント教育・療法による発達支援ステップガイド』など指針となる参考図書が活用されています。

表1 MEPA-R を構成する3分野6領域の内容

分野	領域	内容
感覚・運動	姿勢	非移動、おもに静的な活動
	移動	物を媒介としないおもに動的な活動
	技巧	物を媒介とする操作性
言語	受容言語	語彙、関係用語、比較用語、指示の理解など
	表出言語	語彙、関係用語、比較用語の表出など
社会性（情緒を含む）		おもに対人的な反応や対人関係

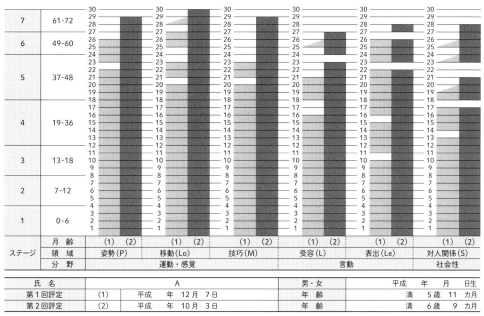

図1 MEPA-R のプロフィール表

p.11 **図1**にはMEPA－Rのプロフィール表を示しました。評価した各項目の結果を棒グラフとして縦軸に示すことで、子どもの全体的な発達の状況と、得意な面・苦手な面などを視覚的に把握することができます。また、各分野・領域の発達の傾向や個人の特性を把握することで、支援プログラムを作成するのに役立てられます。評価項目は全部で180項目あり、その課題を通過した場合は■で示し、通過していない場合は□（空欄）とし、芽生え反応（3回に1回程度はできる）が認められる場合は▲で表します。その他、運動の属性ごとに、クロスインデックス表による分析を行うことができます。支援プログラムの検討・作成に際しては、子どもの「できない」部分ではなく「できる」部分に目を向けることや、ムーブメント教育・療法の考え方に基づいて、子ども自身が楽しめるプログラムを検討していくことを常に心がけていくことが大切です。

[2] ムーブメント－IESA (Movement Individualized Education Support Assessment)

ムーブメント－IESAは、小学校低学年の子どもをおもな対象として、運動が苦手な子ども、多動傾向のある子ども、発達性協調運動障害（DCD）の子どもなどに特化したアセスメントとして開発された検査です。このような状態像の子どもたちを紙面上で把握し、その子どもに適したムーブメント教育プログラムを提供することを目指しています。

ムーブメント－IESAは、全30項目から構成されています（**表2**）。30項目はA、Bの2つの領域に区分されています。「A 身体運動（協応性）面の配慮項目」は「身体意識」「粗大運動操作」「力動的エネルギー（リズム）」「バランス」「微細運動」の5つのカテゴリーで構成され、「B 生活・行動面の配慮項目」は「固執性」「注意力」「状況に合わせた行動」「情緒の安定さ」の4つのカテゴリーで構成されています。

各項目は小学校の通常学級低学年、特別支援学級の子どもの一般的な身体運動面、生活行動面に結びつく簡易な内容で、日常的に子どもと接する担任もしくは保護者が無理なく評価できる項目になっています。各項目は「該当する」（3点）、「ある程度該当する」（2点）、「該当しない」（1点）として計算し、それぞれの項目のスコアから、「平均+1/2SD」を高該当率群、「平均-1/2SD」を低該当率群、それ以外を中間群としています。高該当率群の子どもは、不器用さを示す「最も教育的配慮を必要とする子ども」として、中間群も何らかの配慮を必要とする「グレーゾーンの子ども」として捉えられます。

[3] ムーブメント－IESAを用いた小学校特別支援学級と通常学級低学年の子どもの評価と交流授業の展開

小学校の特別支援学級11名と通常学級2年生38名の子どもに対して、ムーブメント－IESAを活用したアセスメントを行い、その結果に基づき、楽しい「遊び」の動的環境を取り入れたムーブメントプログラムを作成・実践した交流教育の授業を紹介します。

ムーブメント－IESAの結果として、p.14 **表3**に示すように、まず特別支援学級において不器用さなどを示す子どもは、学級全体で約半数（45.5%）いること、中間群（18.2%）

を入れると、約6割の子どもが教育的配慮を必要とする状況にあることが明らかとなりました。また、p.14 **表4**に示すように通常学級2年生では、特に高該当率群に該当する子どもは15.8%、中間群（26.3%）を入れると、約4割の子どもが教育的配慮を必要とする状況にありました。その子どもの中には、特に「身体意識」「粗大運動操作」「力動的エネルギー」に困難を示す子どもが多いこともわかりました。

表2　ムーブメント-IESA（30項目）の項目一覧

A　身体運動（協応性）面の配慮事項（20項目）		該当する	ある程度該当する	該当しない
身体意識	① 人の絵を描くことが苦手である			
	② 整列や行進が苦手である			
	③ 慣れたところでも場所や位置を間違える			
	④ マット運動が苦手である			
粗大運動操作	⑤ ボール投げが苦手である			
	⑥ ボールの受け取りが苦手である			
	⑦ 動いているボールのキックが苦手である			
	⑧ ドリブルが苦手である			
	⑨ ボールゲームが苦手である			
力動的エネルギー（リズム）	⑩ 鉄棒運動が苦手である			
	⑪ 跳び箱運動が苦手である			
	⑫ なわとび運動が苦手である			
	⑬ すばやい動きが苦手である			
	⑭ 手を振ってスムーズに走ることが苦手である			
バランス	⑮ 片足立ちが苦手である			
	⑯ 幅の狭い線上を歩くことが苦手である			
	⑰ つまずかずに歩くことが苦手である			
微細運動	⑱ 手先を使うことが苦手である			
	⑲ はさみの使い方が苦手である			
	⑳ ボタンかけが苦手である			
B　生活・行動面の配慮項目（10項目）		該当する	ある程度該当する	該当しない
固執性	㉑ いったん「いやだ」といったら絶対に応じない			
	㉒ 固執的な行動をよくする			
注意力	㉓ 話を聞く場面で注意がそれやすい			
	㉔ 落ち着きがなく、じっとしていられない			
状況に合わせた行動	㉕ 遠足・運動会などで特に目立った行動をする			
	㉖ 周囲の様子におかまいなく自己主張する			
	㉗ 自分の役割を果たそうとしない			
	㉘ 自分の非を認めず、他人の注意を聞かない			
情緒の安定さ	㉙ ささいなことで喧嘩をする			
	㉚ かんしゃくを起こしやすい			

表3 特別支援学級でのIESAのScore別人数状況（N=11）

	低該当率群 平均-1/2SD	中間群	高該当率群 平均+1/2SD
IESA 全体	50点以下	51～65点	66点以上
	4/11 (36.4%)	2/11 (18.2%)	5/11 (45.5%)
身体 運動面	33点以下	34～45点	46点以上
	4/11 (36.4%)	2/11 (18.2%)	5/11 (45.5%)
生活・ 行動面	14点以下	15～20点	21点以上
	1/11 (9.0%)	5/11 (45.5%)	5/11 (45.5%)

表4 通常学級2年でのIESAのScore別人数状況（N=38）

	低該当率群 平均-1/2SD	中間群	高該当率群 平均+1/2SD
IESA 全体	32点以下	33～38点	39点以上
	22/38 (57.9%)	10/38 (26.3%)	6/38 (15.8%)
身体 運動面	21点以下	22～26点	27点以上
	19/38 (50.0%)	16/38 (42.1%)	3/38 (7.9%)
生活・ 行動面	最小値10点	11～13点	14点以上
	30/38 (78.9%)	5/38 (13.2%)	3/38 (7.9%)

　これらの結果を踏まえて、どの小学校にもある器具（跳び箱・マット・平均台・コーンなど）を基本に、それらに組み合わせて手軽に使えるムーブメント遊具（トランポリン・スクーターボード・ビーンズバッグ・ムーブメントパラシュート・ユランコ・プレイバンド・スペースマット・ムーブメントスカーフ・風船など）を用いて、子どもにとって楽しい「遊び」の動的環境を設定し、子どもたち相互の動きの幅を広げる活動を行いました（**図2、3**）。

　いろいろな運動ができるよう、場面を工夫し、遊具などをサーキット状に配置し、器具・用具の組み合わせにいくつもの変化をもたせるなど場面を工夫したことにより、交流での活動を自然かつ楽しく行え、子どもの参加意欲を高めることができました。

　教育的配慮を必要とする子どもには、身体運動面においてだけでなく、生活・行動面においても、学習環境、教育カリキュラム、経験などを考慮した支援が必要であることがわかってきています。そのためには、子どもを全体的に捉え、子どもを取り巻く環境に働きかけていくような具体的な支援が必要となります。彼らが自主的に活動に参加し、成功体験を増やし、「できる」という自信を持たせていく配慮が大切です。

　インクルーシブな教育活動のための環境のあり方を考える上でも、ムーブメント教育の方法論に基づいた遊びのような活動から学ぶ機会を増やすことの重要性が示唆されました。

図2 平均台とスクーターボードを組み合わせた環境設定

図3 ムーブメント遊具による環境設定

❸ 日本版BCTを用いた小学校児童の追跡調査から

　ここでは、全身の運動の協応性を評価できる日本版BCT（Body Coordination Test）を利用して、小学校児童を対象に運動面の支援が必要な児童をスクリーニングし、1年後の変化を追った調査を紹介します。対象者は、神奈川県川崎市の小学校に在籍する児童748名のうち、日本版BCTにより1年後の追跡調査が可能であった537名です。

　日本版BCTは、「後ろ歩き」「横跳び」「横移動」の3課題の運動指数（MQ）値の合計により、子どもの身体協応性を5段階で評価します。評価基準はMQ100を平均とし、MQ70以下が「協応性に困難あり」、MQ71〜85が「協応性に困難の疑いあり」、MQ86〜115が「標準」、MQ116〜130が「優れている」、MQ131以上が「大変優れている」となっています。

　初年度に実施したスクリーニング結果では、MQ70以下の児童は全体の3.2％（748名中24名）、MQ71〜85の児童は13.8％（748名中103名）で、これらの値はドイツで行われた先行研究とほぼ同様の割合でした。その後、各学級担任と体育専科の先生に対して、配慮の必要な児童の個人情報を提示し、体育の授業や学級活動の中で、十分に配慮した指導を心がけてもらうように依頼しました。そして1年後、前年度と同様に日本版BCTを実施しました。図5には各年齢のMQ値の1年後の経年的な変化を示しましたが、高学年（10〜12歳）に比べ、低学年（7〜9歳）においてMQ値の高い伸びが示されていました。また、年齢ごとの変化では7〜8歳の段階にかけてMQ値が最も伸びていました（有意水準0.01％）。

　図6には、BCTの5段階の評価基準ごとに区分したグループの中で「協応性に困難あり」と判断されたMQ70以下の児童（追跡できた14名）と、MQ71〜85の「協応性に困難の疑いあり」と判断された児童（追跡できた68名）の1年後の集団及び各個人の変化を示しました。個人差はありますが、MQ71〜85の児童は、MQ全体の平均値が有意に上昇していて、集団としての協応性の向上が顕著に認められました（有意水準0.001％）。その一方、MQ70以下の「協応性に困難あり」と判断された児童は、協応性の向上が示された者も数名いましたが、集団としての平均値は横這いか、

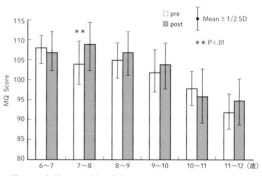

図5　1年後のMQ値の変化

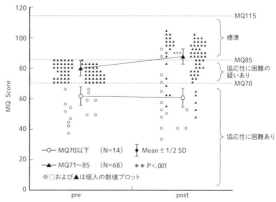

図6　1年後の集団及び各個人のMQ値の変化

もしくは若干低下の傾向にありました。

　日本版BCTを用いた追跡調査の結果からは、①協応性の指導に関する至適時期（発達が最も顕著に示される時期）は、神経系の発達が促される小学校低学年（7～8歳）段階であること、②身体的不器用さを示す児童の中でグレーゾーン（配慮が必要）と考えられるMQ71～85の児童は、集団における個別の配慮などで、その改善が顕著に促される傾向にあること、③協調運動に著しい困難のある（MQ70以下の）児童の協応性の発達には個人差があり、相対的に改善されにくい傾向にあることが推察されました。また、このことは、運動全般について著しく不器用で体育の授業などで十分な成就感や満足感を得にくい子どもに対しては、楽しみながら意欲的に運動に向き合える体育の授業を試みることや、特別な支援の場を提供し、個別的な支援を行っていくことの必要性を示唆しています。

4　運動の苦手な子どもに対する支援の方向性

［1］子どもの心理面や情緒面に配慮する

　運動が苦手な子どもたちは、実に多様な臨床像を示すと報告されています。また、その背景や要因は様々です。したがって、子どもの示す運動の苦手さや身体的な不器用さの問題だけを取り上げて指導することは適切ではありません。特に、協調運動に困難を示す子どもは、学齢期に入ると自身の身体的な問題に気づき始め、思春期以降もこうした問題への認識が継続すると考えられています。実際、ADHDや高機能自閉症のある成人当事者の提言集の中に、「運動が不器用で体育や技術では軒並み苦戦しました。劣等感を味わい、やる気をなくしてしまうことの方が多かったです」「体育の時間にみじめな思いをするのが嫌で、授業をさぼって教室や更衣室に隠れていました」などの体育の教科に関するコメントが記されていることからも、その心理的葛藤が読み取れます。運動の苦手さ、動きの困難さを示す子どもの支援を考える場合、運動面の問題から派生する二次的な問題への対応は不可欠で、子どもの心理面や情緒面に配慮した支援を心がける必要があります。

［2］「子どもが楽しんで参加できる体育」の導入と
　　　心理教育的アプローチの活用

　近年、米国では認知的アプローチへの関心が高まりつつあり、運動が苦手な子どもの支援に際しては、①簡易な運動課題から取り組むこと、②スモールステップで指導すること、③ポジティブな評価を心がけること、④特定の技能の進歩と自己達成感の向上を常に意識することなどが推奨されています。フロスティッグによって体系づけられ、小林らによって日本に紹介されたムーブメント教育・療法は、特別支援教育や幼児教育・保育、医療や福祉の領域を中心に、多様な遊具環境を利用した教育法として発展してきました。学齢期の子どもたちを対象としたムーブメント教育・療法に関する研究では、小学校の授業実践で身体的な不器用さを示す子どもの自己肯定感や授業への満足度が向上したという報

告や、思春期段階の中学生に社会的行動（仲間への意識）におけるプラスの変容が見られたという報告などがあります。

　一般に運動が苦手な子どもたちは、運動場面における失敗の積み重ねによって、低い自己イメージを併せ持つ傾向にあります。したがって、従来の体育学的方法論のみでは、こうした子どもたちへの対応という点で限界があると考えられます。今後は、子どもたちが示す運動の苦手さ、動きの困難さの克服に重点を置きすぎず、成功感や達成感の向上に配慮するなど、ムーブメント教育・療法をはじめとする多様な心理教育的アプローチをうまく活用して、具体的な支援に役立てていくことが望まれます。

［3］楽しい「遊び」の動的環境を取り入れた支援の必要性

　子どもが遊び感覚で取り組める「簡易で楽しい動きの環境」は、子どもの参加意欲を高め、運動に対する動機づけの向上に寄与するという知見が数多く報告されています。運動の苦手さ、動きの困難さを示す子どもを含めた、体育の授業などで何らかの支援の必要な子どもたちは、社会状況の変化（都市化や少子化）や遊びの質の変化（外遊びの減少と室内遊びの増加）などから、今後ますます増えていくことが予想されます。本稿で紹介したMEPA−Rやムーブメント−IESAなどの適切なアセスメントに基づく、一人ひとりの子どもの行動特徴や心理面・情緒面に配慮した指導方法や内容の工夫が、これからの「学校体育」に求められていくでしょう。こうした取り組みの推進が、運動の苦手さ、動きの困難さを抱える多くの子どもたちを救うことにつながると考えます。

（是枝喜代治、岩羽紗由実）

●引用・参考文献

「学習上特別な配慮を要する児童の実態と今後の対応に向けて」検討委員会（1995）「『学習上特別な配慮を要する児童の実態と今後の対応に向けて』横浜市教育委員会報告書」.

小林芳文、飯村敦子、大橋さつき 編（2014）『発達障がい児の育成・支援とムーブメント教育』大修館書店.

岩羽紗由実、小林芳文（2013）『身体運動配慮児の教育支援アセスメント−低学年向け−ムーブメントIESAの開発』日本特殊教育学会第51回大会発表論文集.

伊藤紗由実、原田知佳子、小林芳文（2008）『小学校での交流教育におけるムーブメント教育の実践−その効果と問題点について−』横浜国立大学教育相談・支援総合センター研究論集第8号、障害児発達支援研究：103-114.

是枝喜代治、小林芳文（1992）『小学校でのClumsy Childrenの身体協応性に関する研究』横浜国立大学教育紀要32：221-239.

是枝喜代治（2010）『気になる子の運動発達に体育はどう応えられるのか』体育科教育58（2）：14-17.

東條吉邦、高森明（2014）『ADHD・高機能自閉症の子どもたちへの適切な対応−成人当事者たちからの提言−』国立特殊教育総合研究所：71-73.

是枝喜代治（2006）『不器用な子どものアセスメントと教育的支援』発達障害研究27（1）：37-45.

3 | 幼児教育・保育に生かす
ムーブメント教育

▌1▐ 乳幼児期の遊びと運動

　乳幼児期の子どもにとって遊びは重要です。子どもは、遊びを通してたくさんのことを経験し、学んでいきます。多くの子どもが1日の大半を過ごす保育所。保育のあり方を示した保育所保育指針では、第1章 総則において、「乳幼児期にふさわしい体験が得られるように、生活や遊びを通して総合的に保育すること」とあり、遊びは保育における重要な要素として位置づけられています。また幼稚園教育要領でも、第1章 総則の第1 幼稚園教育の基本において「幼児の自発的な活動としての遊びは、心身の調和のとれた発達の基礎を培う重要な学習であること」と示され、遊びは、幼児にとって重要な学習であると捉えられています。これらを踏まえると、幼児期には遊びに集中できる環境が必要であることが明らかです。

　乳幼児期の遊びにおいて欠かせないのが、身体を動かすこと、すなわち運動です。とりわけ基本的な身体機能を獲得していく段階にある乳児においては、運動遊びが欠かせません。保育所保育指針では、「心と体の健康は、相互に密接な関連があるものであることを踏まえ、温かい触れ合いの中で、心と体の発達を促すこと。特に、寝返り、お座り、はいはい、つかまり立ち、伝い歩きなど、発育に応じて、遊びの中で体を動かす機会を十分に確保し、自ら体を動かそうとする意欲が育つようにすること」と示されています。第2章 保育のねらい及び内容「健康」〔健康な心と体を育て、自ら健康で安全な生活をつくり出す力を養う。〕3 内容の取扱いでも「（2）様々な遊びの中で、幼児が興味や関心、能力に応じて全身を使って活動することにより、体を動かす楽しさを味わい、自分の体を大切にしようとする気持ちが育つようにすること。その際、多様な動きを経験する中で、体の動きを調整するようにすること。」となっています。このように、幼稚園においても身体を動かすことが重要であることがわかります。

　しかし、近年の幼児の遊びは、身体をしっかりと動かすものが少なくなっているようです。日本小児保健協会の調査によると、子どもがいつも遊ぶ場所は「自分の家」が84％、「友だちの家」が28％、「公園」が54％、「児童館などの児童施設」が11％でした（2歳以上、複数回答）。これらの数値からも、子どもたちの遊びは自分の家が中心であることがわかります。公園でのボール遊びの禁止や固定遊具の撤去、交通事故や犯罪への懸念など、近年の社会環境の変化を受け、子どもが大きく体を動かして遊ぶ機会が減少している状況にあります。

② 幼児期運動指針にみるムーブメント教育の有効性

　近年の子どもの運動遊びを取り巻く環境の変化を踏まえ、文部科学省は2012年に3歳から6歳までの小学校就学前の子どもを対象とした幼児期運動指針をまとめました。この指針では、幼児期の運動の必要性について「幼児が様々な遊びを中心に、毎日、合計60分以上、楽しく体を動かすことが望ましい」と示され、「幼児にとっての運動は、楽しく体を動かす遊びを中心に行うことが大切です」と明記されています。同指針においては、幼児期における運動の意義を（1）体力・運動能力の向上、（2）健康的な体の育成、（3）意欲的な心の育成、（4）社会適応力の発達、（5）認知的能力の発達と位置づけています。これはまさしく、「からだ・あたま・こころ」の全人的な発達支援を目的に健康と幸福感の達成をゴールとする、フロスティッグによるムーブメント教育の考え方と一致しています。同指針ではさらに、幼児期の運動のあり方として3つのポイントを示し、幼稚園や保育所での実践に向けた保育者への提案がなされています（**表1**）。これらのポイントを鑑みても、ムーブメント教育は、幼児がわくわくして自発的に動きたくなるファンタジックな遊びの環境の中で、発達段階に応じた多様な感覚運動が経験できるプログラムであるため、まさに幼児期に適した発達支援方法と言えるでしょう。加えて、MEPA－RやMEPA－ⅡRなどのアセスメントとプログラムが一体化しているため、発達特性が異なる様々な子どもに応じた支援が可能となります。

表1　幼児期運動指針のポイント

① 多様な動きが経験できるように様々な遊びを取り入れること
② 楽しく体を動かす時間を確保すること
③ 発達の特性に応じた遊びを提供すること

文部科学省 幼児期運動指針策定委員会「幼児期運動指針ガイドブック〜毎日、楽しく体を動かすために〜」2012 より作表

③ 幼児期の非認知能力の育ちとムーブメント教育

　近年、幼児期における「非認知能力」の育ちの重要性が指摘されています。遠藤らは「非認知能力」について、「『自分と他者・集団との関係に関する社会的適応』及び『心身の健康・成長』につながる行動や態度、そしてまた、それらを可能ならしめる心理的特質」としています。日本の幼児教育においては「心情・意欲・態度」として捉えられ、近年重要視されている資質・能力につながる部分です。J.ヘックマンは「幼児教育において非認知能力が高まることにより、認知能力も相乗的に高まり、その後の人生における収入をはじめとした社会的・経済的成功に影響をもたらすことが示されている」とし、幼児期に非認知能力を育てることは、その子どもの将来に影響する可能性があることが示されています。近年の国内外の調査報告などを背景に、文部科学省中央教育審議会幼児教育部会においては「幼児教育の重要性への認識が高まっている。」とし、「幼稚園のみならず、

保育所、認定こども園を含めた全ての施設全体の質の向上を図っていくことが必要」とする課題が示されました。非認知能力を伸ばすためには、幼稚園や保育所において、集団生活や遊びを通じ、子どもたちが幼児期から互いを認め合い、楽しく育ち合えるような、発達を意図した豊かな保育環境が求められます。

　ムーブメント教育では、「動くことを学ぶ」「動きを通して学ぶ」を大切にしています。「動くことを学ぶ」とは、運動能力や身体能力を高めることですが、「動きを通して学ぶ」とは、動きながら心理的諸機能を高めることを意味しています。ここでいう心理的諸機能とは、「情緒、社会性機能を含め、言語機能、視覚化の機能、問題解決能力、概念化、連合の諸機能」などのことであり、非認知能力や社会情動性スキルを含め、大切な発達課題として捉えています。遊びを原点とするムーブメント教育は、「〜させる」のではなく、子どもたちが自ら「〜したい」と感じるように自主性や自発性を引き出すアプローチを基本としており、子どもたちが自由に参加し楽しく活動できる場を提供します。「からだ・あたま・こころ」という全体の発達について、机上の学びだけでなく、「動くことを学ぶ」「動きを通して学ぶ」という2つの方向性から育むムーブメント教育は、幼児期に大切だと言われる非認知能力を育む上で有効な教育方法と言えます。

４ 幼児教育・保育のねらいとムーブメント教育

　幼児期の心身の発達に不可欠な遊び、とりわけ運動を伴う遊びを保育で展開する上で、ムーブメント教育がきわめて理にかなった支援方法であることは既述したとおりです。それでは、幼児期の子どもの教育や保育を担う幼稚園や保育所において、ムーブメント教育はどのように位置づけることができるでしょうか。

　2018年改正の幼稚園教育要領・保育所保育指針では、「幼児期の終わりまでに育ってほしい姿」として10の姿が明示されました。その姿とは「健康な心と体」「自立心」「協同性」「道徳性・規範意識の芽生え」「社会生活との関わり」「思考力の芽生え」「自然との関わり・生命尊重」「数量や図形、標識や文字などへの関心・感覚」「言葉による伝え合い」「豊かな感性と表現」です。これらは、5領域からなる保育の〔ねらいと内容〕に基づく活動全体を通して育むものとされています。たとえば、「健康な心と体」では、「保育所の生活の中で、充実感をもって自分のやりたいことに向かって心と体を十分に働かせ、見通しをもって行動し、自ら健康で安全な生活をつくり出すようになる」と示されています。ここで示された姿は、「健康」のねらいと内容を踏まえつつ、保育活動全体を通して育んでいきます。

　幼児教育・保育のねらいをムーブメント教育の視点から捉え、保育活動の中にムーブメント教育を位置づけるとしたらどのように考えられるのか、**図1**のように整理してみました。ムーブメント教育は、子ども一人ひとりの発達ニーズに応じて支援が行えるよう、アセスメント（MEPA−R）が用意されています。MEPA−Rでは、月齢0〜72か月の発達段

階について運動発達を軸に7つのステージに区分し、「運動・感覚」「言語」「社会性」の各分野で発達状況を確認していきます。幼児教育・保育で示された「幼児期の終わりまでに育ってほしい姿」は、この第1ステージから第7ステージの間に育み、3つの「育みたい資質・能力」は、就学へのつながりを視野に第7ステージの終わりまでに育っていることが目指されます。

　ムーブメント教育では、フロスティッグの発達観を軸に「感覚運動」「身体意識」「時間・空間意識」「心理的諸機能」の4つの達成課題が掲げられています。これらの達成課題は、5領域からなる保育の「ねらい及び内容」に照らし合わせることができます。「感覚運動機能の向上」は、おもに0〜2歳の第1ステージから第3ステージの達成課題となります。この間は、感覚（視覚・聴覚・触覚・筋感覚・前庭感覚・固有感覚など）の育成、並びに感覚と基本的な姿勢・動作運動の相補的な発達が課題となります。これらの課

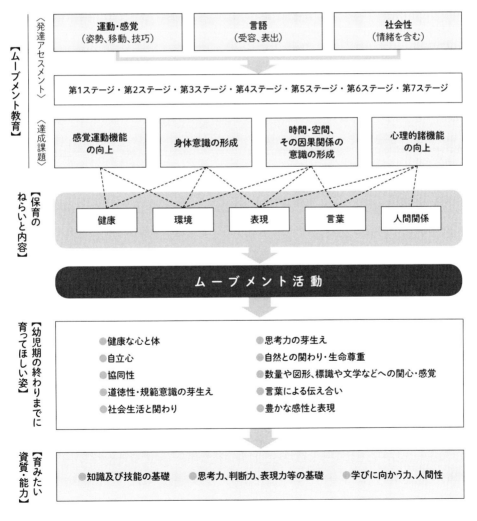

図1　保育活動にムーブメント教育を生かす際の支援の捉え方

題は、1歳以上3歳未満児の保育にかかわる幼稚園教育要領の〔ねらい及び内容〕の〔健康〕の〔ねらい〕「（2）自分の体を十分に動かし、進んで運動しようとする」や〔環境〕の〔ねらい〕「（3）身近な事象を見たり、考えたり、扱ったりする中で、物の性質や数量、文字などに対する感覚を豊かにする」に見ることができます。また感覚の育ちは、その後の言語や認知機能、連合能力（概念化）の発達につながっていくので、育ちを見る視点は「健康」や「環境」に限らずに、保育の内容全体につなげて捉えていきます。同様に「身体意識の形成」は、おもに「健康」「表現」の視点に合わせて、また「時間・空間、その因果関係の意識の形成」は「言葉」「表現」「環境」の視点に合わせて捉えていくことができます。また、主として第7ステージ以降の発達課題となる「心理的諸機能の向上」は「情緒、社会性機能を含め言語機能、視覚化の機能、問題解決能力、概念化、連合の諸機能（見たり、聞いたりして動作すること）」の発達を促すことです。おもには、「人間関係」「言葉」「表現」とつなげていますが、5領域全体のねらいと内容につながる課題として捉えられます。保育においてムーブメント活動を実践する際には、子どもたちの発達ステージを踏まえ、達成課題と5領域のねらいと内容を照らし合わせながら活動のねらいを設定し、ムーブメントのデイリープログラムを作成するとよいでしょう。なお、10の姿はプログラム作りの際、ねらいとして取り入れてもよいです。これらの姿を意識しながらムーブメント活動を実践していくことがポイントとなります。

　最近では、幼稚園・保育所と小学校の連携のための接続カリキュラムの編成が求められています。平成27年に国立教育政策研究所は、小学校へ入学した子どもが、幼稚園・保育所・認定こども園などでの遊びや生活を通した学びと育ちを基礎として、主体的に自己を発揮し、新しい学校生活を創り出していくためのスタートカリキュラムを提案しました。平成29年3月に告示された小学校学習指導要領の総則においても、幼稚園・保育所等と小学校との円滑な接続について示されました。幼稚園や保育所を利用する幼児期から小学校にかけて発達や学びの連続性をもつムーブメント教育は、スタートカリキュラムのプログラムとしても役立てることができます。

5 インクルーシブ保育の現状

　近年、教育や保育におけるインクルージョン、すなわちインクルーシブ教育やインクルーシブ保育が求められています。幼稚園や保育所では、1970年代から、統合保育（インテグレーション）として障害のある子どもの受け入れが始まりました。統合保育は、障害のある子どもと健常児が同じ場所でともに生活し、互いに育ち合うことに意義がおかれ、障害のある子どもに配慮しながら健常児に行う保育に合わせるかたちで行われてきました。それに対してインクルーシブ保育は、同様の意義をもちつつ、すべての子どものニーズに応える保育を意味します。つまり、これまでの健常児を中心とした保育からすべての子どもを包括した教育・保育プログラムへと保育者の意識はもちろん、幼児教育・保

育のあり方すべてにおいて転換が求められているのです。

その一方で、昨今、子どもや家庭を取り巻く環境の変化に伴い、保育に求めるニーズも多様化している現状があります。いわゆる「気になる子」や配慮を要する子ども、その保護者らへの支援に対する保育者の負担の増加を指摘する声も少なくありません。2016年に小林らが実施した調査では、調査対象のうち93％の保育所に「気になる子」が在籍し、「大変気になる子」に対しては77％、「やや気になる子」に至っては92％の保育所が特別支援は行っていないという実態が明らかになりました。また「気になる子」のいるクラスの集団保育について、全体の8割が「大変むずかしい」と回答し、どのように保育をしていけばよいかなど、保育の実践に関して課題を有していることがわかりました。インクルーシブ保育への流れを受けて、園には、「気になる子」や障害のある子どもも含め、多様なニーズを要する子どもたちが通ってきています。今、保育の現場では、子どもたちがともに遊び、その遊びを通して育ち合うことができ、保育者が子ども一人ひとりを大切にすることのできる具体的な保育プログラムが求められています。

6 インクルーシブ保育の実践に生かすムーブメント教育

インクルーシブ保育を目指す動きの中で、障害の有無にかかわらずすべての子どもが一緒に楽しんで活動できるムーブメント教育に、今、改めて注目が集まっています。阿部は、保育士・指導員を対象とした調査を通し、ムーブメント教育・療法は発達に気がかりのある子どもの社会性や情緒、活動参加意欲の問題に対応できること、周りの子どもに及ぼす効果も得られ、年齢などを問わず実施できることを確認し、特に障害のある子どもや発達に気がかりのある子どもを含む集団保育活動プログラムとして有効であることを報告しています。また、保育でムーブメント活動を取り入れることの最大の魅力は、保育者自身も楽しめることです。保育者が無理せず楽しめる活動は、精神的な健康増進にも役立ちます。ムーブメント教育は、子どもと保育者がともに楽しめる保育・教育方法として、双方に意義があると言えるでしょう。

では、インクルーシブ保育を実践している園では、どのようにムーブメント教育を取り入れているのでしょうか。小林らは、長年にわたりムーブメント教育をインクルーシブ保育に取り入れている保育所を対象に、包括的保育に結びつけたムーブメント教育の実践分析を実施しました。その結果、障害児のための特別な遊具や設備・備品がなくても、通常の保育室にある身近なものを加工して子どもの楽しめる遊具を作ったり、子どもが自然に「触りたくなる」「動きたくなる」ように、これらのものを使って環境づくりをしたりするなどの工夫がされていることが明らかになりました。また、実践している保育士からは「『子どもの楽しい活動を膨らます』『子どもの発達を見極め、感覚、知覚、高次認知を支える』という視点を保育士が持っていれば、遊びのツールづくりも活用も容易である」という意見も聞かれました。つまり、基本的な知識があれば、ムーブメント教育は、保育

士にとって馴染みやすく実践しやすい支援方法であると言えます。

　アセスメントとプログラムが一体化したムーブメント教育は、インクルーシブ保育における、発達ニーズのある子どもへのPDCAサイクルに基づく個別の支援においても生かすことができます。河合は、幼稚園に在籍する自閉スペクトラム症もしくはその周辺領域の診断を受けている子ども2名を対象に、社会性や人とかかわる力の育成を目的としたムーブメント教育のプログラムを11回にわたり実施しました（**表2**）。その結果、MEPA－Rの「社会性」分野の「対人関係」領域と「言語」分野の「表出」領域で、顕著な発達の伸びが認められました。また、当該児が友達と接触する回数をセッション前後で比較した結果、回を重ねるにつれて、セッション後に接触する回数がセッション前に接触する回数に比べ、より増えている状況が確認されました（**図2**）。このことから、ムーブメント教育のプログラムを行うことが、他児と自発的にかかわる力の育成につながっていたと考えられます。このように、アセスメントを用いて子どもの実態と発達課題を確認し、ムーブメント活動を実践しながら定期的に発達と保育の評価を行うことにより、子どもの発達を促していくことができるのです。

表2　インクルーシブ教育として取り入れたムーブメント教育・療法プログラム

●年齢：4歳児　●ねらい：社会性、友達とのかかわりを育てる。

活動	内容・方法	達成課題	支援のポイント
フリームーブメント	スカーフを上に投げたり、ゆらゆら揺らしたりする。	社会性 自主性	子どもの自発的な活動を大切にする。 友達とぶつからないようにする。
お友達を知ろう！ （呼名）	○○さんどこでしょう。	自己意識	
みんなで橋を渡ろう！ （ロープ）	直線のロープ上を前・後ろ・横歩きで渡る。 ジグザグのロープの上を歩く。 何色かのカラーロープを置き、指示された色のロープの上を歩く。	身体意識 平衡感覚	リズムに合わせて楽しく歩く。 なるべくロープから落ちずに歩けるよう促す。
力を合わせて 風船運び	スカーフに風船を載せ、2人で運びカゴに入れる。	協調性 社会性	友達とペースを合わせて風船を落とさないよう運ぶ。
みんなでやろう！ パラシュートプログラム	パラシュートで大波、小波を作る。 パラシュートに風船を載せ、落とさないように操作する。	協調性 社会性 操作性	歌に合わせて動きを表現する。
振り返り	活動内容を皆で振り返る。		

●配慮点：集団でのプログラムを通して、協調性・社会性を育てる。

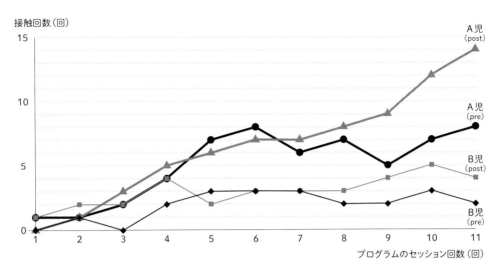

図2 A児、B児の友達との社会的かかわり（接触回数）の各セッション前後の比較

　幼稚園や保育所でのインクルーシブ保育の実践においては、園児全員が大事にされた保育活動の中で、一人ひとりの発達ニーズに応じた支援が行われることが求められます。小林らは、「ムーブメント教育は、どのような発達段階であっても、どのような発達課題をもっている子どもにとっても活動することを保証できる支援法である」と述べています。アセスメントとプログラムが一体化しているムーブメント教育は、インクルーシブ保育の実践においてきわめて有効な支援方法と言えるでしょう。

　　　　　　　　　　　　　　　　　　　　　　　　　（小林保子、河合高鋭）

●**引用・参考文献**

厚生労働省（2018）『保育所保育指針』4-5,14,19.

文部科学省（2018）『幼稚園教育要領』3, 12.

公益社団法人日本小児保健協会（2001）『平成22年度幼児健康度調査報告書速報版』小児保健研究70（3）：448-457.

幼児期運動指針策定委員会（2012）『幼児期運動指針』文部科学省.

遠藤利彦ら（2015）『非認知的（社会情緒的）能力の発達と科学的検討手法についての研究に関する報告書』平成27年度プロジェクト研究報告書，初等中等教育：31,21.

James J. Heckman 著、古草秀子 訳（2015）『幼児教育の経済学』東洋経済新報社.

中央教育審議会（2016）『幼児教育部会における審議の取りまとめ』文部科学省HP.

文部科学省・国立教育政策研究所教育課程研究センター（2015）『スタートカリキュラムの編成の仕方・進め方が分かるスタートカリキュラムスタートブック』.

小林芳文、飯村敦子、清水武史 他（2016）『保育所における障害児やいわゆる「気になる子」等の受け入れ実態、障害児保育等のその支援の内容、居宅訪問型保育の利用実態に関する調査報告書』社会福祉法人日本保育協会.

阿部美穂子（2009-10）『障害幼児の療育や統合保育におけるムーブメント教育・療法活用の可能性の検討 ―保育士・指導員へのアンケート調査から』とやま特別支援学年報3：3-11.

小林芳文、飯村敦子、竹内麗子 他（2010）『包括的保育に結びつけたムーブメント教育の実践分析に関する研究』保育科学研究1：82-94.

河合高鋭（2018）『幼稚園におけるインクルーシブ教育のためのムーブメント教育・療法の活用−社会的相互作用に焦点をあてて−』児童研究97：30-36.

4 | 特別支援教育、インクルーシブ教育に生かすムーブメント教育・療法

■ 特別支援教育、インクルーシブ教育をめぐる国内外の動き

[1] 国際的な流れ

インクルーシブ教育（Inclusive Education）の推進を初めて国際的に打ち出したのは、1994年にユネスコとスペイン政府共催の「特別なニーズ教育に関する世界会議」で採択された「サラマンカ声明」だと言われています。そこでは、障害のある子どもを含めた「特別な教育的ニーズ」のあるすべての子どものための学校が提唱されました。それ以降、インクルーシブ教育の実現に向け、世界各国で様々な施策がとられてきました。

その推進に重要な役割を果たしたのが、2006年に国連総会で採択された「障害者権利条約」です。その第24条（教育）では「障害者を包容するあらゆる段階の教育制度及び生涯学習を確保する」とし、インクルーシブ教育システムの基本原則を打ち出しました。

2015年には、国連サミットで「持続可能な開発のための2030アジェンダ」が全会一致で採択され、2030年までに目指す17の国際目標「持続可能な開発目標（SDGs）」を掲げました。その第4項（SDG4：質の高い教育をみんなに）では、「すべての人々に包摂的かつ公平で質の高い教育を提供し、生涯学習の機会を促進する」と謳っています。続いて、約160か国による「世界教育フォーラム2015」が韓国で開かれ、SDG4を踏まえた「仁川宣言」が採択されました。このように、世界中で新たな課題への挑戦が進んでいます。

[2] 国内の動向

国際社会の動きを受け、わが国においても、2007年に文部科学省が一人ひとりの教育的ニーズに沿った支援を行う特別支援教育を制度化しました。2012年には、中央教育審議会初等中等教育分科会が「共生社会の形成に向けたインクルーシブ教育システム構築のための特別支援教育の推進（報告）」を出し、「次代を担う子どもが通う学校において、率先して進めていくことは、インクルーシブ社会の構築につながる」としています。

また、日本が2014年に障害者権利条約を批准したことを受け、国内法の整備が進められています。2013年には「障害者差別解消法」が定められ、2016年から施行されました。公的機関においては、福祉、教育、医療、保健、労働などの各分野で「合理的配慮」の提供が義務となりました。学校現場でも、この「合理的配慮」をいかに多くの人が理解し、その提供を適切に進めることができるかがポイントになると考えます。先に示した教育アジェンダSDG4についても、地域の実情や特色に応じたインクルーシブ教育システムの構築を目指し、具体的な取り組みが進められています。すべての子どもが大切にされ、

誰も排除されることのない地域を創っていくことは、社会に生きる私たち皆の責任です。

2 インクルーシブ教育の担い手を、ムーブメント教育・療法で育てる

［1］保育士養成課程科目「障害児保育」の授業での10年間の実践

　児童発達支援（障害児通所支援）において2005年度から実践してきた「スポーツセラピー（SPT）」について紹介します。児童発達支援は、おもに未就学の障害のある子どもを対象に発達支援を提供する福祉サービスです。2012年の児童福祉法改正で位置づけられ、開始当初は福祉型と医療型を合わせて約1,700か所だった事業所数は、2020年10月現在では8,000か所に迫り、全国で12万人以上が利用しています。

　SPTには、自閉スペクトラム症、ADHD、ダウン症などの障害のある3〜6歳の子どもたち10〜15人が参加します。最初は研究室の学生が参加し、3年目からは保育士養成課程の2年生対象の「障害児保育」の授業としました。試行錯誤の連続でしたが、職員の方の強力なサポートのもとに実現することができました。実施方法は以下のとおりです。

　①対象児の運動発達特性を考慮して運動プログラムを構成。

　②1回の実施時間は1時間。筆者がプログラム進行を行い、保育士、支援職員、保護者、学生がマンツーマンで子どもを支援。通年の授業期間中、各学生4回の参加。

　③実施後40分間、各担当者が子どもの様子を評価・記録し、カンファレンスを実施。

　④ビデオ録画により子どもの運動発達アセスメントをしてフィードバック。

　p.28 **表1**にプログラム例を示します。プログラムを考えるときは、ムーブメント教育・療法の基本に立ち戻ります。ムーブメント教育プログラムアセスメント（MEPA-R）に基づき、発達支援ステップガイドを活用しながら、発達の全領域（運動・感覚、言語、社会性（情緒を含む））をバランスよく組み合わせてプログラムを作成しました。「楽しい！」が最優先であり、子どもたちが思わず動きたくなるような環境設定の工夫もポイントです。学生たちの目標は「子どもたちの笑顔を引き出すこと」としました。

　授業前後のアンケート調査の結果、「かかわったことがないので不安」「どうやってサポートしていいか全くわからない」など、初めは戸惑いを述べる学生が3〜4割いました。やがて「回を重ねる毎に積極的にかかわることができた」と感じたり、「それぞれの子どもに対応を変えなければならない」など主体的に考えながら支援したりすることのできる学生が増えていきました。発達障害については、半数以上が「どこが障害かわからない」とわかりにくさを指摘していましたが、「だんだんと多動だなとか、いろいろ感じるところがあった」など実感として捉えていく様子が見られるようになりました。理解度に差はありますが、障害への理解が表面的だった学生が、気づき、知識化、情緒的理解、態度形成、自発的な援助行動という障害理解の発達段階をステップアップしていったのではないでしょうか。何よりも、かわいらしい子どもたちの魅力に、心をわしづかみにされた学生たち。学生が「子どもたちに育てていただいた」と言うのも過言ではありません。

表1 スポーツセラピー（SPT）のプログラム例

分	項目	内容		MEPA-R評定項目
	準備	名前を呼ぶ 名札をつける	L-5 Le-27	自分の名前を呼ばれると反応する ひらがなで書かれた自分の名前が読める
0	アンパンマン体操 リトミック	ピアノに合わせて 多様な動きを次々に展開 普段から行っている リトミックを一部利用 （動きとピアノ曲の対応）	Lo-11 Lo-13 Lo-5、6、7 Lo-15 Lo-17 Lo-18 Lo-21 Lo-22 Lo-30 P-5 P-16、19 P-2	ひとりで歩く ころばないでどうにか走る はいはい・・・1、2、3 両足でぴょんぴょんとぶ ヨーイドンの合図でかけだすことができる 横ころがりができる 片足でケンケンが数歩できる スキップができる 両手足を床についた熊歩き姿勢で、 後方にまっすぐ移動できる 四つばい位 開眼片足立ちができる（一瞬、2秒以上） 片足で立ち、そのまま体を傾けて 飛行機のようにしても、倒れないでいられる
10	シーツブランコ	子どもをシーツに乗せ 左右、上下に動かす （「ももや」のわらべ歌を 皆で歌いながら）	Lo-1 Lo-2 Lo-3 Lo-4	ムズムズと体を動かす 手・足をバタバタ動かす あおむきから横むきにねられる あおむきから腹ばいにねられる
20	ボール遊び	大小多様なボール、 風船、バットなどの 道具を使用して遊ぶ	L-3 L-10 M-12 M-22 M-25 M-30 S-19	動くものを目で追う 「ボールを持ってきなさい」などの 簡単な指示が実行できる 大きなボールをける はずむボールをつかまえる ボールを上手から放物線を 描くように投げられる 風船を連続してつくことができる ボール遊びの順番を待つことができる
30	パラバルーン	パラバルーンの周囲を 歩く・走る、 みんなで一緒に入る、 子どもたちを乗せて 引っ張る	L-22 L-24 Le-18 L-26 S-26 S-29	「速く走っておいで」の指示に従える 「ゆっくり歩いておいで」の指示に従える 赤、黄、青が言える 「右の方を歩きなさい」の指示に従える 禁止されていることを他の子がやったとき、 その子に注意する 小さい子の面倒をみる
40	山あり谷あり 島渡り	巧技台、的当て、 フラフープ、スポット （丸型、手型、足型）、 ぴったんこ遊具、 マットなどを組み合わせた サーキット	P-13 P-17、18 Lo-5、6、7 Lo-10 Lo-14 Lo-19 Lo-21 Lo-23、26 S-8 S-10 S-13 S-14 S-20	しゃがむ 階段からとびおりる（一番下、2段目） はいはい・・・1、2、3 階段をはい上がる 階段をひとりではいおりる 前方にまわれる（でんぐりがえし） 片足でケンケンが数歩できる 平均台の上を（どうにか）歩ける ほめられると何度でも同じ動作をする おもしろがって（反抗的に）ものを投げる 何かを「見てちょうだい」と人を引っぱる おこられそうになると大人の注意をそらす 友だちと互いに主張したり妥協したりして遊ぶ
55 60	終わりの会	振り返り		子どもたちと楽しかった1時間を振り返り、 今日できたことを互いにたくさんほめ合う

［2］近隣の子どもたちを大学に招いたイベント企画で、学生が育つ

　児童発達支援に通う子どもたちとのクリスマス会（**図1**）や、特別支援学校小学部の重度・重複障害のある子どもたちとの交流会（**図2**）など、毎年1〜2回、学生たちと相談しながら、ムーブメント教育・療法の考え方に基づき、大学でイベントを行ってきました。

　風船、カラースカーフ、パラバルーンなどの道具は、いつも私たちをファンタジーの世界へ誘ってくれます。風船はいつも変わらず大人気です。子どもたちがカラースカーフのトンネルをくぐるときにあちこちで始まる、楽しいコミュニケーション。パラバルーンのキノコの家に皆で一斉に入ると、体育館に大歓声が響き渡ります。目的や季節に合わせて選んだ音楽も、ワクワク感を盛り上げてくれる大切な存在です。環境設定が上手にできたときには、子どもたちがどんどん主体的に動き続けます。普段は仲間集団に入れず戸惑う子どもが初めて皆と遊ぶ姿を見たと喜びを伝えてくれたお母さん。思わず一緒に遊ぶお父さん。子どもたちが夢中になって学生たちと汗だくで動き続ける姿に、傍らで見ているご家族や先生方にも笑顔がこぼれます。

　学生たちのレポートからは、多くの気づきが生まれていることがわかりました。転んで泣き出した子をギュッと抱きしめたときの温もり。涙をぬぐって泣き止んでくれたときの安堵感。重度の肢体不自由の子をずっと抱っこし続け、言葉はないけれどパッと表情が輝いた瞬間を見逃さずに報告してくれた学生たち。素肌の触れ合いからは、障害の有無にかかわらず、すべての子どもが愛おしい存在であることを実感しているようです。

　新たな環境が苦手でパニックを起こす子、聴覚過敏で耳をふさぐ子、人工呼吸器を装着した子、思わぬ動きにヒヤッとさせられる子。学生たちは一人ひとりへの特別な支援方法を自ら工夫し、多様な子どもたちが一緒に安全に楽しく遊べる環境設定を考え、合理的配慮のあり方を具体的に学習していきます。実体験からの学びは深く心に刻まれ、保育者や教員としてインクルーシブ教育の担い手になったときに生かされることでしょう。

図1　児童発達支援に通う子どもたちを
　　　大学に招いてのクリスマス会

図2　特別支援学校と大学の交流会

［3］インクルーシブ教育の担い手を育てる ～ドイツ・ケルン大学での研修から

　2015年にケルン大学の治療教育学部を訪れたときに、インクルーシブ教育の担い手を育てる実践について伺ったので紹介します。ドイツでも、2009年に障害者権利条約を批准し、「移民・難民・障害者等を包み込むインクルージョン」を喫緊の課題として、国内全体で取り組みが進みつつあります。

　幼児の運動発達を専門に研究するメラニー・リーツ先生は、障害のある子どもたちへの早期からの支援と、動く喜びを通して自信をもたせることの重要性を強調しました。大学院での教授方法も、体育館でアクティブに身体を動かしながら、実技60％、理論40％で行っているそうです。インクルーシブ教育推進のために小学校や幼稚園などで実施する授業方法を学生が学ぶプロセスについて、授業風景のビデオも交えた説明がありました（**図3、4、5**：いずれも学科長のクラウス・フィッシャー先生のチームによる指導の様子）。

　①学生がアイディアを持ち寄り、実際に動いて試す。

　　・肌と肌との触れ合い、からみ合いを重視

　② 以下の基本的なコンセプトに合っているかを評価する。

　　・動く喜びを生み出すか、人間関係を生み出すか、人間関係の限界を見出せるか、辛いと感じたときに「やめて」と言えるか

　③幼稚園などから障害のある子どもたちも来て実践する。

　④インクルージョンの実現に向け、できることを皆で考え、グループで学び合う。

　授業に参加している学生は、実に楽しそうです。体育館倉庫に並ぶ、カラフルな遊具の数々（**図6**）。これらを、学生が自由な発想で使用して活動を組み、全員で動きを試しては、ディスカッションを繰り返します。近隣の特別支援学校や小学校の児童を招き、学生とともに子どもたちの活動を支援するプロジェクト研究も実施されてきました。

　ドイツでも、インクルーシブ教育の推進は今後の課題とのこと。教員経験を積んだあと、40歳前後で大学院に戻って勉強する先生方も多いそうです。インクルーシブ教育の担い手の育て方に、たくさんの貴重なヒントをいただきました。

図3　パラバルーンの新技

図4　幅広平均台ですれ違い

③ インクルーシブな地域づくり

［1］地域に根ざしたリハビリテーション（CBR）の視点

　ここで、「地域に根ざしたリハビリテーション（CBR：Community Based Rehabilitation）」という戦略を紹介します。CBRは、「すべての人々に健康を」というプライマリヘルスケアを唱えた1978年のアルマアタ宣言を受け、世界保健機関（WHO）が始め、1994年のサラマンカ声明でも国家レベルの行動方針として示されています。この戦略は、サービスの提供の場の施設から地域社会への転換だけでなく、専門家主導から当事者主体へ、中央集権から地域社会へなど、様々な価値観の転換をもたらしました。

　2001年にWHOが採択した国際生活機能分類（ICF）では、「障害（障壁）は社会の側にあり、それを取り除くのは社会の責務である」とされました。「私たち抜きで私たちのことを決めないで（Nothing about us without us）」というスローガンを掲げた障害当事者たちの大きな力が、障害者権利条約の誕生へと結実していったのです。CBRも、こうした世界的な動きと連動しながら、多様な分野で戦略として活用されてきました。

　2010年に発表されたCBRガイドライン（WHO、国際労働機関、ユネスコ、国際障害開発コンソーシアム）では、障害者権利条約の原則が適用され、「CBRの目的は、地域社会が全ての人々を排除しないインクルーシブなものに変わること」としています。

［2］地域での暮らしは、インクルージョンの方向に動いているのか？

　2019年7月、相模原市の津久井やまゆり園で19人もの障害者が命を奪われる、痛ましい事件が起きました。裁判の行方に注目が集まる中、公判冒頭に裁判長が被害者について「氏名、生年月日、住所などが明らかにならないよう万全の注意を」と呼びかけたことが報道されました（朝日新聞2020年1月10日）。障害者に対する差別を心配する遺族や被害者家族の意向により、実名を希望した1人を除き、匿名で審理をするとのことでした。日本では、インクルーシブな地域づくりに向け、まだまだ弛みない努力を続けていかなければならないことを、あらためて突きつけられた出来事でした。

図5　ディスカッション

図6　体育館倉庫の遊具

2012年の児童福祉法改正で位置づけられた「放課後等デイサービス」は、「障害のある子どもの学童保育」とも呼ばれ、授業終了後や学校休業日に利用できる福祉サービスです。2020年10月現在、事業所は1万5,000か所を超え、利用者は25万人に迫る急増ぶりです。このように、放課後の居場所の選択肢はたしかに増えました。しかし、特別支援学校や特別支援学級から事業者の送迎車で放課後等デイサービスに通う子どもたちは、多くの場合、朝から晩まで支援者と障害のある仲間たちだけで過ごしていると考えられ、放課後等デイサービスガイドラインに述べられた「子どもの地域社会へのインクルージョンを進める」という役割の早急な実現が望まれます。

[3] ムーブメントの楽しさが拡げる心の輪

　ここでは、インクルーシブな地域づくりのヒントとして、ムーブメント教育・療法を活用した楽しい活動を紹介します。「SMA家族の会」の懇談会で、遊びタイムの進行役を依頼されたときの事例です。SMA（脊髄性筋萎縮症）は、進行性の神経難病で、体幹・手足などが動かせなくなる病気です。とりわけ、生後6か月までに発症するⅠ型の患者は、人工呼吸器、経鼻経管栄養、胃ろうなどが必要なきわめて医療依存度の高い子どもたちです。医療技術の進歩に伴い小児の救命率が向上し、在宅で日常的に医療的ケアが必要な子ども（児童福祉法に規定された、いわゆる「医療的ケア児」）及び人工呼吸器を使う子どもの数は、一貫して増加傾向にあります。2018年の時点で0〜19歳の医療的ケア児は約2万人、うち約4,000人が人工呼吸器を装着しています。

　命の危険と隣り合わせの子どもたちが安心して安全に遊べる環境設定を、と頭を悩ませました。寝たままで乗れるストレッチャー式車椅子には、人工呼吸器や吸引器などの機材も積み込まれていて、細心の注意が必要です。まずは、風船リレーから始めました。2チームに分かれ、きょうだいや保護者の方々も間に入って並び、風船を突き、リレーします。たくさんの手で順番に突かれながら、ふわ〜ふわ〜と飛んでいく風船を追う子どもたちの瞳が、キラッと輝いたような気がしました。次はパラバルーンです。「う〜え、し〜た」と皆で声を合わせてパラバルーンをダイナミックに上下に揺らすと、空気の動きで髪の毛が逆立つほど。最後に、「い〜ち、に〜の、さ〜ん」で手を離す、めったに成功しない「天井貼りつき」の大技を、初めての体験で達成してしまって、ビックリ仰天。図7は、パラバルーンを投げ上げたときのベストショットです。全員が心を合わせて同時に手を離さないと、こうはいきません。しばらく天井に留まって、車椅子が並んでいるところにシューッと舞い降りたパラバルーン。あとから届いた会報に、「終盤にチーム対抗の風船のゲームがあり、きょうだい児も交じって盛り上がりました。子どもたちを囲んでパラバルーンを上げ下げすると、楽しくて思わず大人からも歓声があがるほど！素晴らしい光景でした。」との感想が載り、ホッと胸をなでおろしました。

　その後、家族の会のお母さんの1人から、毎年冬になると「パラバルーンを貸していただけますか」とのリクエストがあります。彼女のFacebookをのぞいてみると…楽しそう

図7 「SMA 家族の会」懇談会の遊びタイム

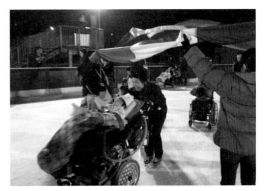

図8 「きょうだい児の会ブレイブキッズ」主催
車椅子貸切りナイタースケート

に滑っている車椅子のアイススケーターたちを発見！（**図8**）パラバルーンを持っているのは、たくさんのボランティアさんたちです。100人を超える「いいね！」「超いいね！」「うけるね」の応答があり、「おかげで躊躇していた長男くんも背中を押されてリンクデビュー！」「俺にやらせてくれ！！」「来年はうちも参加したいです！ぜひお誘いください！」など、笑顔の輪が次々に拡がっていました。お母さんによれば、「パラバルーンは同じ時空間で心の動きを共有する体験。つまり、多様な存在を認め合いつつ共生までいけるツール(遊び)かなと思っています。」とのこと。ムーブメント教育・療法の手法は、自由な発想で地域の人々に楽しく活用されることにより、輝きを増すようです。

［4］誰も排除されない地域をつくる

インクルーシブ教育の国際的推進役であるユネスコ国際教育局は、「インクルーシブ教育の目的は、人種、階級、民族性、宗教、ジェンダーや能力の多様性に対する態度や対応の結果である社会的排除をなくすことである」という信念を掲げています。

インクルーシブ教育は、就学前教育から高等教育、さらにその先の生涯教育も含みます。インクルーシブな地域づくりは、その土台であり、到達点でもあると考えます。誰も排除されない地域づくりにおいて、ムーブメント教育・療法は、人々の心をつなげる架け橋として大きな可能性を秘めていると思います。当事者や家族のパワフルな力を借りながら、これからも実践と研究を積み重ねていくことが求められています。

（雨宮由紀枝）

●引用・参考文献

藤田紀昭、齊藤まゆみ編著（2017）『これからのインクルーシブ体育・スポーツ：障害のある子どもたちも一緒に楽しむための指導』ぎょうせい.

小林芳文、飯村敦子 他（2010）『包括的保育に結び付けたムーブメント教育の実践分析に関する研究』保育科学研究1：82-94.

徳田克己、水野智美 編著（2005）『障害理解：心のバリアフリーの理論と実践』誠心書房.

ユネスコ国際教育局UNESCO-IBE（2017）『カリキュラム発展のための道具箱 すべての学習者にゆきとどくために：排除しない（インクルーシブ）教育を支えるためのリソースパック（日本語版）』公教育計画学会ホームページ.

全国都道府県教育連合会（2017）『諸外国における特別支援教育：インクルーシブ教育システムの構築に向けて』平成27-28年度諸外国との比較研究等事業研究報告書.

5 | 発達障害、知的障害のある子どもの支援に生かすムーブメント教育・療法

■ LD等通級指導教室に通う子どもたちの特徴

　LD等通級指導教室（以下、LD通級）には、通常の学級に在籍し、概ね授業に参加できているが、一部特別な支援を必要とする自閉症、情緒障害、注意欠陥多動性障害（ADHD）、学習障害（LD）などの発達障害のある子どもたちが通っています。通級による指導を受けている子どもたちは、学習面では、読み書き・計算などの基礎的学習スキルや運筆、はさみ・コンパス・定規の操作、リコーダーの運指などの手先の協調運動にかかわるスキルに苦手さが見られたり、なわとび、球技、鉄棒などの身体の協応運動スキルに苦手さが見られたりします。行動面では、ソーシャルスキルやコミュニケーション力の不足から対人関係に困難さを抱えていたり、大勢の人の中では、緊張感や不安感を強く感じてしまい、集団活動に入れないなどの困難さを抱えていたりします。

② 通級による自立活動の指導

　LD通級では、一人ひとりの子どもの実態に合わせて行動観察記録や心理諸検査などの結果からアセスメントを行い、自立活動（6区分27項目）の指導を行っています。自立活動のおもな指導内容として、①健康の保持（生活リズム、生活習慣、食習慣、服薬の理解など）、②心理的な安定（行動管理、スケジュールの把握、ストレスマネジメントや感情のコントロールなど）、③人間関係の形成（ソーシャルスキル、マナー、自己・他者理解など）、④環境の把握（注意・集中の持続、ビジョントレーニング、得意な認知能力の活用、感覚過敏、ICT支援機器の利用など）、⑤身体の動き（粗大・微細運動、姿勢、目と手の協応、楽器演奏、筆記、作図用具の使用など）、⑥コミュニケーション（場に合った会話、暗黙の了解、質問・相談・断りスキルなど）が挙げられます。また、対人関係に苦手さがある子どもたちは、友達と上手くかかわれるようにグループでのソーシャルスキルトレーニング（以下、SST）を学んでいます。このSSTの指導の中にムーブメントを取り入れることで、意欲的な活動を引き出すことができます。例として、2つのプログラムを紹介します。

［1］グループSSTに生かすムーブメントプログラム

　グループでのSSTでは、6～8人で1グループになり、「ルールの理解」「ルールを守る」「注意を向けて聞く」「見る」「相談する」「人に合わせる」「負けの受容」「順番

を待つ」「協力する」などのねらいを設定します。スカーフや形板を使ったSSTの場合には、「人に合わせる」「相談する」「協力する」をねらいとしています。

〈スカーフムーブメント〉

【準備物】スカーフ、ビーンズバッグ

【手順】①2分割カードでペアをつくる。②相談してスカーフの色を選ぶ。③向かい合い、スカーフの両端を持って振る。④2人でスカーフを投げ合ってキャッチする。⑤「せーの」で2人同時に手を離し、スカーフが落ちないよう持ち場を交換する（図1）。⑥ビーンズバッグをスカーフに載せて弾ませ、「1、2、3」などと声をかけて数える。⑦1列になり、2人ずつペアで隣のスカーフにビーンズバッグをパスし、リレーする。壁から壁まで何秒で行けるか挑戦する（図2）。

【指導・支援】⑤⑥の活動中に、ペアで声をかけ合う姿をほめる。タイミングが合って上手くキャッチできたり、運ぶことができたりした姿をほめる。⑦が上手くできないときは、「天井に近くなるよう高く上げる」「斜め上にパスを出す」などのアドバイスをする。

図1　ペアでチェンジ

図2　ペアでお手玉パスリレー

〈形板ムーブメント〉

【準備物】形板30枚、BGM（CD、キーボードなど）、タイマー、得点板

【手順】①3分割カードで3人組をつくる。②相談して形板を渡る順番を決める。③形板を床にランダムに並べる。④ウォーミングアップをする（BGMに合わせて形板の周りを動き、BGMが止まったタイミングで「赤い四角形」「5」「三角形の3」など言われた形板の上に乗ったり、スタートからゴールまで赤い形板の上だけを渡ったりする）。⑤3人組で手をつなぎ、1番の人から順番に形板を渡ってゴールまで行く。渡りきると得点が入る。グループで協力し、途中で手を離さずに3分間で何回渡れるか挑戦する（p.36　図3、4）。

【指導・支援】④の活動では、形板の数が足りないときに1つの形板を2人でシェアして乗るなど、協力している姿が見られたらほめる。⑤の活動では、先頭の人が、次の人たち

図3　3人グループで協力して形板渡り

図4　3人の動きを合わせて

が渡りやすいようにゆっくり渡る姿や、「次は○番に行くよ」などと声をかけている姿が見られたらほめる。途中で手が離れたり、速すぎたりする人には、「ゆっくり」「後ろを見て」などとアドバイスする。

　対人関係に困り感のある子どもたちは、人に合わせて行動することが難しく、学校生活でも注意を受ける場面が多くなりがちです。自己肯定感も下がり、「どうせ自分なんて」と自信を失いがちです。しかし、先述のようにSSTの中に遊具を利用した楽しいムーブメント活動を取り入れると、スカーフを2人で振ることで自然と相手の動きに合わせることを学んだり、ビーンズバッグを2人で弾ませるときに自分から相手に声をかけることができるようになったりし、コミュニケーションの方法を学ぶことができます。また、形板を3人で協力して渡りきることができると友達や先生に認められ、その充実感や満足感から「また、やりたい」という気持ちを味わうことができます。こうした主体的な活動が、情緒や社会性の発達を促すことにつながっていきます。

［2］姿勢の保持や筆記に生かすムーブメントプログラム

　LD通級に通う子どもの中には、MEPA-Rの領域ごとの項目は概ねクリアできていても、教科学習にかかわる筆記スキルや、定規やコンパスなどでの作図スキル、リコーダーや裁縫の運指スキルなどの微細運動に苦手さを示すケースが見られます。こうしたケースの中には、微細運動だけでなく身体の協応運動にも苦手さのある子がいます。子どもの運動発達は、粗大運動が先行して微細運動へと向かうので、土台となる身体の協応性を高めるムーブメントが微細運動の改善に有効に働くこともあります。以下に事例を紹介します。

〈小学2年生・男児 Aさん（ASD自閉スペクトラム症、DCD発達性協調運動障害）〉
【相談主訴】①授業中に椅子からずり落ち、姿勢の崩れがある。②筆圧が弱く、字が薄くて読みにくい。③ドッジボール、サッカーなどの運動で、目と手足の協応動作がぎこちない。
【アセスメント】就学前の日本版ミラー幼児発達スクリーニング検査では、「標準の範囲だが全体的に動きがぎこちなく、リズムに乗って動けない。全身を使う協調的な運動が不

得意である。」という特徴が見られました。遊具を使ったムーブメントを通して、握る、蹴る、投げる、跳ぶなどの運動を楽しみながら、目と手足や身体の協応運動の発達を促すことが必要だと考えられます。

【自立活動の指導プログラム】

①ねらい：授業中に姿勢を保持して椅子に座る。〔身体の動き〕
　活動：トランポリンやバランスボールの上で数を数えながら弾む。ロープ上で背筋を伸ばして歩く、後ろ向きに歩く、頭や肩にビーンズバッグを載せロープ上を歩くなど。

②ねらい：鉛筆を握るときの腕や肩の筋緊張を調整できる。〔身体の動き・環境の把握〕
　活動：伸縮ロープを使って腕や足を伸ばし、身体全体で形づくり（三角形、四角形、五角形など）をする。ビーンズバッグを握って的に投げるなど。

③ねらい：目と手足の協調性・方向性をつける。〔身体の動き・環境の把握〕
　活動：手型・足型歩きで手と足のバランスをとる（図5）。ゴミ箱にビーンズバッグを投げる。的に投げる。バットでボールを打つ。風船バドミントンをする。フリスビーを投げて取る。ピンポンキャッチ（キャッチ用具使用）を相手と交互にするなど。

　運動に対して苦手意識のあったAさんですが、手型・足型歩きは自分で組み立て方を考え、意欲的に取り組みました。また、以前は、ボールを受け取る、投げる、打つなどの動作でタイミングが遅れ、バランスを崩してふらついたり手をついたりすることがありましたが、現在は投げるときに左足を前に踏み出し、体重を移動させることができるようになってきたため、ふらつくことはなくなりました。椅子の背もたれをフィットするものに替え、ムーブメントプログラムを1年間継続したところ、書くときに一定時間正しい姿勢を保持することができるようになりました。書字についても指先に力が入り、筆圧が強くなってきたので、おにぎり型鉛筆の芯をBにしたところ、文字が明確に見えるようになってきました（図6）。姿勢や筆記スキルは日々の学習の基礎になるため、楽しみながら行えるムーブメントプログラムにより改善させることは、有効であると考えられます。

図5　自分で組み立てた手型・足型歩き

図6　筆圧の変化（左：指導前　右：指導後）

3 特別支援学校での取り組み

［1］運動検査で運動能力をアセスメントする

　ムーブメント教育には、運動面に特化したアセスメントツールとして、「MSTB (Movement Skills Test Battery)」と「BCT (The Body Coordination Test)」という2つの検査があります。前者は、粗大運動と微細運動の様子から、6〜12歳までの発達段階にある子どもの総合的な運動能力を評価できます（**図7、8**）。後者は、5〜12歳までの子どもの身体協応性の発達を評価します（**図9**）。これらの検査によって、運動能力の発達の状態を複数の側面から捉え、運動の課題を見出すことができます。一人ひとりの実態を科学的な根拠に基づいて具体的に表すことは、個に応じたねらいの明確化につながります。同時に、チームで支援する上での共通理解も図りやすくなります。

【平衡性】　【筋力】　【敏捷性】　【柔軟性】

図7　MSTB：粗大運動検査例

片足バランス　　起き上がり　　往復走　　座位 / 前屈 / リーチ

【目と手の協応】　　　　　　　　　　　　　　　【視覚が伴う運動協応】

図8　MSTB：微細運動検査例

① ビーズの糸通し　② 握り拳 / へり / 平手　③ 積み木移し　お手玉投げ

図9　BCT：身体の協応性運動

後ろ歩き　　横跳び　　横移動

　図10は、横浜市の特別支援学校の中学部で行ったMSTBのアセスメントの事例です。粗大な運動能力と微細な運動能力にかかわる検査の結果は評価点に換算でき、健常児との相対的な比較も可能です。この図からは、大きく2つのポイントが読み取れます。1つ目は、発達の偏りについてです。粗大な運動（平衡性、筋力・敏捷性、柔軟性）と微細な運動（目と手の協応、視覚が伴う運動協応）ではどちらが得意なのか、また、両者のバランスはどうであるかがわかります。2つ目は経年変化です。定期的に記録をとることによっ

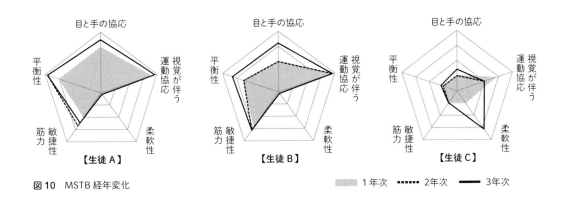

図10　MSTB 経年変化

◼️1年次　・・・・・・2年次　━━━3年次

て、どの運動因子がどの程度伸びてきているかが明らかになります。見かけ上の落ち込みも判断できます。

　アセスメントにより、客観的な視点からできることや得意なことの分析が可能となります。発達の様子を押さえた上で、それぞれの興味や経験などに配慮しながら活動することは、動きに不器用さが見られたり、体育が嫌いだったりする子どもたちに寄り添った支援へとつながります。

［2］アセスメントや身体の発達過程を踏まえて、支援のポイントを設定する

　先の検査結果（図10）を分析すると、1年次はどの生徒にも柔軟性の運動因子に大きな落ち込みが見られ、柔軟性を高めていく必要性がうかがえます。また、骨格や筋肉は、児童期後半から思春期・青年期にかけて急速に成長するため、この時期に筋肉や筋力、筋持久力にかかわる動きを意図的に行うと、各運動因子の能力が効果的に高まることが期待できます。このように、アセスメントの結果や生活年齢に応じた身体の発達の過程を踏まえながら、支援のポイントを絞り込んでいきます。

　ムーブメント活動を展開するにあたっては、教具や音楽などを用いて問いかけていくことを大切にします。教具は身体部位や空間の把握をしやすくし、音楽は目的とする動きにつながるきっかけや活動への意欲を引き出す力になるからです。

［3］ムーブメントで動きを引き出す

〈ロングタオルムーブメント〉

【準備物】タオル（2枚のカラータオルを縫い合わせる：34cm×85cm×2）

〈特徴〉・2つの色が空間を区別する目印になる。

　　　　・折り方や握る幅を調整すると運動の負荷を変えられる。

　　　　・材質が柔らかいため、当たっても不安を生じさせない。

※1枚の
タオルでも
活動可能

【指導・支援】・タオルを操作しながら、平衡性、筋力、柔軟性につながる動きを行う。

・タオルを操作しながら、身体意識や空間意識を捉える力を高める。

・小集団や大集団で活動し、仲間意識や他者意識を育てる。

【活動】タオルを持って運動したり、タオルを基準に運動したり、友達と一緒に運動したりする活動を展開します。タオルを床に置いてまたぎ越す動作や、両手で握ったタオルを離さず身体を動かす活動を取り入れながら、筋力や平衡性、柔軟性などを高めていきます。子どもたちは、位置関係（「左右」「斜め」など）の捉えに課題があっても、色からの情報を得ることは得意な場合が多いです。そこで、色を手がかりにしながら空間での位置を把握し、整理しながら活動できるようにします。動きが確実になってきたら、音楽のリズムや速さ、強弱に合わせて動きを連続するなどのステップアップを図ります。小集団や大集団の中でのかかわり合いを通し、社会性も高めていけるようにします。

■導入：走行ムーブメント、個人運動

腰やお腹側に持って走行　前後や横スキップ　手を離さずまたぎ越し　部位を意識してこする　左右前後や斜めジャンプ

■展開1：ペアで運動

息を合わせて回転　　　　　　腹筋や柔軟　　　　　　　　斜めの前後ジャンプで進む

■展開2：クラス集団（タオルリレー）

・輪の1か所をゲートにして順番にくぐり、後ろ向きになる
　→後ろ向きのまま集まったり広がったりする
　→1か所をゲートにして順番にくぐり、元の輪に戻る
・手首を揺らしたり、深呼吸したりする

　タオルを両手で握って、頭上から背中へ、また背中から頭上へと回すとき、タオルが長いので操作は容易になります。柔軟性が低い生徒でも、握る幅を調整することによって、自分の力に合わせて取り組めます。また、床に置いたタオルを基準にして指示された方向にジャンプする動作では、「斜め前、緑」というように、「方向」と「目印になる色」を指示するようにします。すると、位置関係の言葉の理解や空間の捉え方が不十分であっても、目的の方向にジャンプすることができます。身近な素材に少しのアレンジを加えることで、自信をもってできる運動活動が増えていきます。

［4］変化のある繰り返しの中で、積み重ねによる運動効果をねらう

　獲得できそうな動きや獲得した動きについては、繰り返しながら経験を重ねて定着を図っていくことが望まれます。同じプログラムでも、教具を変えると身体の使い方に変化が生じます。風景が変わると、チャレンジしたいという新たな意欲も生まれます。子どもたちが様々な動きの経験を通して運動能力を向上させていくために、指導者は豊かに創造しながら変化のある繰り返しの場を作り出すようにします。たとえば、ロングタオルムーブメントで設定したねらいには、以下のような教具を使ってもアプローチできます。

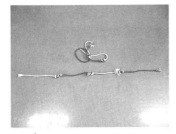
ロープ

ボールロープ

スカーフ

　生徒の3年間の経年変化（p.39 **図10**）を見ると、柔軟性の因子は伸び悩む傾向にあるものの、その他の運動因子は年を追うごとに向上しています。ムーブメントによる継続的な運動経験が、身体の動かし方や空間に関する認知力を高め、目的をもって動作をしたり、環境と調和して動いたりする力につながっていくことがわかります。また、ペアや集団で行うやりとりからは、友達の動きを自分に生かしたり、教え合ったり、応援し合ったりするコミュニケーションの姿も生まれます。このように、ムーブメント活動は心身を調和的に発達させていく取り組みであるといえます。

（大塚美奈子、堀内結子）

●引用・参考文献

小林芳文（2001）『LD児・ADHD児が蘇る身体運動』大修館書店.

大塚美奈子 他（2020）『LD通級終了生の進学先での学習面の適応に関する追跡調査―小学校における自立活動と教科の補充の観点から―』LD研究29(2)：132-144.

宮崎英憲 監修、是枝喜代治 編著（2012）『〈特別支援教育〉個別の指導計画を生かした学習指導案づくり』明治図書出版.

6 | 小学校低学年の体育に生かす ムーブメント教育・療法

■ 小学校低学年の体育とムーブメント教育・療法

[1] 遊びの中にある学びの芽生え

　保幼小の連携・継続を目指して、日本中の現場で様々な取り組みが行われていますが、未だに、「遊び」を中心とする保育・幼児教育と「教科学習」を中心とする小学校教育には、大きな壁や段差があると言われています。小学校に入学した児童がこの違いに戸惑い、混乱し、ときには不適応を起こすこともあります。このような、いわゆる「小1プロブレム」への注目が集まり始めた頃から、集団への不適応、問題行動などは常に発達障害の特徴として指摘されてきました。しかし、就学支援や学校適応支援は、すべての子どもたちにとって必要です。幼児期と児童期をつなぎ、子どもたちが円滑に小学校生活をスタートさせ、健やかな毎日を送ることができるように支える取り組みが求められています。

　子どもたちが遊ぶ中で得る楽しさや興味、気づきや発見、遊びに没頭するときの集中力や創造力…。遊びのプロセスにはそのような「学びの芽生え」がたくさん存在します。小学校低学年期は、ゆっくり無理なく楽しみながら、自覚的に学ぶ力を育みたいものです。そのためには、遊びのプロセスを確保しつつ、より体験的に学んでいくことが重要になります。

[2] 小学校低学年の子どもたちにとっての「体育」

　体育は、学校生活で、子どもの「できる・できない」が最もはっきり見える教科だと言われています。体育の得意・不得意は子ども同士の評価にも直結し、他者の評価に敏感な子どもにとっては、体育の時間は精神的なプレッシャーを強く感じる時間になってしまいます。特に、リレーや球技などの競争場面では、クラスやチームの足を引っ張ってしまうのではないかという心配まで生じてきます。残念ながら運動会の練習をきっかけに不登校になる子どもがいるのも事実です。また、運動そのものは全般的に得意なのに、自分の順番を待つことや相手の気持ちを考えることが苦手であるために、集団で行う体育の授業で叱られたり孤立したりする体験を積み重ねた結果、意欲を持てなくなってしまう子どももいます。

　小学校低学年の体育は、これからの体育学習の下地づくりの段階であり、楽しい運動遊びを軸としますが、中には、ポーズをする、移動する、並ぶ、モノを操作する、タイミングを合わせて動くといった基本的な活動に困難を示す、いわゆる「不器用な動き」の子どもも現れます。そのような子どもには、姿勢保持の力やボディイメージの形成が未成熟であったり、空間関係の把握ができなかったり、感覚が過敏であったりと、何らかの要因がありますが、「だらしがない」「不真面目」「怠け」といった誤解を受けることも多いよ

うです。しかし、これらの課題は「我慢」「慣れ」「根性」で克服できるものではなく、適切な支援が必要です。

　小学校低学年の子どもたちにとって、楽しい運動体験を積み重ねながら自分の体を把握していくことは、その先、健やかに生活していく上でとても重要なことです。効率的に動いたり、目的を持って動いたり、相手に合わせて動いたり、仲間と協力したりするコツを知ることは、楽しい学校生活の基盤となります。さらに、体育の授業で芽生えた自信が休み時間の遊びにも広がっていくと、自由な遊びの場面で他者との距離感や力加減を学ぶことができます。体育は、社会性の発達の扉を開く鍵にもなり得ます。つまり、小学校低学年の子どもたちにとって、体育は学校生活全般に直接的に影響を及ぼす教科であり、かつ、健やかに成長していくための貴重な土台づくりの場でもあるのです。

[3] ムーブメント教育・療法の活用で充実する「体つくり運動」

　近年、子どもの体力低下や運動離れ、運動する子どもとしない子どもの二極化の傾向が指摘されてきました。また、三間（時間・空間・仲間）の減少により運動遊びの経験が不足し、今までは遊びの中で自然と身につけていた動きや能力を獲得できないまま就学してくる子どもが増え、小学校の体育に新たなニーズが生じるようになりました。そのような状況下で、2011年度に完全実施となった学習指導要領では、小学校の全学年の体育に「体つくり運動」領域が位置づけられ、低学年と中学年には新しい指導内容として、様々な体の基本的な動きを総合的に身につけることをねらいとした「多様な動きをつくる運動（遊び）」が示されました。このような流れの中で、それまでおもに障害児の療育支援として発展してきたムーブメント教育・療法が、楽しい遊び活動を基盤とした体育を模索する教師たちの注目を集めるようになってきたのです。

　小学校低学年の体育における体つくり運動は、①「体ほぐしの運動」と②「多様な動きをつくる運動遊び」から構成されています。

① 体ほぐしの運動

　「体ほぐしの運動」は、手軽な運動遊びを行い、心と体の変化に気づいたり、みんなでかかわり合ったりすることで、体を動かす楽しさや心地よさを味わうことができるようになることをねらいとします。よって、運動経験の有無に影響されることなく、誰もが楽しめる手軽な運動や律動的な運動を通して、仲間と運動を楽しんだり、協力して運動課題を達成したりしていくことが大切です。

　また、その際、仲間と豊かに交流したり、自分の心と体の変化に気づいたりすることも大切にします。つまり、技能の習得をねらうのではなく、運動して心も体もすっきりすること、友達と仲良く協力すると運動がもっと楽しくなることなどを実感できるように、教師が言葉がけを意識的に行いながら指導することが大切です。体ほぐしの運動は、遊び経験の欠如により「他者と上手くかかわれない」「生きた体の実感に乏しい」「内に多くの

ストレスを抱え、固く心を閉ざしている」などの様々な問題を抱える子どもたちの心と体の現実に、学校体育がかかわろうとする新しい視点で導入されたと言われています。

② 多様な動きをつくる運動遊び

「多様な動きをつくる運動遊び」では、体のバランスをとったり移動したりする動きや、用具を操作したり力試しをしたりする動きを意図的に育む運動遊びを通して、いろいろな動きを総合的に身につけることをねらいとします。特に、普段は経験しない動きや、他の運動領域では扱われにくい動きを取り上げ、動きのレパートリーを増やしていくことが期待されます。運動技能の向上を直接のねらいとするものではありませんが、それぞれのねらいに合った動きが正確にできるようになると、楽しさが増していきます。用具や場、言葉がけや子ども同士のかかわり方などを工夫し、「やってみたい」を引き出すために活動の場を工夫します。「運動って楽しい！」「もっと運動したい！」「もっとこうしてみたい！」という欲求を充足できるよう、多様な動きが展開できる場を用意しましょう。

進んで運動遊びに取り組む子、ぎこちない動きから滑らかな動きになった子、1つの動きから発展した動きに広がった子などを見逃さず、「上手だね」「おもしろそうだね」などと大いにほめ、「体育って楽しいな」という気持ちをさらに膨らませましょう。

ムーブメント教育・療法は、子どもの「からだ－あたま－こころ」の統合的発達を支援するために運動遊びを基盤に発展してきました。「動くことを学ぶ」「動きを通して学ぶ」という2つのベクトルを持ち、運動能力や身体能力を高めることだけでなく、認知、情緒、社会性などの心理的諸能力を高めることを大切にします。そして、様々な子どもたちの健康と幸福感を支えるための遊びの理論と実践方法に溢れています。ですから、ムーブメント教育・療法を生かすことで、より豊かで充実した「体ほぐしの運動」と「多様な動きをつくる運動遊び」のプログラムが実現するでしょう。

2 遊びの場としての環境づくり

［1］環境との相互作用関係から個人の障害や困り感を捉える

「遊び」の要素を活用し充実した学びの場として体育を展開するには、「環境づくり」のポイントを理解する必要があるでしょう。そのために、まずはWHOが2001年に示した国際生活機能分類（ICF）について確認しましょう（図1）。それ以前の国際障害分類（ICIDH）のように障害を個人内の現象にとどめるのではなく、環境との関係で捉え、さらにプラス面に目を向けるというのがICFの特徴であると言われています。「環境因子」は、「人々が生活し、人生を送っている物的、社会的、態度的環境」とされ、言い換えれば、私たちを取り巻くすべての人や物と言えます。ICFの普及により、「子どもと環境は相互に影響するものであり、環境を十分に整え活用することで子どもの学習する力、考える力、行動する気持ちが高められていく」という考え方が、学校教育でも重視されるよう

になってきました。障害も含めた一人ひとりの子どもの個性に配慮し、好きなこと、興味のあることなどのプラス面（強み）を活かしながら、様々な環境をアレンジし、「活動」「参加」の充実に向けて魅力的な授業展開を考えていくことが大切です。

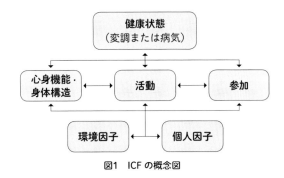

図1　ICF の概念図

［2］動きたくなる環境、表現したくなる環境づくり

　たとえば、目の前に風船が出てくればついつい手を伸ばしてしまうように、私たちは自分を取り巻く環境から様々な情報を獲得し、同時に環境に対して積極的に自らを発信してかかわっています。そのため最近では、従来の能力開発を目的とした訓練的で対症療法的な指導や支援と比較すると、「個人への介入ではなく、環境をデザインし関係性をアレンジする」という考え方が重視されるようになってきました。ムーブメント教育・療法は、様々な遊具や音楽や集団活動などの環境を取り込み、空間の特徴を有効に活用して、子どもが自ら「動きたい」「触りたい」「かかわりたい」と思う環境にアレンジし、環境との対話の中で自然な動きの拡大を図っています。つまり、取り組む課題を一方的に与えるのではなく「機会」として提供し、子どもが主体的に体験することで学びの場が成立するというアプローチです。小学校低学年の体育では特に、このような考え方に基づいて、子どもたちが自然に「動きたくなる」「表現したくなる」環境づくりを心がけたいものです。

　また、ムーブメント教育・療法では、「命令」「干渉」「禁止」の場面を極力減らし、子どもが自らの意志や思考に基づいて決定し、行動する場面を大事にします。「〜させる」のではなく、「〜したい」を引き出す方法論が豊富で、子ども一人ひとりが「楽しい」と感じ、活動に没頭することを重視します。そのためには、様々な子どもたちが自主的に活動に参加できるような工夫や「やりたい」と思ったときにいつでも参加できるような柔軟な環境、適切な働きかけが求められます。遊びの自主性・自発性は、必然的な流れとして他者や環境への能動的な働きかけを生むため、それを活かしてよい循環を生み出せるかどうかがポイントになります。たとえば、「多動性」の傾向がある子どもは、絶えず動き回ったり大声を出したりして落ち着きがないと思われがちですが、自己の身体意識や周囲を取り巻く時間・空間の因果関係の意識などが弱いため、行動をコントロールする上で様々な困難が生じている場合があります。そのような自己コントロールが苦手な子どもたちには、強制的に静かにさせるのではなく、身体を思いきり動かす運動遊びを十分に提供した上で、活動に「動」と「静」のアレンジを加え、注意と集中の拡散を図るとよいでしょう。具体的には、音が聞こえる間は激しく動き回って音が止まったら静止したり、布を大きく動かしたあとで一斉に止める動きを織り交ぜたりしてみます。また、身近な生き物や物語の登場人物になりきることで「静」の動きを必然的に取り入れることもでき

ます。ある実践では、「お昼寝しているクマさんを起こさないように…」という設定でイメージを共有しただけで、じっとすることが苦手な子どもを含めて、みんなでとても静かにそーっと移動することができました。

[3]「人」も環境

ムーブメント教育・療法を生かした体育においては、児童それぞれの能力向上や課題改善という側面だけではなく、その子どもを取り巻く環境としてのグループやクラス全体の関係性や、共同体としての集団の変容にも目を向ける必要があります。遊具や音楽や施設と同様に、その場に集う「人」を重要な環境として捉え、活動の充実につなげてみましょう。子どもたち一人ひとりが互いに影響を与え合っている環境なのだということに気づき、実体験の中でその意識を高め続けることは、互恵的な学びの土台となるでしょう。

小学校低学年の体育にムーブメント教育・療法の方法論を生かすメリットは、一人ひとりの体の動きや表現を大切に受け止め尊重する活動の中で、「みんなちがってみんないい」を実感できることにあるでしょう。そして同時に、子どもたちは、動きや表現を分かち合い共有する体験を無理なく積み重ねることで、「みんなと一緒がうれしい」と素直に感じることができるのです。ですから、教師は、とりわけ子どもにとって最も影響力のある環境として、「本気で遊ぶ大人」としてともにあることができているかという視点で自身を捉えることが重要になります。ムーブメントプログラムの魅力を体現する「モデル」であることを自覚し、自ら活動を楽しみながら、表現体として豊かであり続けたいものです。

3 かかわり合って育つコミュニケーションの力

[1] かかわりたいという欲求を大切に

「環境づくり」でも示した通り、子どもの実態をその子だけの問題として固定的に捉えてしまうと、学校適応に向けて「特異」と見なされる部分を直接的に取り除くためだけの対症療法的なアプローチや、できないことを繰り返し訓練するドリル的な指導に力点が置かれてしまうことがあります。特にコミュニケーションは、本来、共同的に創発していく過程であり、その力は相互的で相補的な他者関係の積み重ねの中でこそ育まれるべきなのです。

ムーブメント教育・療法を生かした体育においては、子ども同士のかかわりを促し、遊び関係の中でコミュニケーションの力を育むことが可能になります。たとえば、楽しいダンスや表現運動の活動においては、子どもたちは、他者に作用したり、他者と合わせて動いたりする経験を通して、やりとりの方法を理解したり、問題行動とされる行為のパターンを修正したりできるようになるでしょう。多様な子どもたちが、孤独感や疎外感を抱くことなく、自ら発信したコミュニケーション行為が他者から受容される経験を積み重ねることが重要です。他者とかかわることは楽しいことなんだ、必要なことなんだという実感を深めていくことが、結果として、他者とかかわることへの欲求や自信に通じ、既存の社

会に適応する力以上に、新たな社会を創発し形成する力を高めていくことになるでしょう。

［2］「ともにいる」ことから　～モノ（遊具）の活用～

　様々な刺激に過敏に反応してしまう子どもや、予測できない出来事に対して不安になってしまう傾向のある子どもが、集団活動に参加できないことが多々あります。そうした子どもたちにはまず受容的で安心感のある環境を用意し、ただその場に「ともにいる」状態を参加の第一段階として捉えることが大切です。体育においても、集団が苦手な子どもを無理やりに参加させるのではなく、自らかかわりたくなる環境（「場」）として授業が展開されることが必要なのです。たとえば、接触過敏の特性のある子どもには、手をつなぐなどの行動を無理に強要しないことが肝要です。他者と直接触れなくとも、モノ（遊具）を介することで他者とつながることはできるのです。また、「一緒に」布の下にもぐる、フラフープの中に入るなど、遊具によってできた空間を共有することで、他者と「ともにいる」ことを実現することができます（**図2**）。

図2　舞い落ちるスカーフの下に一緒に入ろう

［3］多様な「模倣」を通して他者とかかわる喜びを体験する

　動きや姿勢の模倣は、体育において活用される課題で、同時にコミュニケーション能力の基本を育てる活動でもあります。小学校低学年では、模倣が苦手な児童に対しての、発達を踏まえた丁寧なサポートが求められます。**表1**のようなスモールステップの原則を理解すると無理なく展開できるでしょう。

　模倣は、共感や相手の意図を読み取る心の発達の基礎でもあります。一方的に振付や

表1　模倣の発達を踏まえたスモールステップの5原則

①身体接触型模倣から非接触型模倣へ	「頭、肩、膝、ポン」の歌遊び、手と手を正面で合わせるなど、身体部位に直接触れる動作の模倣は、比較的簡単。運動の終わりがわかりやすいため、静止場面をつくりやすくなる。次第に、非接触型の動作（両手を「前にならえ」の姿勢に保つなど）に移行していくとよい。
②座位模倣から立位模倣へ	椅子に着席した姿勢で模倣させるのは、立位で模倣させるよりも易しい。これは、姿勢保持の面で安定しやすいことと、モデルとなる人の動きを目で追うときに視線が安定しやすいことが関係している。
③左右対称模倣から非対称模倣へ	両手を同時に挙げる、両足を同時に開くなどといった左右の手足を同調的に動かす模倣は、左右で別々の動きをする模倣より易しい。左右で別々の動作を行う非対称型の模倣には、ボディイメージの発達だけでなく、2つのことを同時に考え続けるだけの「記憶」や「注意」といった認知機能の発達が必要となる。
④正中線を越えない模倣から越える模倣へ	右手で左耳を触るなどのように、正中線（体の中央を頭から縦に通る線）を越えるような動きが入ると、模倣は一気に難しくなる。まずは、正中線を越えない動きの模倣から始め、次に片手だけが正中線を越えるような動きとし、その後、両手が正中線を越える動きや交差がある動きなどのように難易度を上げていく。
⑤静止姿勢の模倣から連続動作の模倣へ	静止する姿勢の方が、連続動作の模倣よりも早く習得される。ただし、じっとしていることが苦手で多動傾向が見られる子の場合は、静止姿勢の方が困難であることもある。連続動作が全般的に苦手であっても、大好きなヒーローの変身シーンのような意味を持つ動きの模倣は得意という子もいる。音楽や映像などを用いるとイメージが浮かびやすくなる。

（川上, 2015）を参考に筆者が作成

ポーズを「模倣させる」ことだけでなく、子どもたちの「模倣される」体験に注目することも重要です。模倣されることは、他者からの受容や投げかけの認識となり、他者とのかかわりにおける自発性や社会的相互作用の増幅につながります。また、動きのきっかけを出す、タイミングやリズムを合わせて動くなど、「相互に作用する」体験を通して、かかわりたいという意欲そのものを育むことも大切です。さらに、役割を交替して行う展開も重要です。「役割交替」は進化した模倣形態であると言われており、自己意識と他者意識の発達と深く関係し、所属意識・仲間意識の土台となるでしょう。

4 子どもの「つまずき」に寄り添う体育
―空間を把握できずに困っている子―

　最後に、子どもたちが小学校で健やかに生活する力を支えるために、低学年の体育でどのようにしてムーブメント教育・療法を生かすことができるのか、具体的な「つまずき」や「困り感」の例を挙げて、活用の実際についてイメージしてみましょう。

　児童の中には、学校の朝礼で上手く整列ができなかったり、教室の中での位置関係がわからなかったりする子どもがいます。視覚に障害がある場合は、空間認知発達における視覚の役割から困難が生じることは当然あるのですが、他の場合でも、空間概念の獲得に困難さを示す事例が多くあります。ムーブメント教育・療法を生かした体育においては、その様相をさらに詳しく知ることができます。たとえば、動作模倣に関する1対1の個別活動において基本的な動きの実施が可能な子どもが、円形の集団で行うと、途端に動くのをためらう場合もあります。また、教師との位置関係が個別活動時より離れたり直面できなくなったりすると、すでに達成していた簡単な動作模倣の課題に戸惑い、指示に従った動きができずに活動全体に参加できなくなるケースも見られるのです。このような空間関係の把握につまずきのある子どもに対しては、次のような取り組みが提案できます。

［1］ ボディシェマの形成を促す

　空間知覚のための重要な要素として、ボディシェマ（身体図式）の形成があります。特に、利き側にかかわる左右の優位性（ラテラリティ）と、自己の中心線を軸として視覚刺激の運動方向を弁別する機能が大切ですが、それらが十分に発達していない場合が考えられます。利き側を育むには、まず、揺れ運動による前庭感覚刺激を中心とした粗大運動や、両手両足を十分に動かす両側性運動を十分に経験することが必要です。また、ボディシェマの形成には、意識化に結びつく能動的な活動が求められ、それにより様々な空間を意識した展開での能動的な運動の積み重ねが可能となります。

［2］ 個人空間と共同空間を知る

　空間に対する身体の関係を知るためには、「個人空間」と「共同空間」の両方における

体験の中で物や他者との関係を知り、前後左右の方向性を理解することが重要です。個人空間とは、手足を広げて触れることができる範囲の個人を取り巻く空間のことを指し、共同空間とは、複数の人間が利用している空間を意味します。個人空間を知るためには、各々が離れて立ち、各自がその場で様々に動くことが有効です。たとえば「どこまで届くかな」と言葉がけをして手足をあらゆる方向に伸ばすよう促したり、音の強弱や高低でイメージを助け「小さくなる－大きくなる」などの表現を楽しんだりするとよいでしょう。また、共同空間を知るには、部屋の中を自由に方向転換して移動し、お互いにぶつからないように上手く避けながら、部屋の隅々まで動き回るような活動を取り入れるのが効果的です。様々な音楽や言葉がけを加えて表現を楽しむ中で、少しずつ空間の広がりを意識できるように促すとよいでしょう。

① 前後左右に移動する

空間を自由に動くには、身体の中心から、上下（垂直方向）・左右（水平方向）・前後（矢状方向）の3つの方向軸を把握することが大切です。たとえば、色の異なる5本のフラフープを用意し、中央に1本、その前後左右に1本ずつを配置し、指示に合わせて前後左右に跳んで移動する活動があります（**図3**）。集団で大きな輪になり、ロープを持って両手を上下左右に動かしたり、手を繋いで前後左右に動いたりする活動も効果的です。音に合わせて楽しく動くときも、常に前後左右の言葉がけとともに方向性を意識するとよいでしょう。

図3　フラフープを使って前後左右の方向を楽しむ

② 複数人で一緒に移動する（共同空間と方向性の確認）

仲間と一緒に動くことで、1人では体験できなかった空間を意識できます。たとえば、2人組の活動では、横に並んで移動する場合と、向かい合った関係や背中合わせの関係を保ったまま移動する場合の違いを体験することができます。互いの位置関係により、自分自身の身体の向きは横向きだったり後ろ向きだったりします。このように、共同空間では、2人が一緒に移動していても、向かい合った関係や背中合わせの関係の場合には、動いた軌跡に対しての身体を軸にした方向性は相手とは逆になることが実感できるでしょう。複数人で隊形や向きを変えて移動すると、さらに複雑な理解を促すことができます。

（大橋さつき）

●引用・参考文献

小林芳文、大橋さつき、飯村敦子（2014）『発達障がい児の育成・支援とムーブメント教育』大修館書店.

大橋さつき（2008）『特別支援教育・体育に活かすダンス・ムーブメント〜「共創力」を育み合うムーブメント教育の理論と実際』明治図書出版.

大橋さつき（2018）『発達障がい児を育む「創造的身体表現遊び」の実証的研究』多賀出版.

阿部利彦 監修、川上康則ら 編著（2015）『気になる子の体育 つまずき解決BOOK 授業で生かせる実例52』学研教育みらい.

Part

2

第 2 部

プログラム編

プログラムの活用法

　第2部（第7章・第8章）のプログラム編は、本書の中核を成すものであり、第1部で紹介した理論に基づいて、保育園・幼稚園、小学校、特別支援学校などの教育現場で実際に活用できる運動プログラムを系統的に配列している。ここでは、第7章及び第8章で示す各プログラムの活用法について解説する。

各運動属性について

　第7章及び第8章では、第1部の理論編に基づいて、実際に保育園や各学校などの保育や教育の現場で活用できるプログラムを系統別に配列している。まず、冒頭で各運動属性の簡単な解説を行い、次に各属性を高めるためのプログラムを難易度順（易から難へ）に示した。

　第7章では、「身体づくり、動きづくりを育てるプログラム」と題して、おもに粗大な運動機能を高められるプログラムを、①身体意識（14）、②柔軟性（6）、③敏捷性（8）、④バランス（10）、⑤協応性（8）、⑥筋力（4）などの各属性に区分してまとめた。また、第8章では、子どもが自ら動きたくなるように、豊かな遊具などの環境を工夫し、動くことを通して、「学ぶ力、考える力、かかわる力を育てるプログラム」を、⑦知覚運動（14）、⑧精神運動（8）、⑨創造性（6）、⑩社会性（12）、⑪心理的諸機能（10）などの各属性に区分してまとめた〔（　　）内の数字は各プログラムの数を示す〕。

　なお、各運動属性の解説に関しては、各属性の簡単な説明を行うとともに、その属性を簡易に評価する方法や、各属性を高める（育てる）ための手立てや指針などを紹介している。

プログラムの構成

　本書では、第7章及び第8章の中で、合計100のプログラムを紹介している。

各プログラムは1頁の中に、プログラムのタイトル（通し番号を含む）とともに、①育てられる運動属性（敏捷性、協応性、社会性、創造性など）、②対象等（保育園年長、小学校低学年、特別支援学校小学部など）、③人数等（個別、小グループ、グループなど）、④使用する遊具（フラフープ、パラシュートなど）、⑤活動内容・展開、⑥実施する際の配慮事項等、⑦発展・応用した内容として、をそれぞれ示す形とした。

プログラムの進め方

　本書のプログラムを実施する際には、特に対象等（保育園年少・年中・年長、小学校低学年・中学年・高学年、特別支援学校小学部・中学部・高等部）や人数等（個別・小グループ・グループ・集団）に示されている内容を参考に、対象とする子どもの学年やグループの人数に応じて活用してほしい。

　「活動の内容・展開」では、わかりやすい豊富なイラストとともに、プログラムを展開する上での基本的な流れを示した。プログラムの展開については、簡易な内容のものから難しい内容のものへと、段階的に示す形とした。具体的な活動の進め方としては、グループの子どもたちの年齢や発達段階などに応じて、プログラムの順番を入れ替えたり、修正を加えたりして進めてほしい。ムーブメント教育・療法では、子どもの反応に応じて、適宜、プログラムを修正していく（支援者側の）柔軟性が大切とされる。活動の内容・展開は、あくまでも1つの参考として活用してほしい。

　「実施する際の配慮事項等」では、実際にプログラムを行う際の留意点（たとえば、運動スキルの弱い子どもたちに対しては、失敗が続き、動くことに対する意欲が低下しないように工夫する手立てなど）について略述した。保育園・幼稚園などに在園する子どもや障害のある子どもたちに対して活用する際の留意点についても示しているので、活用する際の参考にしてほしい。

　「発展・応用した内容として」では、発展的に活用・応用できるプログラムのいくつかを示した。なお、ここで示した内容は、あくまで1つの参考として示してあるため、実際にプログラムを展開する上では、子どもの実態に応じて、支援者自身が、より適切な内容を検討してくことを心がけてほしい。

身体意識（基礎的な動きに不可欠な力）

1

　子どもの心身の調和的な発達を促すためには、身体意識が適切に育っていなければならない。身体意識（ボディ・アウェアネス）は、基本的な動きや運動を遂行する上で必要不可欠な能力とされる。この能力が十分に育っていないと、身体運動のみならず、知的な発達や心理的な発達が制限されるようになる。身体意識の発達は、人間の発達において最も大切な能力といえる。

　M.フロスティッグは身体意識を身体像（ボディ・イメージ）、身体図式（ボディ・シェマ）、身体概念（ボディ・コンセプト）の３つの機能に分類している（**図1**）。自分の体に関するイメージや感じ方、感じられるままの体のことを「身体像」、地図を頼りに目的地に出向くなどの方向知覚を伴う行動や、人や物とぶつからないように体を上手く操作して移動したりすることを「身体図式」、自分の体には手は2本、鼻は1つ、指は片手に5本など、体の部位や位置関係を含めた体の構造の認識を「身体概念」と呼ぶ。人物画を的確に描くには、自分の体についてのイメージが確立している必要がある。また、満腹感や空腹感など、体の内部の感覚に気づくことは、子どもの成長・発達にとってきわめて重要である。

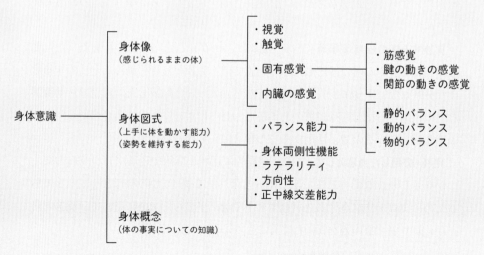

図1　身体意識（能力）の分類（M.フロスティッグ）

とは

身体意識を測る方法

　身体意識を測るには、様々な方法がある。たとえば、身体概念を比較的手軽に評価できる方法として、グッドイナフ人物画検査（DAM）などがある。この検査は、小学校低学年程度の子どもたちに適用可能とされる。子どもに「男の子を1人、できるだけ細かく描いてください」と教示し、人物画を描かせる。その人物画をもとに、評価項目に従って表出の状況などを評価することで、動作性のDAM-IQを算出できる。年齢が高くなると抽象的に描く子どももいるため、生活年齢が7〜8歳程度の子どもたちに実施するとよい。その他、対面する支援者の姿勢や動作を模倣させる運動模倣テスト（Motor Imitation Test）などは、基本的な動作の模倣や正中線交差の動きなどを含めた身体図式や身体概念の評価に適している。

身体意識を育てるために

　身体像を育てるための運動には、たとえば、ゆっくりと床に寝てお腹に力を入れてみるなどの自身の身体部位に集中するような活動や、壁を両手で押さえてそのまま5秒間押し続けるような「等尺性の運動」などがある。身体図式や身体概念を育てるためには、集団活動を通して、他の人とぶつからないように移動する活動や、運動模倣テストなどの動作を模倣させる活動が適している。たとえば「右手で鼻をつまんでください」「両手を横に伸ばして、右足で片足立ちをしてください」など、指示に合わせた動きを遂行させることで、身体意識の力が育てられていく。

　なお、以降に示す身体意識を含めた各属性のプログラムについては、比較的易しい内容から、より高度な内容に発展できるように、難易度順に並べている。

プログラム
01 | 床に溶け込もう

育てられる 運動属性	身体意識、社会性、ほか
対象等	保育園年長、小学校低学年、特別支援学校小学部
人数等	個別または小グループ

活動内容・展開

❶ 床にうつ伏せに寝て、床と一体になり、床に溶け込もうとする。

❷ あお向けになり、❶と同様に床に溶け込もうとする。❶も❷も、はじめは目を開けて、次に目を閉じて行う。

❸ 壁に背中をつけ、壁と一体になるようにもたれかかる。

❹ 2人で両手を合わせて立ち、それぞれ相手に体を委ねて、もたれかかる。

❺ お互いの信頼関係が生まれたら、一方はゆっくり前進し、他方はゆっくり引きずられる程度の力でそれに反抗する。途中で役割を交替する。

❻ 2人で背中合わせにもたれかかり、❺と同様に動く。

❼ 慣れてきたら、背中合わせのまま歩調を合わせながら、ゆっくりと前後・左右に移動する。

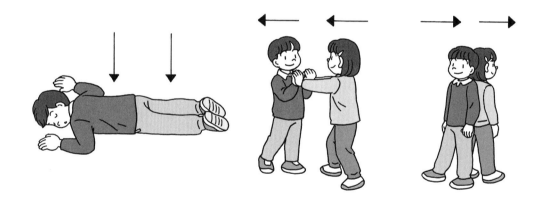

実施する際の配慮事項等

　床に「溶け込む」活動は、動的な運動の後に静的な活動として実施すると、活発に動いた後のリラクセーションとして利用できる。自分の心拍や呼吸の感覚に集中することによって、内臓器官のリズミカルな活動を意識するようになる。

発展・応用した内容として

　身体意識の中の身体概念のプログラムとして、たとえば、あお向けに寝て目を閉じた後、支援者が体の各部位の名前を言い（"右手の小指"、"両足のつま先"、"頭"、"左脚"、"あご" など）、その部分を静かに動かすなどの活動に発展させてもよい。

プログラム
02 | フラフープを使って

育てられる 運動属性	身体意識、動的バランス、柔軟性、ほか
対象等	保育園年長、小学校低学年、特別支援学校小学部
人数等	小グループ
使用する遊具	フラフープ

活動内容・展開

❶ フラフープを床と水平にして、床につけないように 10cm 程度上げ、フラフープの間をまたぐ。
❷ フラフープを床に置き、その中にジャンプして入ったり出たりする。
❸ 2 人でペアをつくり、片方はフラフープを縦にして立てたり、斜めにしたりする。他方は、体がフラフープに触れないようにくぐり抜けていく。
❹ 3〜4 人のグループで、連続したフラフープのトンネルをつくり、そこを抜けていく。
❺ フラフープを 5 本組み合わせて、フラフープの家を組み立てる。フラフープの家を崩さないように、体を操作してくぐり抜けていく。

**実施する際の
配慮事項等**

　市販のフラフープは筒型のものや平らなもの、伸縮性のあるゴム製のものなど、様々な種類があるが、上記の活動には筒型のフラフープが適している。子どもの発達段階や運動スキルに応じて、フラフープの高さや位置などを適宜工夫していくことで達成感が育まれていく。

**発展・応用した
内容として**

　一般的なフラフープの使い方として、腰で回したり、手首や腕で回したりする活動があるが、障害のある子どもたちの場合、1 人で回すことが難しいことも少なくない。支援者が子どもと手をつないで、子どもの手首でフラフープを回し、慣れてきたところで、つないでいた手を放すなどの方法をとると、比較的上手に回すことができる。

プログラム
03 | プレイバンドの道

育てられる 運動属性	身体意識、動的バランス、柔軟性、社会性、ほか
対象等	保育園年長、小学校低学年、特別支援学校小学部
人数等	グループ
使用する遊具	プレイバンド

活動内容・展開

❶ 2つのグループを作り、片方のグループがプレイバンドの両端を持って2列に並び、プレイバンドの道を作る。はじめは誰でもできる易しい道を作るよう心がける。

❷ 他のグループは、またいだり、くぐったりしてプレイバンドの道を抜けていく。

❸ 慣れてきたら、より複雑な道（プレイバンドを交差させ、高低差などをつける）を作り、難易度を少しずつ上げていく。

❹ ひと通り活動を実施したら、グループを交替する。

実施する際の配慮事項等

　多動傾向のある子どもたちの場合、お互いにスピードを競い合ったりすることも少なくないが、この活動は静的な活動に位置するため、ゆっくりとプレイバンドに触れないように通り抜けていくことを事前に子どもたちに伝えるとよい。

発展・応用した内容として

　プレイバンドは伸縮性のあるゴム製のロープであり、2つ、3つとつなぎ合わせることで、体育の授業などの集団での活動でも取り組むことができる。床面をはいずりながら移動したり、ジャンプして跳び越えたり、他の子どもたちがどのように進んでいくかを観察したりするなどの集団活動を通して、新たな発見が生まれていく。

プログラム
04 | 手をつないで水の中を歩く

育てられる 運動属性	身体意識、動的バランス、社会性、ほか
対象等	保育園年長、小学校低学年、特別支援学校小学部
人数等	個別または小グループ
使用する遊具	フラフープ

活動内容・展開

❶ 各自で、他の人とぶつからないようにプールの中を自由に歩く。

❷ 2 人で手をつないで、他の人とぶつからないようにプールの中を自由に歩く。

❸ 2 人でペアを作り、片方はフラフープを水中で立てたり、斜めにしたりする。他方は、体がフラフープに触れないようにくぐり抜けていく。

❹ グループで手をつないで広がり、大きな輪をつくる。プールの中心部に集まって小さな輪をつくったり、後方に広がって、手を大きく広げてより大きな輪をつくったりする。

❺ 手をつないだまま、全体で右回り、左回りを行う。

❻ 手をつないだまま、輪の形を崩さないように、ゆっくり歩きながらプールサイドに移動する。歩行が苦手な子どもであっても、輪をつくりながら一緒に動くことで、前歩き、後ろ歩き、横歩きなどが体験できる。

❼ ❶の応用として、水中鬼ごっこなどに発展させる。

実施する際の
配慮事項等

　プールを利用した水中ムーブメントのプログラムである。水中を歩くときには、水の抗力が生じるため、陸上で歩くときの 4 倍の抗力が必要となり，水中を歩くだけでも十分なエネルギーを消費することができる。同時に、身体意識のみでなく、バランスの力やリラクセーション効果も期待できる。

発展・応用した
内容として

　❸の水中でのフラフープのくぐり抜けの活動は、保育所などであれば水位の低いプールが適している。小学校の中学年以降であれば、水中にフラフープを配置して、水面を潜ってくぐり抜ける活動などに発展させていくとよい。

プログラム **05** | # いろいろなトンネルをくぐる

育てられる 運動属性	**身体意識、協応性、柔軟性、ほか**
対象等	**保育園年長、小学校低学年、特別支援学校小学部**
人数等	**個別または小グループ**
使用する遊具	**ビニールトンネル、ロープ、フラフープ、段ボール、など**

活動内容・展開

❶ 市販のビニールトンネルや、段ボールで作成したトンネルの中をくぐる。

❷ 傾斜台など、他の用具と組み合わせてトンネルに緩やかな傾斜をつけ、その中をくぐる。

❸ 段ボールを使って、いろいろな大きさのトンネル（高い・低い、広い・狭いなど）を作り、それらをくぐる。

❹ 大きめのトンネルであれば、スクーターボードと組み合わせて、スクーターボードに乗ってくぐるなどの活動に発展させる。

❺ トンネルを含め、複数の固定遊具（平均台やロープ、フラフープなど）を組み合わせて、フロアでのサーキット運動に発展させる。

実施する際の配慮事項等

　段ボールで作成するトンネルはいろいろと加工できるため、長短、大小、広い狭いなど、様々なトンネルにすることができ、それらをくぐることで子どもの身体意識が育まれる。また、体育館であれば、高さが同じ平均台を2台用意して、その上に大きめのビニールシートをかぶせることで、簡易なビニールのトンネルを作成できる。

発展・応用した内容として

　子どもの発達段階に応じて、短めのトンネルを組み合わせて長いトンネルを作成したり、大きめの段ボールを用意して中腰の姿勢でくぐり抜けたり、小さめのダンボールでトンネルを作成してはいずってくぐらせたりする。

プログラム
06 | 風船を使って

育てられる 運動属性	身体意識、協応性、社会性、ほか
対象等	保育園年長、小学校低学年、特別支援学校小学部
人数等	個別または小グループ
使用する遊具	風船またはボール（バレーボールなど）

活動内容・展開

❶ 風船を 1 人 1 つ用意し、自由に風船をつく。

❷ リーダーが指示した身体部位で風船をついたり、ついている身体部位を当てたりする。

❸ 小グループで 1 つの風船を使用し、皆で落とさないようにつく。

❹ 2 人で向かい合わせになり、風船（またはボール）を胸やお腹で挟んで、落とさないようにゆっくり移動する。

❺ 背中合わせになり、風船（またはボール）を背中やお尻で挟んで、落とさないようにゆっくり移動する。

❻ 慣れてきたら、少しスピードを上げたり、他に風船（またはボール）を運べる身体部位はどこかないか考えて実行したりするよう促す。

実施する際の配慮事項等

　この活動は、自分と風船との距離感を考えながら行うため、身体意識の育ちとともに、ムーブメント教育・療法の目的の 1 つである時間・空間、その因果関係の意識を育てることができる。風船を使用する場合は、少し大きめで耐久性のあるパンチボール（丈夫な風船）などを使用すると運びやすさが増す。

発展・応用した内容として

　❷の活動では「空中で風船を 3 回ついてみましょう」「頭と左手だけを使ってついてみましょう」などの指示を出すことで、知覚運動プログラムとしても応用できる。グループで実施する場合などは、複数のチームに分かれ、❹❺の活動を風船運びゲームなどに発展させてもよい。

プログラム
07 身体の発見Ⅰ

育てられる 運動属性	身体意識、物的バランス、ほか
対象等	保育園年長、小学校低学年、特別支援学校小学部
人数等	個別
使用する遊具	ビーンズバッグ、フラフープ、など

活動内容・展開

❶ 大きくなったり小さくなったりして、様々な動物（ゾウ、アリなど）を自分の体全体で表現する。

❷ 指示された身体部位（右足と左膝など）を床につける。最初は簡単な内容(両足など)から始め、慣れてきたら3か所、4か所などと少しずつ数を増やしていく。

❸ ビーンズバッグを身体部位（頭、肩）に載せたり、体で挟んだりする。

❹ ビーンズバッグを載せられる部位を考え、発表する。

❺ 右手で右耳を触る、両手でそれぞれ反対側の耳を触る、左手で自分の鼻を触るなどの活動に発展させる。

実施する際の配慮事項等

　　ビーンズバッグを身体部位に載せる活動では、落とさないように調整できるようになり、身体意識の育ちとともに、物的バランスの力も高まっていく。

発展・応用した内容として

　　❶の活動は、どの動物をまねるのか子どもたち自身に考えさせたり、まねた動物を当てさせたりするシンキングゲームなどに発展させていくとよい。❺の活動は、発展として、両足を交差させる、左手で右足のつま先を触る、右手で左の肘を触るなど、上肢、下肢を含めた正中線交差運動にしていくとよい。利き手（足）が決まることで、よりスムーズな運動が展開できるようになっていくため、利き手（足）を確立していくプログラムとしても活用できる。

プログラム
08 | リーダーに続け

育てられる 運動属性	身体意識、社会性、知覚運動、ほか
対象等	保育園年長、小学校低学年、特別支援学校小学部
人数等	小グループ
使用する遊具	ムーブメントリボン

活動内容・展開

❶ リーダーを 1 人決めて、そのリーダーが一定の姿勢をとり、その姿勢を周囲の子どもたちがまねる。

❷ リーダーは順番に交替する。その際、「これまでとは違う姿勢をとって」などと教示していくと短期的な記憶力の向上にもつながっていく。

❸ ムーブメントリボンを使い、その振り方をまねさせたり、❶と同様にリーダーを決め、リーダーが作るリボンの形（軌跡）をまねしたりする。

実施する際の 配慮事項等

　年齢や発達段階を考慮して、まずは 1 対 1 で取り組み始めるとよい。ある程度、他者意識が育った段階であれば、4 ～ 5 人のグループで実施すると、他者への関心や社会性が育てられていく。「一定の姿勢をとったら、5 秒程度、同じ姿勢をとる」などのルールを決めることで、静的バランスの力や時間・空間、その因果関係の意識などが育てられる。

発展・応用した 内容として

　一定の姿勢をまねることに慣れてきたら、少しリズミカルな連続した動きの模倣などに発展させてもよい。子どもの発達段階を考え、たとえば、「両手を 2 回、両肩を 2 回たたく」など、簡単な内容から少しずつ難しい内容へと発展させていくとよい。

プログラム
09 ボールを使ってⅠ

育てられる 運動属性	身体意識、筋力、物的バランス、ほか
対象等	小学校低学年、特別支援学校小学部・中学部
人数等	個別または小グループ
使用する遊具	バスケットボール、バレーボール、など

活動内容・展開

❶ バスケットボールやバレーボールなどを使用して、床や壁にボールを押しつける運動（等尺性の運動）を行う。

❷ はじめは、両手でボールを外側から内側に押さえつけ、5秒間、数を数える。その後、少し時間をおいて再度実施する。

❸ ❷と同様に、床面に両手でボールを押さえつけ、5秒間、数を数える。

❹ ❸の内容に準じて、壁から50cm程度の距離をとって立ち、5秒間、壁に向かって両手でボールを押さえつける。

❺ 発展として、2人でペアをつくり、向かい合ってロープを引っ張り合ったり、長いロープを輪にしてロープの周囲を持ち、お互いに引っ張り合ったりしてもよい。

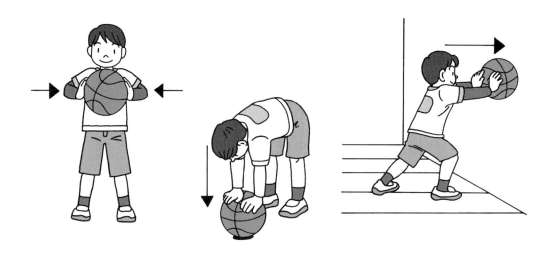

**実施する際の
配慮事項等**

　子どもの年齢や発達段階に応じて、使用するボールを選択させるとよい。また、❺の活動は、「いち、にの、さん」の合図で引っ張り合ったり、タンバリンの音の合図で引っ張り合ったりするなど、子どもたちが上手くタイミングを計れるように工夫するとよい。

**発展・応用した
内容として**

　等尺性の運動は、ボールなどの遊具が無くても行えるが、ボールなどを介して行う方が、子どもの意識を高めることができる。ロープを輪にして引っ張り合う活動は、グループのお互いの気持ちを合わせる必要があるため、他者意識や社会性を育てることにも通じていく。

プログラム **10**	# ボールを使って Ⅱ

育てられる 運動属性	**身体意識、柔軟性、ほか**
対象等	**小学校低学年、特別支援学校小学部・中学部**
人数等	**個別または小グループ**
使用する遊具	**バレーボール、など**

活動内容・展開

❶ ボールを使って、両手で上手く調節しながら、自分の体の周りを回していく。

❷ はじめに、立位の姿勢をとらせ、お腹の周りでボールを 1 周させる。

❸ 次に、同じ立位の姿勢で、自分の首の周りでボールを回したり、次は膝、次は胸、次は右足などと、回す部分を子どもたちに考えさせたりしてもよい。こうした活動は、身体部位の発見、身体概念の育ちにつながっていく。

❹ 慣れてきたら、長座位の姿勢（または椅子に座る）になり、体の周りでボールを回していく。

❺ 2 人で長座位の姿勢をとり、ボールを背中で挟み、その挟んだボールを落とさないように、2 人で協力して一緒に立ち上がる（立位の姿勢をとる）。

**実施する際の
配慮事項等**

　対象とする子どもの年齢や発達段階を考えて、適切な大きさ、硬さのボールを選択するとよい。障害のある子どもに対しては、スポンジ式の柔らかめのボールなどを使うと、操作性が増していき、成功感を味わえる。長座位の姿勢でのボール回しは、体の柔軟性を高めていくプログラムでもある。

**発展・応用した
内容として**

　❺の活動はやや難しい活動となるため、必要に応じて支援者が補助して進めていくとよい。バスケットボール、バレーボール、ハンドボールなど、大きさや材質の異なるボールを扱うことで、物を扱う操作性の力も増していく。

プログラム **11** | フラフープを使ってくぐり抜け

育てられる運動属性	身体意識、協応性、敏捷性、ほか
対象等	小学校中学年、特別支援学校中学部・高等部
人数等	個別または小グループ
使用する遊具	フラフープ

活動内容・展開

❶ フラフープを両手で持ち、頭上にかざして、両手を同時に離してフラフープを落とし、体に触れないようにくぐり抜ける。

❷ フラフープを両手で持ち、両手で床面に押し出して、水平にスライドさせて滑らせる。

❸ 何回か練習した後、フラフープがスライドしてくる距離やタイミングを見計らって、他の子どもがその中に入る。ジャンプして入ったり、片足だけで入ったり、フラフープを止めたりなど、子どもの実態に合わせて、やり方やルールは臨機応変に変えていくとよい。

❹ フラフープを縦にして床面を転がし、タイミングよくその輪の中を抜けていく（フラフープの輪くぐり）。子どもの運動スキルに合わせて、床面に置いた（縦に固定した）フラフープで練習してから実施するなど、発達段階に合わせた工夫を行うとよい。

実施する際の配慮事項等

　❶や❷は、利き手が決まっているとスムーズに行える活動である。利き手にガイドされると、他方の手も上手く離したり押し出せたりするため、利き手を確立させていくことが大切となる。❹の活動は、運動スキルとしては難しい課題となるため、スピードを調整するなどして、子どもの実態に合わせて支援者が配慮して取り組ませるとよい。

発展・応用した内容として

　❸の発展として、連続してスライドさせ、順番にフラフープに入って移動したり、2人でペアになり、短めの距離を置いて、片方がフラフープを空中に投げ、床に落ちる前に他方がフラフープの中に入ったりする「フラフープの輪投げ」などの活動に発展させてもよい。また、❹の発展として、連続した輪くぐり（2〜3本程度）を行わせてもよい。

プログラム **12**	**身体の発見 Ⅱ**

育てられる 運動属性	**身体意識、静的バランス、柔軟性、社会性、ほか**
対象等	**小学校中学年、特別支援学校中学部**
人数等	**小グループ**
使用する遊具	**スペースマット**

活動内容・展開

❶ 支援者は、「手を 2 回たたきなさい」「右手で左足を触りなさい」などと指示する。

❷ プログラム 07「身体の発見Ⅰ」の発展として、2 人または 3 人組になり、「床に触れることのできる（体重を支えられる）身体部位を 2 人で 3 か所、3 人で 5 か所考えなさい」などと指示する。

❸ グループ形式で行い、他のグループが発表した部位（右足と左手、頭の右の方など）を答えさせる活動に発展させてもよい。

❹ 応用として、スペースマットの上で実施してもよい。また、スペースマットの代用として、フラフープなどを活用してもよい。

実施する際の
配慮事項等

　この活動では身体意識の中でも、特に身体概念を育てることができる。また、複数のメンバーで一緒に考えたり、実際にやってみたりすることで他者意識や社会性が育てられる。

発展・応用した
内容として

　❶の発展として、体のいろいろな部位を意識できるように指示するとよい。たとえば「左右の肘を合わせなさい」「かかとを上げて背伸びしなさい」「両手を頭に載せなさい」「床にあお向けに寝てゆっくりと目を閉じて 5 秒間、床に溶け込みなさい（プログラム 01「床に溶け込もう」）」などの指示により、いろいろな身体部位を発見できる。スペースマットはゴム製で、色別（赤、青、緑、黄など）の遊具のため、「赤のマットには手をつき、緑のマットには足だけ入れる」などの指示により、知覚運動プログラムとしても応用できる。

①
身体意識

プログラム

13 | 身体で表現しよう

育てられる 運動属性	**身体意識、創造性、精神運動、ほか**
対象等	**保育園年長、小学校低・中学年、特別支援学校中学部・高等部**
人数等	**個別または集団**
使用する遊具	**ムーブメントスカーフ**

活動内容・展開

❶ 個別の表現活動として、重い荷物を持つ動作をまねる。

❷ 小さな木、細長い木、風になびく木など、各自がイメージを膨らませ、自由な発想で、自然界の事象や事物を体で表現する。

❸ 「ムーブメントスカーフを使って〇〇になろう」など、ムーブメントスカーフを使って誰でも知っている人物（物）になりきったり、それが誰（何）か当てたりするなどの活動に発展させていく。

実施する際の配慮事項等

　このプログラムは、表現運動を中心としているが、知的な活動も含む内容である。ムーブメントスカーフは、色別の柔らかい素材でできているため、スカーフをまとって、「そよ風になって動く」などの表現活動に適した遊具である。動きのイメージを持たせるために、実際の自然の事象について、写真や絵、映像などを見せてから行うとよい。また、重さについては、実際に物を持たせることで、そのイメージ（重い荷物は両足を踏ん張って持ち上げるなど）を表現しやすくなる。

発展・応用した内容として

　❶の活動の発展として、たとえば、「5kg の荷物や 50kg の荷物を持ち上げる動作を、体を使って表現してください」などと問いかけ、子どもに表現させてもよい。

プログラム 14 | グループで表現しよう

育てられる運動属性	身体意識、創造性、社会性、精神運動、ほか
対象等	小学校低・中学年、特別支援学校中学部・高等部
人数等	グループまたは集団
使用する遊具	パラシュート、ビーンズバッグ、など

活動内容・展開

❶ 5〜6人程度のグループで表現したいテーマを考え、その動きを皆で協力して表現する。

❷ 等間隔で立つ街路樹、広がっている大きな木、ジェットコースター、蝶が群れで飛んでいるシーンなどを、グループで協力して表現する。

❸ パラシュートを床に置き、複数のビーンズバッグをパラシュートの中に入れ、周りで大きな波を作ってビーンズバッグを投げ上げ、外側に放り出す（ポップコーン作り）。

❹ パラシュートを海に見立て、子どもたちが魚になって泳ぐなど、日常の光景や学校行事をイメージさせながら進めていくことで、創造性が育まれていく。

実施する際の配慮事項等

　この活動は、プログラム13「身体で表現しよう」の応用として、グループで考え、創造性を働かせて皆で表現することを目的としている。障害のある子どもたちが行う場合などは、自分たちで考えさせることはもちろんだが、補助的に、演じる内容や場面を写真や絵などで確認させてから行うなど、支援者が適宜ヒントを与えるとよい。

発展・応用した内容として

　発展として、ムーブメントスカーフやビーンズバッグなどを組み合わせて行うなどするとよい。スカーフやビーンズバッグなどは布製で柔らかい遊具のため、いろいろと工夫することで楽しい表現運動に発展させることができる。たとえば、体育館やプレイルームであれば、「男女の顔をフロアに描いてみよう」などと指示し、ロープやフラフープ、スカーフやビーンズバッグを用い、子どもたちも顔の一部になるなどして描くことで、創造性や社会性が育てられる。

2 柔軟性（体の柔らかさ）とは

柔軟性とは、体のある部分をその他の部分と関連させて容易に動かす能力であり、関節の最大範囲の屈曲と伸展の能力を含んでいる。柔軟性は子どもの成長に伴って、唯一、減退していく能力とされる。子どもの頃は体が柔らかかったのに、成長するに従い、硬さが増していく経験をした人も少なくないだろう。学校で長時間座り続けていたり、あまり体を動かさなかったりすると、体の硬さが助長され、急に動き出すことができなくなる場合が多い。日常的な怪我を防ぐ意味でも、就学前から学齢期にかけて、柔軟性を育てていくことは欠かせない取り組みである。体の柔らかさを示す柔軟性は、体力因子の中でもバランス、敏捷性、協応性などの調整力や筋力、持久性などとはまったく異なる独立した因子としてみられている。それだけに、柔軟性に関連する運動は、運動不足に陥りがちな人ほど重点を置いて取り組まなければならない内容だといえる。

柔軟性を測る方法

柔軟性を測るには、立位体前屈（立位の姿勢から前屈し、膝を伸ばしたままどの程度まで体を曲げられるかを測る）などの検査が用いられる場合が多い。また、M.フロスティッグやR.オーペットによって開発されたムーブメントスキルテストバッテリー（MSTB）には、柔軟性の検査として、長座位で前方に体を曲げる「座位／前屈／リーチ」という検査項目がある。この検査項目は、座った姿勢で実施できるため、障害のある子どもの評価に適している。長座位の姿勢で子どもに20cm程度両脚を開かせて前屈を行わせ、指先を体より遠くへ持っていくことで、背筋やハムストリング（大腿部にある）の柔らかさを測定する。障害のある子どもたちは、同年代の子どもたちよりも柔軟性が平均的に低い状態にあり、日常的に柔軟性を育てていくことの必要性が示唆されている。

柔軟性を育てるために

　柔軟性を育てる（保つ）ためには、筋肉が弾性を維持できるようないろいろな運動（特に大腿四頭筋などの大筋群や肩、肘、膝、足などの関節が関与する粗大運動など）を毎日行う必要がある。具体的には、以下のような運動を、筋肉に無理のない範囲で、1 回あたり 5 秒間程度実施することが望ましい。

❶ **膝を柔らかくする**… ア．右脚を「く」の字に曲げて横にし、左の太腿の上に載せ、左手で右足の先を握って手前に引き、右手で曲げた膝を上から軽く押さえる。左脚も同様にする。イ．足の裏を合わせて座り、両手で両膝を軽く押え込む。ウ．足の裏を合わせて手で握り、ゆっくりと手前に引き寄せる。

❷ **背筋を柔らかくする**… ア．体を前屈させ両手をすねに当てる。体に無理な力を入れずに、可能な限り遠くまで両手を伸ばす。イ．両脚を広げて座る。両手を前につき、その手を少しずつ遠くにずらしながら、ゆっくり背筋を伸ばしていく。

❸ **体をねじる**… 両脚を開いて立ち、手を腰に当てる。脇の下を伸ばして右に体を倒し、そのまましばらく止まる。左に倒し、またしばらく止まる。次に、腰を右回り、左回りと交互に回す。

❹ **体を丸くする**… 膝を曲げて座り、両腕で脚を抱きかかえる。両膝の間に頭をたたみ込み、体が弧を描くように背中を丸める。

❺ **足首を持って歩く**… 膝を伸ばしたまま体を前に曲げ、足首をつかんで前へ歩く。難しい場合は、ふくらはぎを持って歩くことから始めるとよい。

❻ **棒を越える**… 70cm くらいの棒の両端を握り、地面と平行になるように、腰の高さで体の前に持つ。まず一方の脚で、次にもう一方の脚で踏み越す。これを数回繰り返す。

❼ **はね橋をつくる**… 床にあお向けに寝る。両脚をまっすぐにしたままゆっくりと上げ、そこから頭上を越えてつま先が床につくまで降ろし、それからゆっくりと最初の位置に戻す。

15 | 自転車こぎ

育てられる運動属性	柔軟性、身体意識、静的バランス、ほか
対象等	保育園年長、小学校低学年、特別支援学校中学部
人数等	個別
使用する遊具	スペースマット

活動内容・展開

❶ 床にあお向けになり、肩と両腕で体を支えながら両足を上げて、空中で自転車をこぐように左右の足を交互に回転させる。

❷ あお向けの姿勢から、両足を閉じたまま頭の後ろの床に届くまでゆっくりと上げ、えびのように背中を丸めて両足を伸ばす。その後、素早く両足を床まで振って戻すと同時に、頭と肩を上げ、長座位（座った姿勢）になる。

❸ 障害のある子どもたちが行う場合は、クッション性のある体操マットやスペースマットの上などで実施すると、痛みなどをあまり感じずに行うことができる。

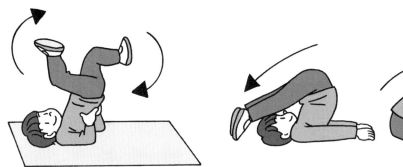 

実施する際の配慮事項等

　準備運動の一環として実施することが適したプログラムである。柔軟性を育てることは、様々な怪我の予防にもつながる。自転車こぎのプログラムの導入として、床に寝て足を垂直に上げたり下ろしたり、肩で支えて倒立（肩倒立の姿勢）をしたりするなど、徐々に活動に慣れさせていくことが大切である。

発展・応用した内容として

　スペースマットを活用して、その上に長座で座り、様々な柔軟運動を展開していくとよい。また、スペースマットの上に立ち、前屈して両手で足首を触り、その姿勢を5秒間続けたり、足首を持ったままゆっくりと他のスペースマットのところまで歩いたりするなどの活動は、柔軟性や身体意識、動的バランスの力を高めていく。

プログラム
16 | 曲げて、伸ばして、ねじって

育てられる 運動属性	柔軟性、静的バランス、身体意識、精神運動、ほか
対象等	小学校低学年、特別支援学校中学部・高等部
人数等	個別または小グループ

活動内容・展開

❶ 体のいろいろな部位を使って、いろいろな表現の仕方の工夫を行う。

❷ リーダーを決めて、同じ姿勢をとり、体を曲げたり伸ばしたりする活動に発展させる。

❸ 「ねじりパンのように、体を同じ方向にねじって」などの指示を出して、いろいろな物事の表現方法を考えさせてもよい。

❹ 「ねじる」という言葉のイメージを膨らませるために、「ビンの蓋をねじって開ける」「ねじりはちまき」など、日常で使用している物や動作をまねさせるとよい。

❺ 2 人で向かい合って手をつなぎ、1 人がお互いの間をくぐって手をねじってみたりすることでイメージが膨らんでいく。

実施する際の 配慮事項等

「曲げる」「伸ばす」「ねじる」という動作 1 つをとっても、いろいろな方法で表現できることを発見させる。ムーブメント教育・療法では、適宜音楽を使い、子どもの動きを促すことを推奨している。たとえば、ドレミの音階に合わせて、体を小さくした姿勢から徐々に大きくしていく活動などは、聴覚と運動の連合能力を育てていく。

発展・応用した 内容として

3 人組になり、2 人が両手をつないでトンネルを作り、残りの 1 人がその下をくぐり抜ける活動を行う。トンネルの高さを低くしたり、また、片方の腕を高く他方の腕を低くして、片腕をくぐらせたり、またがせたりするなどの活動に発展させてもよい。

プログラム
17 | ロープで楽しい体操

育てられる 運動属性	柔軟性、身体意識、社会性、ほか
対象等	保育園年長、小学校低学年、特別支援学校小学部
人数等	個別
使用する遊具	短めのロープまたは縄跳びの縄

活動内容・展開

❶ 両手でロープの端を持ち、ロープの中央部に足をかけて、体を曲げたり伸ばしたりする。
❷ ロープを肩幅に束ねて両手で持ち、そのまま両腕をまっすぐ上に伸ばして 5 秒間、数を数える。
❸ ❷と同様に、今度は左右に曲げて、曲げ切ったところで 5 秒間、数を数える。
❹ ロープを肩幅に束ねて両手で持ち、前方からまたぎ越す。
❺ ❹と反対に、後方からロープをまたぎ越し、足を抜く。
❻ 長座位になり、両方の足先にロープをかけて両手で引っ張るなどの柔軟運動を行う。

**実施する際の
配慮事項等**

　　子どもの年齢や発達段階、それぞれの柔軟性に応じて、ロープの長さを変えていくとよい。柔軟性の運動は怪我の予防にもつながるので、準備運動として取り入れることが望ましい。縄跳びの縄でも代用可能だが、子どもたちがしっかりとロープを保持することを考えると、3 m の太めのムーブメントカラーロープを使用するのが適している。

**発展・応用した
内容として**

　　このプログラムは、柔軟性はもちろんのこと、身体意識や社会性の育ちにもつながっていくため、ロープに引っかけて伸ばせる身体部位を子どもたちに考えさせたり、2 人で協力して取り組ませたり、プログラム 16「曲げて、伸ばして、ねじって」の発展として、2 人でロープを両手に持ち、その間を他の子どもがくぐり抜けたりする活動にするとよい。

プログラム **18**	**フラフープで楽しい体操**

育てられる 運動属性	柔軟性、物的バランス、身体意識、ほか
対象等	保育園年長、小学校低学年、特別支援学校小学部
人数等	個別または小グループ
使用する遊具	フラフープ

活動内容・展開

❶ 各自が筒型のフラフープを両手で持ち、両手を伸ばして、体を曲げたり伸ばしたりする。

❷ 2 人でペアになり、両手でフラフープを持ち、それを引っ張り合う。

❸ フラフープを縄跳びのように使用する。最初は、片足ずつフラフープをまたいで体を抜けさせる。慣れてきたら、縄跳びのようにジャンプして跳び越える活動に発展させる。

❹ 2 人で 1 つのフラフープを使い、それぞれ両手でフラフープを持ちながら、体を曲げたり伸ばしたりする。

❺ ❹の姿勢から、「なべなべ底抜け」を行う。両手で持ったフラフープを左右に振って、タイミングを合わせて、フラフープを離さないようにしながら背中合わせになる。同様に、タイミングを合わせて、元の姿勢に戻る。

**実施する際の
配慮事項等**

　このプログラムは、手や腕で操作するため、筒型のフラフープを使用するのが適している。❷の活動であれば、ゴムでできたチューブ式のフラフープを使用してもよい。柔軟性を育てるプログラムであるため、子どもたちがいろいろな姿勢の変換を行えるように支援することを心がけるべきである。

**発展・応用した
内容として**

　❺の活動は「なーべ、なーべ、底抜け、底が抜けたら、返りましょ」などのわらべ歌を歌いながら進めると、体を返す（背中合わせになる）タイミングが計りやすくなり、スムーズに活動が行える。発展として、あお向けに寝て、フラフープを両手両足にかけて空中で保持し、5 秒間、数を数えるなどの活動にしてもよい。

プログラム
19 | # カラー体操棒を使ったストレッチ

育てられる 運動属性	**柔軟性、身体意識、社会性、ほか**
対象等	**保育園年長、小学校低学年、特別支援学校小・中学部**
人数等	**個別または小グループ**
使用する遊具	**カラー体操棒**

活動内容・展開

❶ カラー体操棒を使い、様々なストレッチ運動を行う。
❷ カラー体操棒を両手で持ち、両足のつま先で立つように大きく背伸びをする。
❸ 両足を肩幅に開いて立ち、両手でカラー体操棒の両端を持ち、前方に腕を伸ばす。次に足を動かさないように、左右に水平に腕を振り、腰を捻る。捻って伸ばして、5秒間同じ姿勢をとる。
❹ 2人で向かい合わせになり、カラー体操棒を縦や横にして、お互いに引っ張り合う。
❺ 両足を開いて立つ。カラー体操棒の両端を持ち、腕と体をまっすぐに伸ばし、頭上にゆっくり持ち上げ、できるだけ後ろまで動かした後にゆっくりと前方に戻し、前屈する。左右についても同様に行う。また、同様のことを長座位でも行う。

**実施する際の
配慮事項等**

　カラー体操棒は、両端をしっかりと持つことができる教材のため、体の各部位を意識しながら関節を伸ばすことができる。小学校の体育の授業などで使用されることの多いカラー体操棒は、長さが90cm程度と少し長めのため、子どもの年齢や発達段階に応じて、市販されている短めの筒型の棒を利用したり、ロープで代用したりするとよい。

**発展・応用した
内容として**

　プログラム17「ロープで楽しい体操」の活動に準じて、カラー体操棒を両手に持ちながら、バランスを崩さずにまたぎ越すなど、柔軟性を高めるいろいろな活動に発展させることができる。また、敏捷性を高めるプログラムへの応用として、カラー体操棒を転がし、子どもたちがそれに触れないようにジャンプして跳び越えるなどの活動に発展させることもできる。

プログラム
20 | プレイバンドを使って

育てられる 運動属性	柔軟性、身体意識、社会性、知覚運動、ほか
対象等	保育園年長、小学校低学年、特別支援学校小学部
人数等	個別または小グループ
使用する遊具	プレイバンド

活動内容・展開

❶ プレイバンドを使い、四角形、三角形、二等辺三角形などの形を作る。

❷ 四角形、三角形などを作成したまま、5 秒間、同じポーズをとる。

❸ 作成したプレイバンドの図形の間を、他の子どもが通り抜ける活動に発展させてもよい。

❹ プレイバンドの特性（伸縮性があり、色別のバンドが用意されている）を生かし、「赤い三角形を作ろう」「青い四角形を作ろう」「プレイバンドを 2 本つなげて、大きな赤い丸を作ろう」などの知覚運動プログラムへと発展させてもよい。

**実施する際の
配慮事項等**

　プレイバンドはゴム製の柔らかな素材でできているため、引っかかっても危険性が少なく、保育園児や障害のある子どもたちにも適応可能な遊具の 1 つである。また、伸縮性があるため、いろいろな形を作りやすい。プレイバンドで形を作って表現する際に、「おおきーい四角形」「ながーい四角形」など、図形の特徴を強調するような言葉かけを行うことで、図形のイメージがわきやすくなる。また、手や腕、足や膝など、自分の体のいろいろな部位を使って形を表現させることは、柔軟性と合わせて身体意識を育てることにも通じていく。

**発展・応用した
内容として**

　プレイバンドは色別（赤、青、黄、緑など）のため、その特性を生かしたプログラム（❸の活動であれば、赤い形は四つ這いで、緑の形は中腰の姿勢で通るなど）にも発展できる。

3 敏捷性（動きのすばしっこさ）とは

　自分の体を素早く動かすことは、バランス能力と並んで、子どもの体づくりの基本になる。敏捷性は様々な運動や動作を時間的に調節するのに不可欠な運動の属性とされている。敏捷性が十分でない子どもは、たとえば、「ヨーイ・ドン」の合図で素早く移動するように指示をしても、動作がゆっくりで、足の運びがなかなか上手くできないことも多い。また、次から次へと転がってくるボールに当たらないように、巧みに体を操作することが苦手な子どもたちがいる。

　このように急激に体の姿勢や動作を変える、いわゆる「体の位置変換」を素早くできない子どもは、運動や遊びの範囲が限られてしまう。動きの反応の速さを測る「敏捷性」は、体を素早く調整する能力であるが、この機能はバランス機能と同じように、中枢神経系の発達に依存する面が多い。このため幼い時期（10〜12歳くらいまで）に、かなり積極的に敏捷性の発達を促せるような体づくりの環境を用意することが大切である。

敏捷性を測る方法

　敏捷性を測るには、動きの反応時間を計る他に、単純な運動を一定時間内に何回反復するか（筋の収縮機構にかかわる）を測定する方法（おもに上肢の敏捷性を測るタッピングテストや立位や座位姿勢での下肢を使用したステッピングテストなど）がある。たとえば手指を使用したタッピングなどの反復動作は、拮抗する筋群が相反的神経支配（筋に屈筋反射が起こっているときに、その拮抗筋である伸筋が抑制されて弛緩すること）によって、速やかに収縮と弛緩を繰り返すことにより遂行される。この交替が巧みに調整されなければ、よい成果を発揮することはできない。タッピングを長く続けると、時間の経過とともに次第に余計なところに力が入り、リズムが乱れ、動作ができなくなることを経験

する。これは動作が長引くにつれて、相拮抗する筋群が速やかに役割を交替することが困難となるからである。このような敏捷性を手軽に測る方法として、以下のような手段がある。

❶ 光の点滅と同時に素早く両手が叩けるか。
❷ 光の点滅と同時に素早くジャンプするなど、身体が動かせるか。
❸ 音の合図と同時に素早くジャンプするなど、身体が動かせるか。
❹ あお向けの姿勢から、音などの合図で素早く起立し、「気をつけ」の姿勢になれるか。
❺ 鉛筆で紙の上に、10 秒間にどれだけ多く点が打てるか。

敏捷性を育てるために

　敏捷性を育てるためには、上述のような測定項目を日常の活動の中に取り入れることが望ましい。また、動きがゆっくりしたタイプの子どもたちには、まず時間の経過にかなり注意を払うような支援をするとよい。たとえば遊びや日常の活動の中で、時間を意識するような場面をつくることである。目覚まし時計やストップウォッチなどのタイマーを使い、靴の脱ぎ履きをさせたり、障害物競走、スキップ、かけっこなどの所要時間を繰り返し測定したりしながら、一連の運動が行われる速さを体験させるとよい。また、情緒的な課題が要因となって動きに緩慢さが生じてしまう子どもたちには、子どもが意欲を持てるように励まし、その能力を引き出すような配慮や支援を怠らないことである。ムーブメント教育・療法では、特に子どもたちが成功感を持てるようにプログラムを工夫している。発達に遅れや偏りのある子どもたちは、活動に興味を持ち、満足感を持てば持つほど、その動きが速くなることが実証されている。この点からもわかるように、特別なニーズのある子どもの動きづくりは、彼らの心をどのように動かすかを考えることから始まるといえよう。

育てられる 運動属性	敏捷性、身体意識、協応性、動的バランス、ほか
対象等	保育園年中・年長、小学校低学年、特別支援学校小学部
人数等	小グループまたはグループ
使用する遊具	長めのロープ（10m程度）

活動内容・展開

❶ ロープを使い、いろいろな波を作り、その波を跳び越していく。

❷ 支援者は、子どもたちの発達段階に配慮しながらいろいろな波（縦波、横波、不規則な波など）を作り、子どもたちにロープを跳び越すように指示する。

❸ 規則的でリズミカルな波もよいが、手首をゆっくり左右に揺らして振れ幅の大きい波を作ると、同じ波跳びでも、違った環境を子どもたちに提供することができる。

❹ ロープに短めの紙管（段ボールの素材でできた筒型の管）を複数通し、それを揺らすと、不規則で変形した波を作ることができる。それらを跳び越えることで、より高度な敏捷性が育てられる。

**実施する際の
配慮事項等**

　はじめは、ロープを横に配置してそれを跳び越えていくなどの易しい運動から取り組み、子どもたちが慣れてきたら、徐々に縦波、横波、不規則な波を作り、跳ばせるとよい。子どもが跳ぶときに「ジャンプ」などの声かけをしたり、タンバリンを1回叩いて、それを合図に跳ばせたりすると、跳ぶタイミングが計れ、よりスムーズに跳び越えられる。

**発展・応用した
内容として**

　❹の活動では、規則的ではない波を意図的に作り出していくことができる。紙管の数を最初は1つ、次に2つ、3つと増やしていくと、普通の波とは異なったいろいろな波を作ることができる。縦波の跳び越えは、上方向にジャンプする適切なタイミングが必要となるため、敏捷性と合わせて筋力や時間・空間、その因果関係の意識を育てることにも通じる。

グループでのロープの活動

育てられる 運動属性	**敏捷性、協応性、社会性、ほか**
対象等	**保育園年長、小学校低学年、特別支援学校小学部**
人数等	**小グループ**
使用する遊具	**長めのロープ（10m程度）**

活動内容・展開

❶ ロープの両端を結んで輪を作り、子どもたちはロープの外側に立つ。皆でロープを持ち、輪を崩さないように、左右にゆっくり歩いて回ったり、軽く走ったり、スキップをしたりする。

❷ ❶の状態で、バランスを崩さないように、皆でその場でゆっくりロープを引っ張り合ったり、ロープの輪の内側に入って、腰の位置にロープをつけ、手を離してゆっくりと後ろ側にもたれかかり、輪を崩さないようにバランスをとったりする。

❸ ❶の状態のままその場に座り、両手を手繰りながら右（左）にロープを送っていく。

❹ ❶や❸の活動の際に、ゆっくり・速くなど、時間的な要素を意識的に取り入れていくとよい。

**実施する際の
配慮事項等**

　この活動では、ある程度のロープの強度が必要となるため、市販のカラーロープなどで行うことが適している。特に❷の活動では、ロープの内側に入り、皆で外側にもたれかかるため、ロープの両端をしっかり結び、ロープがほどけないように留意する必要がある。最初は少し不安がる子どももいるが、お互いに信頼してもたれかかることで、信頼感や協調性が育まれていく。

**発展・応用した
内容として**

　❶のロープを持ち、左右に歩いたりスキップしたりする活動では、リズミカルな音楽やピアノの伴奏に合わせて行うことで、グループとしての一体感が生まれる。❷のロープを引っ張り合う活動では、「いち、にの、さん、の合図で引っ張る」など、かけ声に合わせたり、5秒間（または5つ数える間）引っ張り続けたりするなど、時間の意識を持たせて取り組ませるとよい。

ぶつからずに歩く、走る

育てられる 運動属性	敏捷性、協応性、身体意識、ほか
対象等	保育園年長、小学校低学年、特別支援学校小学部
人数等	集団
使用する遊具	スペースマット、フラフープ、ムーブメント形板、など

活動内容・展開

❶ 体育館などの広めのスペースを使用して、人にぶつからないように歩いたり走ったりする。

❷ ❶の活動を、テンポの速いリズミカルな音楽や、タンバリンや打楽器のリズムに合わせて行う。タンバリンを使う際には、「ゆっくり」「速く」などと指示し、歩いたり走ったりするスピードに変化を持たせるとよい。

❸ スペースマットを体育館の床に並べ、それを踏まないように❶と同様の活動を行う。移動する位置を意識することで、時間・空間、その因果関係の意識を育てていくことができる。スペースマットの代わりに、フラフープや形板などの遊具を使用してもよい。

**実施する際の
配慮事項等**

　はじめはゆっくりしたリズムで行い、少しずつ速いリズムで実施できるように進める。この活動は敏捷性を育てる内容が中心であるが、ムーブメント教育・療法の達成課題の1つである時間・空間、その因果関係の意識の向上につながっていく課題でもある。小学校の体育であれば、授業の導入や準備運動として行うことで、次の課題への意識も高められていく。

**発展・応用した
内容として**

　1人で行ってもよいが、2人で手をつないで他者にぶつからないように走ったり、3人で両手をつないで走ったりなど、より難度の高い活動へと発展させていくこともできる。音楽（またはタンバリン）が止まったときにスペースマット（またはフラフープや形板など）に入るなど、椅子取りゲーム形式の活動に発展させてもよい。

プログラム 24 | 飛行機走りをしよう

育てられる 運動属性	**敏捷性、協応性、ほか**
対象等	**小学校低学年、特別支援学校中学部・高等部**
人数等	**小グループまたはグループ**
使用する遊具	**ムーブメントスカーフ、新聞紙、など**

活動内容・展開

❶ ムーブメントスカーフを胸やお腹に貼りつけ、手を使わずに、落とさないように移動する。

❷ 慣れてきたら、スタートとゴールを決めて❶の活動を行い、一定のスピードを保ちながらゴールまで走り抜ける。

❸ 慣れてきたら、2 枚、3 枚と枚数を増やして取り組んでもよい。スカーフを落とさないように進むためには、自分の体をどのように操作したり工夫したりすればよいかなどを考える必要があるため、敏捷性とともに、時間・空間、その因果関係の意識の育ちにもつながっていく。

実施する際の 配慮事項等

　市販のムーブメントスカーフは縦 1m、横 2m 程度と、体にまとわせるのに適している。また、新聞紙やタオルなどを代用することで、より難度を高めることができる。手を使わずスカーフを落とさないように移動するには、常に走ったり動いたりしなければならないため、子どもの発達段階に応じて走る距離などを検討してスタートとゴールを決めるとよい。

発展・応用した 内容として

　❷の活動の発展として、スタートからゴールまでの間に 3 枚のスカーフを配置し、そのスカーフを体に貼りつけ（まとい）、3 枚のスカーフ全部を落とさずにゴールまでたどり着くなどのゲームにしてもよい。チーム対抗で実施することで、仲間意識や社会性も育っていく。

25 | ボールをバウンドさせて移動

育てられる 運動属性	**敏捷性、協応性、社会性、ほか**
対象等	**小学校中学年、特別支援学校中学部・高等部**
人数等	**グループ**
使用する遊具	**バレーボール、フラフープ**

活動内容・展開

❶ 1人ずつボールを持ち、それをその場でバウンドさせてキャッチする。

❷ 2人のペアになり、ボールを床に1回弾ませて、投げたり受けたりする。

❸ ❶の活動に慣れてきたら、「せーの」の合図で一斉にボールをバウンドさせ、それをキャッチする活動を連続して行う。

❹ ❸の発展として、「せーの」の合図に合わせてボールを一斉にバウンドさせた後、各自が右隣の人の位置に移動して、バウンドするボールをキャッチする。繰り返し練習することで、敏捷性や他者と行動を合わせる社会性や協調性が育てられていく。

**実施する際の
配慮事項等**

❷の活動は、バウンドする目安になるようにフラフープを床に置いて、その中にワンバウンドさせて届かせるように配慮するとよい。バレーボールなどの、ある程度の質感と弾力性のあるボールが適している。障害のある子どもたちに実施する場合は、柔らかいゴム製のビニールボールなどを使用するとよい。

**発展・応用した
内容として**

ボールの活動の応用として、フラフープを指先で捻ってその場で回し、右隣の人の位置に移動して、回っているフラフープをキャッチするなどの活動に発展させてもよい。フラフープで行う場合、回っている時間が長いので、たとえば、「右の、そのまた右の人のフラフープ」まで移動してキャッチするなど、より難度の高いプログラムへと発展させられる。

プログラム **26**	中当て転がしドッジボール

育てられる 運動属性	敏捷性、協応性、社会性、ほか
対象等	保育園年長、小学校低・中学年、特別支援学校中学部・高等部
人数等	小グループまたはグループ
使用する遊具	バレーボール

活動内容・展開

❶ バレーボールを使用して、2 ～ 4 人程度の小グループでボールを転がし合う。

❷ 慣れてきたら、7 ～ 8 人程度でグループを作り、輪になって 1 つのボールを転がし合う。

❸ 一定のエリア（円形のサークルなど）を決めて、片方のグループがエリアの中に入り、もう片方のグループは外からボールを転がして中の人に当てる。

実施する際の配慮事項等

　保育園年長の子どもや障害のある子どもの場合、スピードが速すぎて受け取ることができない場合もあるため、ボールの材質を適宜変えたりして取り組むとよい（段ボールを丸めてガムテープで固定すると、不規則な動きのボールとして代用できる）。活動中にボールを一度も回してもらえない子どもが出ないように、少人数で実施したり、メンバーは必ず 1 回以上はボールを投げたり蹴ったりするなどのルールを決めたりする必要がある。

発展・応用した内容として

　最初はゆっくりとしたスピードで転がし合い、慣れてきた段階で、少しスピードをつけて転がし合うなどの活動に発展させる。小学校の中学年や特別支援学校の高等部段階であれば、より難度の高い「中当てドッジボール」や「中当てサッカー」などの活動に発展させていくとよい。

3

敏捷性

27 | しっぽ取りゲーム

育てられる 運動属性	敏捷性、協応性、社会性、ほか
対象等	小学校低・中学年、特別支援学校中学部・高等部
人数等	集団
使用する遊具	短めのリボン、はちまき、短めのスカーフ、など

活動内容・展開

❶ 短めのリボン（はちまきなどでも代用可能）をズボンの外側にくくりつけ（または先端をズボンの中に少しだけ入れ）、しっぽ取りゲームを行う。

❷ エリアを決めて実施することで、敏捷性や協応性が育てられる。

❸ チーム対抗で行うなどすると、仲間意識も高まっていく。

実施する際の配慮事項等

　クラス単位で実施する場合、運動スキルの弱い子どもたちが狙われることが少なくないため、チームで作戦を考えさせたり、全体でルールを話し合わせたり、皆が楽しんで参加できるように配慮していく必要がある。エリアが広すぎると、追いつけずリボンが取れない場合も出てくるので、子どもの運動スキルに応じて、適切なエリアを作って進めていくとよい。

発展・応用した内容として

　少ない人数のグループで練習してからクラス全体での活動に発展させていくと、流れを掴みやすい。遊具や教材がなくても行える「手つなぎ鬼」や「氷鬼」など、他の鬼ごっこに発展させてもよい。

プログラム **28**	フラフープのケンパ跳びゲーム

育てられる 運動属性	敏捷性、協応性、筋力、社会性、知覚運動、ほか
対象等	小学校低・中学年、特別支援学校小・中学部
人数等	集団
使用する遊具	フラフープ、スペースマット（正方形）、など

活動内容・展開

❶ フラフープの道を自由に作り、その中を歩く。
❷ フラフープでケンパの道を作り、各自がケンパ跳びで進む。最初は短めの距離のケンパの道で練習させ、慣れてきたら、少しずつ距離を長くしていく。
❸ グループでケンパの道を順番に跳んでいく活動に発展させる。
❹ 2 チームに分かれて、ケンパ跳びの「陣地取りゲーム」を行う。
❺ 子どもたちにゲームのルール（相手側の陣地の最後のフラフープに片足が入ったらそこでじゃんけんをして、進んできたチームが勝ったら「勝ち」とするなど）を考えさせたりすると、自主性や主体性が育まれていく。

実施する際の 配慮事項等

　ケンパ跳びは、あまりに長い道を作成すると、ゲームが終わらず消化不良になってしまう場合もあるため、子どもの発達段階や運動スキルに合わせて適度な距離（長さ）にするとよい。フラフープがない場合は、スペースマットで代用したり、床面にビニールテープを貼りつけて、それをフラフープに見立てて取り組んだりしてもよい。

発展・応用した 内容として

　❶の活動では、リーダーを決めてその人と同じフラフープを通って歩いたり、前の人と同じ色のフラフープの道を歩いたりするなどの活動に発展させるとよい。この活動は知覚運動プログラムとしても活用でき、短期記憶の育ちにもつながっていく。

3

敏捷性

4 バランス（動きの安定性）とは

バランスとは平衡性とも呼び、一般に、一定の姿勢を維持することを意味する。バランスは、機能的には、静的、動的、物的の3種類に分けることができる。静的バランスは、土台は安定していて、人も動いていない状態のバランスで、つま先立ちが代表的な例である。動的バランスは、揺れている船のような動く面の上で一定の姿勢を保つ能力で、平均台を歩くときのように、最小限の支持のもとで体を巧みに動かす能力が含まれる。物的バランスは、マジシャンが頭や鼻の上に棒を立ててバランスをとるときのように、ある物体を最小限の支持で倒さないようにする能力をいう。バランスを維持するための筋緊張の微妙な調整には、このような3種のバランスの機能が必要である。また、こうしたバランス機能のプログラムを進めることは、身体意識の発達にも大きく寄与し、特に運動が苦手な子どもには不可欠な内容である。

バランスを測る方法

人間は2足での直立姿勢をとることにより、上肢が開放され、複雑な活動や動きができるようになっている。2足での姿勢は、重心位置を高くした不安定な状態であり、その中で安定姿勢が発揮できることは、絶え間ない経験の学習過程があることを示している。このような人間の姿勢保持の機構は、バランスの調整そのものであり、これにかかわる調整要因として、①視覚からのフィードバック機構による調整、②筋や腱の固有感覚受容による反射調整、③前庭感覚入力による調整、④大脳皮質レベルのコントロールによる調整（フィードフォワード機構）がある。これらの要因がそれぞれ関連し合い、バランス能力を調整していることになる。静的バランスの能力は「片足立ち」で、動的バランスの能力は「平均台歩き」で、物的バランスの能力は「頭の上に物を載せて落とさずに移動すること」で、各活動に費やした時間などから評価することができる。

バランスを育てるために

　体の姿勢を安定的に維持するためには、数多くの感覚が協働する必要があるが、特に視機能と前庭迷路系の役割は重要である。人は、開眼の状態で片足立ちの姿勢を維持することは比較的容易にできるが、同じことを閉眼状態で試みると上手にできないことが多い。これはバランス機能が視機能に依存していることを示している。また、目をつぶって体をいろいろな方向に傾けても、自分の体が重力とどのような位置関係にあるのか理解することができる。これは、人の姿勢調整に前庭迷路系の機能がかかわっていることを示している。この視機能と前庭迷路系の機能には密接な結びつきがあるが、それを司っているのは、大脳皮質や小脳を中心とした中枢神経系である。

　以下に、日常生活でできる「動的バランス能力」を育てるための内容をいくつか示した。

❶線の上をまっすぐ歩く、❷柔らかいマットの上を歩く、❸障害物をまたいで歩く、❹はしごの枠の中を歩く、❺はしごの桟の上を歩く、❻階段の登り降りをする、❼ブランコやシーソーなどの遊具で遊ぶ、❽でんぐり返し（前転、横転）をする、❾ボールを蹴って遊ぶ、❿トランポリンで遊ぶ

　このように、バランス能力の獲得のためには、水平的・垂直的・回転的運動、さらには視覚刺激のある運動などを日常の遊びに取り入れるとよい。動的バランス能力は、身体の移動に伴い安定的に身体をコントロールする力とされる。これは、直立位から 2 足歩行に入り始めた未分化な身体移動のレベルから、片足ケンケン（連続ホップ）、ジャンプ、平均台歩き、ロープの上を歩くなど、きわめて広範囲の動きのレベルにまでわたるが、ある程度の動的バランス能力が発揮できるのは、健常児でも 3〜4 歳くらいからである。そのため、障害のある子どもに対しては、様々な運動を経験する機会をより多く提供することを心がける必要がある。

プログラム
29 │ カラーロープの道を歩く

育てられる 運動属性	動的バランス、身体意識、協応性、知覚運動、ほか
対象等	保育園年中・年長、小学校低学年、特別支援学校小学部
人数等	個別または小グループ
使用する遊具	カラーロープ

活動内容・展開

❶ 長めのカラーロープをフロアに置き、そのロープの上をはみ出さないように歩く。

❷ 複数のロープを使用し、ロープを途中で交差させたり、曲がりくねった道にしたりして、いろいろなバランス感覚を育てていく。

❸ ロープを渡り終えたところで、5秒間、ポーズをとる。

❹ カラーロープは色別（赤、青、黄、緑など）になっているため、たとえば、赤いロープは横歩き、青いロープは後ろ歩き、黄色いロープは正中線交差歩きなどと決めると、知覚運動プログラムとしても応用できる。

実施する際の
配慮事項等

　カラーロープは、いろいろな長さ・太さ・色などが用意されている。ロープの上を歩く活動は、バランス機能の育成に向いているが、障害のある子どもの場合、少し歩きにくさが生じてくることもある。その場合は、体育館のバスケットコートのラインを目安に歩いたり、ロープを20cm程度の間隔で平行に並べて、その間をロープに触れないように歩いたりするなどの活動から入っていくとよい。

発展・応用した
内容として

　❷の発展として、たとえば、ロープの途中に複数のお手玉を置いてそこをまたいだり、段ボールで作成したトンネルを置いてそこをくぐったりするなど、サーキット的な内容を取り入れて変化を持たせるとよい。バランス機能の育ちと合わせて、身体意識や協応性など複数の運動属性の育ちにつなげられる。

ムーブメントスカーフとボールを使って

育てられる 運動属性	物的バランス、社会性、ほか
対象等	保育園年長、小学校低学年、特別支援学校小学部
人数等	小グループまたはグループ
使用する遊具	ムーブメントスカーフ、ボール、など

活動内容・展開

❶ 短めのムーブメントスカーフを使い、その上にボールを載せて 1 人で運ぶ。

❷ 慣れてきたら 2 人でペアになり、スカーフの両端をそれぞれ持ち、上にボールを載せて協力して運ぶ。

❸ ❷と同様に、スカーフの両端を持ち、並行に横歩きで運んだり、前後に並んで前方の子どもが後ろに手を回して運んだりするなど、いろいろな運び方を考えさせてもよい。

❹ 障害物のコースを作り、2 人で協力して、障害物に触れないように体を操作して通り抜けたり、チーム対抗のリレー形式で競わせたりしてもよい。

❺ スカーフの代わりに新聞紙、ボールの代わりに風船を使うなど、子どもの年齢や発達段階に応じて、遊具や教材を工夫するとよい。

**実施する際の
配慮事項等**

　物を操作することで物的なバランスの機能を育てるプログラムである。ムーブメントスカーフは柔らかな素材でできているが、質感のあるボールだと、2 人で協力して持ち運ぶのが難しい場合もある。その場合は、子どもの発達段階などを考えて、スカーフを半分に折りたたんで持たせたり、新聞紙を重ねて強度を上げて持たせたりするとよい。

**発展・応用した
内容として**

　小グループであれば、風船を使うプログラムに発展させるとよい。2 人でペアになり、それぞれがスカーフの両端を持って風船を操作し、上に放り投げたり、隣のペアのスカーフに投げ入れたりする活動に発展させることができる。音楽やピアノの生演奏に合わせて行うなど、ゆったりとした雰囲気の中で実施することで、情緒的な安定感が得られる。

プログラム 31 | いろいろな姿勢でバランス

育てられる運動属性	静的バランス、身体意識、ほか
対象等	保育園年長、小学校低学年、特別支援学校小学部
人数等	個別または小グループ
使用する遊具	バレーボール

活動内容・展開

❶ ボールを両手に持ち、つま先で立ち、5秒間同じ姿勢をとる。
❷ 次に様々な片足立ち（両手を広げ、横側に片足を上げるなど）をする。
❸ 最初は目を開けて、慣れてきたら目を閉じて行う。5秒間同じポーズをとることで、活動（時間）の目安ができ、時間の概念が育てられていく。
❹ 2人（または3人）で手をつないで、協力して片足立ちを行う。
❺ 片足で立った後、両手を広げて、上げている足を後方に伸ばして、飛行機立ちの姿勢をとる。
❻ 飛行機立ちで、5秒間、同じ姿勢を保つ。

実施する際の配慮事項等

　保育園年長の子どもや障害のある子どもの場合、はじめは、支援者が手を添えて練習させたり、壁や椅子などに手をつけて数秒間片足立ちをさせたりするなど、子どもの年齢や発達段階に応じて、適宜サポートしていくとよい。

発展・応用した内容として

　❹の応用として、2人または3人で筒型のフラフープ（1本）をそれぞれ両手で持ち、フラフープを支えとしながら協力して片足立ちを行ったり、輪にした短めのロープを持ち、片足立ちを行ったりするとよい。複数人で実施することで、友達と協力する態度や社会性が育まれる。

4 バランス

92

<table>
<tr><td>プログラム</td><td></td></tr>
</table>

32 平均台を使って移動

育てられる 運動属性	静的・動的バランス、身体意識、ほか
対象等	保育園年長、小学校低・中学年、特別支援学校小・中学部
人数等	個別または小グループ
使用する遊具	平均台、フラフープ、ビーンズバッグ

活動内容・展開

❶ いろいろなタイプの平均台（長い・短い、太い・細い、高い・低いなど）を用意し、その上で前歩き、横歩き（かに歩き）、後ろ歩きなど、いろいろな歩き方をする。

❷ 平均台の途中にビーンズバッグや障害物（布製のサイコロなど危なくないもの）を置き、それに触れないようにまたいで移動する。

❸ 慣れてきたら、ビーンズバッグの数を増やしたり、移動しながらビーンズバッグを拾わせたりするなどし、より高度な動的バランスを育てていく。

❹ 平均台の途中にフラフープを縦や横に配置して、それをまたいだり、中をくぐって抜けたりして移動する。

**実施する際の
配慮事項等**

　保育園年長の子どもや障害のある子どもの場合、高さが低く、幅が広く（太く）、安定した歩行ができる平均台を使用して取り組ませるとよい。また、マットを準備し、安全面に配慮することが望ましい。平均台がない場合でも、安全面に十分配慮しながら道路の縁石などの自然環境を利用すれば動的バランスを育てることができる。

**発展・応用した
内容として**

　より高度な平均台歩行の運動として、平均台の両端からそれぞれ歩いてきて、平均台から落ちないように 2 人で協力しながら、途中で体の位置を入れ替えるなどして、反対側に渡っていく活動などに発展させてもよい。

4
バランス

33 | 固定遊具を組み合わせて

育てられる 運動属性	**静的・動的バランス、身体意識、ほか**
対象等	**小学校低・中学年、特別支援学校中学部・高等部**
人数等	**小グループまたは集団**
使用する遊具	**平均台、跳び箱、エバーマット**

④
バランス

活動内容・展開

❶ 平均台と他の固定遊具を組み合わせて、楽しい遊びの動的環境を作る。

❷ 跳び箱と平均台を組み合わせて、高さのある道を作ったり、ゆるやかな傾斜のある道を作ったりして、その上をゆっくりと歩く。

❸ 平均台の終点でエバーマットの上にジャンプするなど、チャレンジする気持ちを育てていくこともできる。安全面には十分配慮して取り組ませることが大切である。

❹ 他の遊具との組み合わせとしては、平均台の上（台上）と下（フロア）で、子ども同士がボールの投げ受けを行ったりしてもよい。

実施する際の
配慮事項等

　子どもの年齢や発達段階に合わせて、平均台の高さや傾斜の角度を考える。高さに不慣れな子どもに対しては、支援者が適宜手を添えるなどし、安全面に配慮しながらも、チャレンジする気持ちを大切にして、取り組ませていくとよい。

発展・応用した
内容として

　❸のエバーマットへのジャンプに際しては、たとえば、ジャンプする場所の目安になるようにマットの上にフラフープを置いて、その中にジャンプしたり、「できるだけ遠くまで飛んでみて!」などと声かけして子どもにチャレンジさせたり、空中で自分の好きなポーズを自由にとらせたりする活動に発展させたりするとよい。こうした活動は自主性や創造性を育てていくことにつながる。

プログラム **34**	水の中を歩こう（ビート板を頭に載せて）

育てられる 運動属性	動的・物的バランス、身体意識、社会性、ほか
対象等	小学校低・中・高学年、特別支援学校小・中学部
人数等	個別または小グループ
使用する遊具	ビート板

活動内容・展開

❶ プールの各コースの線に沿って、コースや線をはみ出さないように、ゆっくり水中を歩く。

❷ 各自がビート板を 1 つ頭に載せて、落とさないように、まっすぐに水中を歩く。

❸ 2 人でペアになり、手をつないで、❷と同様に、ビート板を落とさないように水中を歩く。

❹ 小学校の高学年では、泳法指導と関連させて、ビート板を頭の上に載せ、落とさないようにしながら平泳ぎで泳いでいくなど、より高度な内容に発展させてもよい。

実施する際の 配慮事項等

　水の中は抗力が生じるため、床面に比べより高い（動的・物的）バランスの力を育てることができる。ビート板を頭に載せて歩くことが難しい子どもに対しては、「できない」という感覚を持たせないために、片手で押さえながら歩かせたり、やや小さめのビート板や他の遊具（フリスビーなど、頭に載せやすいもの）を載せて水中を歩かせたりするとよい。

発展・応用した 内容として

　水中に複数のビート板やフロートを散りばめて、それにぶつからないようにプールの端まで水中を進んでいく活動や、チームに分かれて水中に散りばめたビート板を集め、よりたくさんのビート板を集めた方が勝ちとする集団ゲームに発展させてもよい。

バランス

<table>
<tr><td>プログラム
35</td><td>**平均台を使った陣地取りゲーム**</td></tr>
</table>

育てられる 運動属性	動的バランス、身体意識、社会性、ほか
対象等	小学校低・中・高学年、特別支援学校中学部・高等部
人数等	集団
使用する遊具	平均台、跳び箱、エバーマット

活動内容・展開

❶ プログラム 33「固定遊具を組み合わせて」の発展として、跳び箱と平均台を組み合わせて「陣地取りゲーム」を行う。
　ルールは、プログラム 28「フラフープのケンパ跳びゲーム」の❹❺と同様に、2 チームに分かれ、両端から歩いてきて出会ったところでじゃんけんをし、勝ったチームは進み、負けたチームは後ろの列につくという流れで行わせるとよい。

❷ 子どもの発達段階に合わせて跳び箱の高さを適宜調整し、エバーマットなどを下に敷いて、落ちても問題ないように、安全面を十分確保して行う。

**実施する際の
配慮事項等**

　平均台歩行は、比較的簡易な運動ではあるが、高さに対して若干の恐怖心を持つ子どもも少なくない。子どもの年齢やグループの発達段階に応じて、組み合わせる跳び箱の高さ（段）を調節して、易しく楽しく参加できる「動的環境」を整備する必要がある。
　プログラム 33「固定遊具を組み合わせて」の内容と関連させて、活動の最後に「陣地取りゲーム」を行うことで、活動全体に流れが生まれていく。平均台の距離が長いと、時間内に終わらないことなども生じてくるため、子どもの年齢などを考慮して、適切な長さの環境を作って取り組ませるとよい。

プログラム **36**	宅配便の活動

育てられる 運動属性	動的・物的バランス、身体意識、ほか
対象等	保育園年長、小学校低・中学年、特別支援学校小・中学部
人数等	個別または小グループ
使用する遊具	ムーブメント形板、ビーンズバッグ

活動内容・展開

❶ 荷物を相手に届ける「宅配便」をイメージし、形板を手のひらに載せて、それを落とさないように歩く。

❷ プログラム 34「水の中を歩こう（ビート板を頭に載せて）」に準じて、形板を頭の上に載せて、落とさないように歩く。

❸ ❷の発展として、障害物を避けて歩いたり、2 人または 3 人で手をつなぎ、形板を落とさないように歩いたりする。

❹ 歩くことに慣れてきたら、手のひらに形板を置き、その上にビーンズバッグを 1 つ載せて歩く。

❺ ❹の発展として、頭の上に形板を載せ、その上にビーンズバッグを 1 つ載せて歩く。

❻ ❺の発展として、頭の上に形板を載せ、その上にビーンズバッグを載せ、徐々にビーンズバッグの数を増やし、ゆっくり歩く。こうした活動は、高度な物的バランスの力を育てることに通じていく。

実施する際の配慮事項等

　形板はウレタン製の素材でできている遊具で、足元に落としても痛くなく、子どもたちが安心して取り組めるため、知覚運動プログラムや前教科学習にも活用されている。この活動は物的バランスを育てるプログラムであるが、手指の操作性が十分でない子どもたちに対しては、はじめは支援者がサポートしたり、見本を見せて上手くガイドしたりして進めていくとよい。

発展・応用した内容として

　2 人または 3 人で、1 つのビート板の上に複数のビーンズバッグを載せて、それを落とさないように協力して運んだり、チームに分かれて、たくさんのビーンズバッグを落とさずにどれだけ速く運べるかなどを競わせたりしてもよい。こうした活動は、他者との協調性や社会性を育てることに通じていく。

育てられる 運動属性	協応性、静的バランス、身体意識、ほか
対象等	小学校中・高学年、特別支援学校中学部・高等部
人数等	個別または小グループ
使用する遊具	短めのロープ

活動内容・展開

❶ 両足を揃えてまっすぐ伸ばして床に座り、両腕は床と平行になるようにする。

❷ 両足を伸ばしたままかかとを少し浮かせ、上体を両手で支えながら、やや後ろに傾ける。バランスが安定したところで、両手を床から離し、お尻でバランスをとりながら、両足を高く上げ、Vの字になるようにバランスをとる。

❸ 1人で行った後、2人で手をつないでお互いに支え合いながら行ったり、同時に3人で手をつないで行ったりする。

❹ 小グループで行う場合は、短いロープを輪にしてそれにつかまりながら、複数人（5～6人）でチームとなり、V字バランスを行ってもよい。

**実施する際の
配慮事項等**

　V字バランスはある程度の腹筋の力が必要となるため、より高度な静的バランスのプログラムとして位置づく内容である。発達段階や年齢などを考慮し、はじめは支援者が後ろに手を添えて支えたり、子どもが床に手を添えたまま、Vの字の姿勢で5秒間数を数えたりするなど、V字バランスの姿勢に慣れることから始めていくとよい。

**発展・応用した
内容として**

　バランス機能を高めていくためには、日頃からいろいろな動きや活動に慣れていくことが大切である。また、日々の活動の中で繰り返し練習させていくことに留意すべきである。日々の体育の授業の中の準備運動として、いろいろなバランスを高められる内容を適宜展開していくことが望ましい。

<table>
<tr><td>プログラム
38</td><td># フロートの道を渡ろう</td></tr>
</table>

育てられる 運動属性	協応性、静的・動的バランス、身体意識、ほか
対象等	小学校中・高学年、特別支援学校中学部・高等部
人数等	個別、小グループまたは集団
使用する遊具	大型のフロート（複数枚）

④
バランス

活動内容・展開

❶ プールの上に浮かべた大きめのフロートを浮島に見立て、その上に乗って、うつ伏せ、あお向け、四つ這い、膝立ち、立位というように、徐々に姿勢を変化させていく。

❷ フロートを 2 枚つなぎ合わせて、その上をゆっくりと歩く。

❸ プールの中央にフロートを浮かせて、プールサイドからその浮島に渡ったり、水面に複数のフロートを浮かせ、2 ～ 3 チームに分かれて、どのチームが 1 番たくさんのフロートに辿り着けるかなどのゲームに発展させたりするとよい。

❹ 複数のフロートをつなぎ合わせ、その上をゆっくりと渡っていく。徐々にスピードを上げて、どこまでの距離を進めるかなどのゲームに発展させてもよい。

**実施する際の
配慮事項等**　　この活動では、水の上という不安定な環境の中で姿勢を維持したり変化させたりすることで、より高度な静的及び動的バランスの力を育てることができる。子どもの年齢や発達段階に応じて、はじめは簡単な内容から入り、徐々に難易度を上げていくとよい。

**発展・応用した
内容として**　　クラスなどの大人数の集団で行う場合は、大きめのビニールシートを水面に浮かべ、周囲の子どもたちがそのシートの端を引っ張り、子どもが 1 人ずつ、シートの上を走り抜けていく活動に発展させていってもよい。表面張力が作用するため、周囲がしっかりとシートを伸ばして対応することで走りやすくなり、長い距離を走ることができる。

5 協応性（動きの巧みさ）とは

動きを上手に協応的に行えることは、体づくりの重要な条件である。協応性とは、ある動作をする際に、その目的に沿って、あらゆる筋肉や器官が協調して働く能力とされる。この能力を発揮できるのは、神経機能の面からみれば、運動単位がよく分化されて働きうるからであり、これは大脳皮質運動野の機能分化に対するものであると考えられている。つまり、協応性はサイバネティックス的な体力の代表例であり、様々な機能が統合的（インテグレイティブ）に働くことで発揮が可能になるものである。体の運動の基礎にはエネルギー的な基礎体力（筋力など）が存在するが、サイバネティックス的な体力の基礎には動きをコントロールする力、すなわちこの協応性が存在する。協応性は、バランスや敏捷性と合わせて、体の運動を調整する主要な運動因子とされている。障害のある子どもたちは、体のいろいろな部位（パーツ）を一緒に連合させて動かすことが苦手であるが、高い発達可能性を有しているので、様々な運動を経験させて、協応性の向上を図っていく必要がある。

協応性を測る方法

協応性を測る方法として、いろいろな検査が知られている。小林は、体の両側（左右）の機能を評価する「身体両側運動協応検査（BMT）」により協応性機能の測定が可能なことを明らかにしている（以下の検査項目は、いずれも、課題が達成できれば「協応性がよい」とする）。

❶ **両手ボール同時投げ**…ボールを両手に1つずつ持ち、上手で両方同時に投げられるか。

❷ **両足同時ジャンプ**…両足を同時に使い、連続してジャンプすることができるか。

❸ **横転がり**…マットの上を左方向、右方向にいずれもまっすぐ横転することができるか。

❹ **両足同時ジャンプ飛び降り**…20cm程度の台から両足同時に飛び降りることができるか。

❺ **円上歩き**…直径 1m（幅 5cm）の円の線上を左（右）回りで線から
　　　　足を外さずに歩けるか。

❻ **連続球つき**…ドッジボールを片手で、それぞれ 3 回（右手で 3 回、
　　　　左手で 3 回）以上、連続してつけるか。

❼ **熊歩き**…5m 程度の距離を四つ這いで前進・後進する。いずれも
　　　　まっすぐ進めるか。

❽ **片足立ちバランス**…開眼で、左（右）足で片足立ちをする。いずれ
　　　　も 3 秒以上できるか。

❾ **片足ホップ球蹴り**…片足ケンケンをし、軸足で小さいボールを蹴る。
　　　　左（右）足でできるか。

❿ **ハサミでの紙切り**…紙の上の線に沿って紙を切る。まっすぐに切れ
　　　　るか。

　各項目につき、クリアできれば 1 点を与える（全部できると合計
10 点になる）。なお、健常児の 7 歳段階では、100％の児童がこの
10 項目をクリアできるようになっている。

協応性を育てるために

　協応性を育てるためには、体の各部位の動きを統合的に発達させ
る必要がある。上述のような検査項目を日常の活動の中に取り入れ
たり、下記のような内容を展開したりするとよい。

❶ **熊歩き**…足と腕をまっすぐ伸ばし、四つ足歩きをする。前歩き、後
　　　　ろ歩きを行う。

❷ **犬歩きとかけ足**…膝を少し曲げて、右足と左腕、左足と右腕をそれ
　　　　ぞれ同時に動かす。音楽や打楽器に合わせて、歩
　　　　いたり、走ったりする。

❸ **両足跳びでの前進**…慣れてきたら、両足の間にお手玉を挟んで行う
　　　　とよい。

❹ **ロープ・ジャンプ**…床に伸ばして置いてあるロープを、両足を揃え
　　　　て前向き・後ろ向きでジャンプして越える。

39 | 貝殻集め

育てられる 運動属性	協応性、身体意識、ほか
対象等	保育園年中・年長、小学校低学年、特別支援学校小学部
人数等	個別または小グループ
使用する遊具	ビーンズバッグ、スクーターボード

活動内容・展開

❶ ビーンズバッグを貝殻に見立て、複数のビーンズバッグを床に散りばめる。子どもたちは屈伸の姿勢で移動し、貝殻に見立てたビーンズバッグを拾い集める。誰がたくさん集められるかなどのゲームに発展させてもよい。

❷ 次に、ビーンズバッグなしで、貝殻を拾うイメージをしながら、屈伸の姿勢で足を交互に動かし、足のつま先に反対側の手をついて移動する。

❸ スクーターボードに乗って、ビーンズバッグを拾い集めるなどの活動に発展させていくとよい。

5

協応性

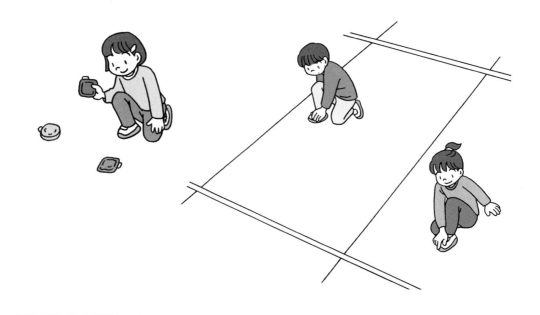

実施する際の配慮事項等

❷は、右手で左足のつま先を、左手で右足のつま先を触る活動であり、正中線交差の運動として捉えることもできる。こうした活動は、利き手、利き足などの優位性（ラテラリティ）の確立にもつながっていく。活動に際しては、つま先に触れたら3秒間は同じ姿勢を保持するなど、ゆっくりと着実に行えるようにサポートするとよい。

発展・応用した内容として

❸の発展として、ビーンズバッグの代わりにたくさんの風船を床に散りばめ、それを集めるなどの活動にしてもよい。また、2つのチームに分かれて、風船をたくさん集めるゲームなどに展開していくこともできる。楽しい活動を通して、身体両側の協応性やスクーターボードを漕ぐ力（筋力）を育てることができる。

プログラム
40 | ロープで波づくり

育てられる 運動属性	協応性、身体意識、ほか
対象等	保育園年中・年長、小学校低学年、特別支援学校小学部
人数等	集団
使用する遊具	ロープ（長・短）

活動内容・展開

❶ 3m 程度の短めのロープを使用し、2 人でそれぞれロープの端を持ち、協力して横波、縦波を作る。

❷ ゆっくり・速くなど波の速さを変えて、いろいろな波を作っていく。こうした活動は上肢の協応性を育てることにつながる。

❸ 長めのロープを用意し、2 人が両端を持ち、そのままゆっくり走って移動する。

❹ 他の子どもたちは、移動してくるロープに引っかからないように、そのロープを跳び越えたり、くぐったりする。

❺ 複数のロープを用意し、連続して跳び越したりくぐったりするなど、ロープを使用して協応性を育てる様々な活動を展開していく。

実施する際の 配慮事項等

　❶の活動は、片方がロープを床につけて、もう片方が手首を揺らして波を作るように指示し、モデルを示すことで、きれいな縦波・横波を作り出すことができる。これらの活動は手指の操作性や協応性とともに、手首の筋力の育ちにもつながっていく。

発展・応用した 内容として

　最初は、ゆっくりとした波を作り、徐々にスピードを上げて速い波を作る。その後、手首を使って小刻みに揺らしていくと、きれいな縦波・横波を作り出すことができる。❹や❺の発展として、ロープの中央部に柔らかめの細長い紙管を複数通すことで、その紙管が目印となり、跳んだりまたいだりしやすくなる。

⑤
協
応
性

プログラム

41 | ロープを使った交差性の運動

育てられる 運動属性	協応性、身体意識、動的バランス、ほか
対象等	保育園年長、小学校低学年、特別支援学校小学部
人数等	個別または小グループ
使用する遊具	長めのロープ、足型ピッタンコ

5

協応性

活動内容・展開

❶ 長いロープを床にまっすぐに配置し、そのロープの上をまっすぐに進んでいく。

❷ 慣れてきたら、ロープに沿って横歩き、後ろ歩きなどにチャレンジする。

❸ 次に、左右の足でロープを交互にまたぎ越して移動する「交差歩き」を行う。
子どもたちにイメージさせるため、「ばってん歩き」（足を×（ばってん）の形に交差させる）などの名称を使うと、足を交差させていく動きのイメージ化が促されていく。

❹ 保育園の年長児や障害のある子どもたちが行う場合は、目印として床面に左右の足型などを置いて、足型と同じ向きに足を合わせるなどの支援を行うとよい。

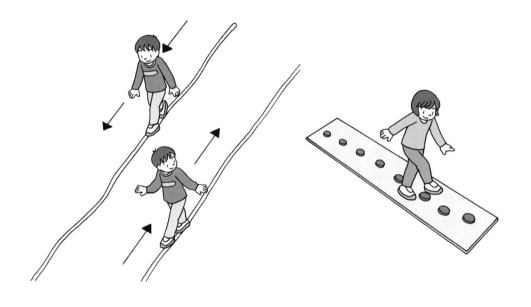

**実施する際の
配慮事項等**

　この活動は、体の正中線を交差させて移動する運動である。利き側（利き手・利き足など）が決まっていない子どもたちは、こうした活動を苦手とする場合が多い。障害のある子どもの場合、利き側の確立が遅れがちなため、左右の優位性（ラテラリティ）の確立を促していくことが大切である。

**発展・応用した
内容として**

　ロープの代わりに足型ピッタンコやビーンズバッグを並べ、その線に沿って正中線交差歩きを行ったり、子どもの発達段階などを考え、まっすぐ進むロープの道ではなく、曲がりくねったロープの道で正中線交差歩きを行ったりすることは、より高度な協応性や動的バランスの力を育てることに通じていく。

プログラム **42**	いろいろなスキップ

育てられる 運動属性	協応性、敏捷性、知覚運動、ほか
対象等	小学校低学年、特別支援学校小・中学部
人数等	個別または小グループ
使用する遊具	タンバリン

活動内容・展開

❶ 1人でスキップをする。自由な方向（前、横、後ろ、斜め）にスキップしたり、友達とぶつからないようにスキップしたりする。

❷ タンバリンのリズムに合わせてスキップする。

❸ タンバリンのリズムや合図に合わせて、歩く→スキップ→駆け足→止まるなど、一連の動きを体験させる。

❹ 2人でペアを作り、手をつないでスキップをする。

❺ 3人、4人と人数を増やして、手つなぎスキップをする。

❻ 3人で手をつないで輪を作る。お互いの距離を一定に保ちながら、一緒に歩く。慣れてきたら、スキップをしたり、ゆっくりとした駆け足をしたりする。進行方向を考え、手のつなぎ方やそれぞれの進む向きを工夫することで、スムーズに移動することができる。

実施する際の配慮事項等

　発達障害のある子どもの中には、動きのぎこちなさ（clumsiness）を抱える子どもも少なくないが、まずは立位で、その場でスキップの動きを経験させ、少しずつ前方へ進ませるなど、スモールステップで教えていくとよい。リズムをとるためにタンバリンなどで合図したり、「右・右・左・左」などの声かけをして、スキップのときの足の動きを意識させて取り組ませたりしてもよい。

発展・応用した内容として

　より難度の高いものとして、前方へのスキップのみでなく後方へのスキップや、それら一連の動き（たとえば、歩く→スキップ→熊歩き（四つ這い）→駆け足→キリン歩き（両手を合わせて高く上げて歩く）→スキップ）を、言葉による指示や音楽に合わせて展開していくことで、多様な動きの力の発達が促されていく。

5

協応性

プログラム 43 | ムーブメントスカーフを投げてキャッチする

育てられる 運動属性	協応性、敏捷性、身体意識、ほか
対象等	保育園年中・年長、小学校低・中学年、特別支援学校小・中学部
人数等	個別または小グループ
使用する遊具	ムーブメントスカーフ

活動内容・展開

❶ 短めのムーブメントスカーフを使い、各自が空中に投げ上げて、それを受け取る。保育園の子どもや障害のある子どもを対象とするときには、支援者が投げて、子どもが受け取るなどの活動から入っていくとよい。

❷ 慣れてきたら、自分で高く投げて取れるように進めていく。

❸ ❷と同様に、できるだけ遠くに投げて移動して取るなどの活動に発展させていく。

❹ スカーフを投げて、背中で受け取ったり、片足を上げて受け取ったりするなど、いろいろな身体部位を使って受け取る。

❺ 2人でペアになり、スカーフの投げ受けを行う。

❻ 少人数のグループで、「やきいもゴロゴロ」のゲーム（焼きたての焼き芋に見立てた複数のスカーフを、持っていない人に次々と渡していく。焼き芋は熱いので、受け取ったら3秒以内に他の人に渡す必要があるなどのイメージを持たせる。）などに発展させてもよい。

実施する際の配慮事項等

　ムーブメントスカーフは柔らかい布製の素材でできていて、丸めたり伸ばしたり結んだりなど、その場でいろいろな形に加工することができる。自閉スペクトラム症（ASD）のある子どもの中には、感覚の過敏さを抱えている子どもも少なくないが、柔らかい素材を上手く活用することで、子どもの意欲も向上し、感覚の機能などが高められていく。

発展・応用した内容として

　たとえば、スカーフを結んで結び目を作り、それを解いていく活動などは、手指の巧緻性を高めていく。また、2人でスカーフの両端を持ち、「いち、に、の、さん」で同時に上方に放り上げ、お互いの場所を入れ替わる活動などは、より高度な協応性や敏捷性などを高めていく。

⑤ 協応性

プログラム 44 | リボンを使っていろいろな上肢運動

育てられる運動属性	協応性、身体意識、敏捷性、創造性、ほか
対象等	保育園年長、小学校低・中学年、特別支援学校中学部
人数等	個別または小グループ
使用する遊具	ムーブメントリボン

活動内容・展開

❶ ムーブメントリボンを使用して、各自、自由にリボンを振る。
❷ 音楽に合わせて、自由に振る。
❸ 大きく・小さく、ゆっくり・速くなど、いろいろな振り方を経験させる。
❹ リーダーの指示に合わせて、丸、三角、四角など、いろいろな図形をリボンで形作る。
❺ ❹と同様に、リーダーの指示に合わせて、いろいろな振り方をまねる。
❻ 子どもたちに、「他にどのような振り方があるか」などと問いかけ、いろいろな振り方を考えさせてもよい。
❼ リボンを使って誰でもできる簡単な振りつけを考え、ダンスを行う。

⑤ 協応性

実施する際の配慮事項等

　市販のムーブメントリボンは、手に持つ柄の部分が軽い素材でできているため、障害のある子どもでも操作がしやすく、長く振り続けても疲れにくい。腕を使って大きな丸を描くようにリボンを振ることは、関節の可動域を広げることにもつながるので、「大きくゆっくり回しましょう!」など、ゆっくりと着実にリボンを振れるような声かけや支援を心がけていくとよい。

発展・応用した内容として

　集団活動として、大きく広がって輪になり、順番にリボンを回していくことで、きれいなリボンのウェーブ(集団で作る波)が作り出せる。また、2 つのグループに分かれ、お互い 3m 程の距離をとって 1 列に向かい合わせに並び、体の後方から前方にリボンでアーチをつくるように旋回させていく。子どもたちがリボンに触れないようにその間を通り抜けていく「リボンのアーチをくぐる」活動などは、時間・空間、その因果関係の意識を高めていくファンタジーの世界である。

転がるフラフープをキャッチ

育てられる 運動属性	**協応性、敏捷性、身体意識、ほか**
対象等	**小学校低・中・高学年、特別支援学校中学部・高等部**
人数等	**個別または小グループ**
使用する遊具	**フラフープ**

活動内容・展開

❶ 2人組のペアになり、筒型のフラフープを縦にして転がし合う。

❷ 支援者は、筒型のフラフープを縦にして転がす。子どもは転がったフラフープが失速しないうちに、走って取りに行く。

❸ 慣れてきたら、子どもの発達段階や運動スキルに合わせて、少しずつスピードを上げたりする。

❹ 子どもの要求に応じて、転がすフラフープの本数を徐々に増やしていく。

❺ 子どもたち同士でもお互いに転がし合うことで、他者への思いやりの気持ちなどが育てられる。

**実施する際の
配慮事項等**

　フラフープを転がすときに、支援者は片手でフラフープを押さえ、もう片方の手でしっかりと送り出すことが必要となる。子どもの年齢や運動スキルの状態に合わせて、転がすスピードを調整していくとよい。障害のある子どもの場合は、まずはゆっくりと転がして慣れさせていくことが大切である。

**発展・応用した
内容として**

　❹の活動に際しては、たとえば2本のフラフープを使用する場合、2本目のフラフープが転がってからスタートするなどのルールを決めて行うとよい。体育館の広さなども関係するが、運動スキルの高い子どもであれば、4、5本を同時に取りに行くなど、子どもの運動スキルの状態に合わせてチャレンジさせていくとよい。

プログラム
46 | 小型トランポリンでジャンプ

育てられる 運動属性	協応性、敏捷性、身体意識、筋力、ほか
対象等	小学校中・高学年、特別支援学校中学部・高等部
人数等	個別
使用する遊具	小型トランポリン

活動内容・展開

❶ 小型トランポリンを使い、いろいろな跳び方で跳ぶ。足先に力を強く入れ過ぎずに、マットの反動に身を任せて跳ぶ方が、マットの反動を活かして、正確にリズミカルに跳ぶことができる。

❷ 慣れてきたら、「いち、にの、さん」で高くジャンプしたり、両膝を曲げて止まったりする。

❸ 跳びながら、数を数えたり、「1、2、3…10」と数えて 10 のところで止まったりするなど、いろいろな活動に発展させていくとよい。

⑤
協
応
性

実施する際の配慮事項等

　　トランポリンは、全身の協応性や動的バランスを高められる遊具の 1 つである。ただし、力を入れ過ぎると、バランスを崩したり、外に跳び出てしまったりすることもある。はじめは、支援者が手を添えながらゆっくり跳ぶことに慣れさせたり、フラフープやカラー体操棒を介して、それを子どもに持たせて跳ばせたりするなど、ゆっくりと少しずつ慣らしていくとよい。

発展・応用した内容として

　　トランポリンを跳びながら空中で両手・両足を広げる「星形ジャンプ」に取り組ませたり、途中で体を捻って横に半回転したりなど、子どもの年齢や発達段階に応じて、難易度を上げたり下げたりして進めていくとよい。

6 筋力（体の力強さ）とは

筋力とは、全身または体の一部分を使うときの力のことである。この用語は、重量上げの場合のように全身に対して使われることもあれば、物を握る場合のように特定の筋群に対して使われることもある。一見、筋力とは特に関連のないように見える多くの活動が、実際にはある筋群を強化することにつながっており、たとえば、ジャンプすると脚の筋肉が強化される。また、固定遊具を使った運動は、様々な筋肉を発達させる。たとえば、腕の筋力は、ジャングルジム、ロープ、登り棒あるいははしごを登ったり、平行棒や水平ラダー（腕で支えたり、ぶら下がったりする）で渡ったり、雲梯にぶら下がって体を振ったり、地面で逆立ちをしたりすることによって高められる。脚の筋力は、固定遊具からジャンプしたり、障害物を跳び越したり、ロープや登り棒を登ったり、平行棒にぶら下がったりすることによって高められる。

子どもたちは、自然の遊びの中でこのような活動を楽しみながら積極的に行うことで、結果的に様々な筋力を高めていく。筋力の発達には、ある特定の筋群を極度に使い過ぎて筋肉に痛みを感じさせることよりも、理に適った快適な水準で、毎日繰り返して取り組ませることの方が好ましい。本書で紹介するプログラムの多くは、何らかの筋肉の活動を促す運動として役立つものである。支援者は、怪我の予防を意識した上で脚の筋肉、背筋、腹筋、肩や腕の筋肉を強化することの必要性を、よく心得て取り組んでほしい。

筋力を測る方法

体力づくりのために取り入れられている筋力のテストには、以下のようなものがある。
❶ 握力（手指の握る力）…スメドレー式の握力計を利用する。
❷ 背筋力（背柱起立筋を中心とした背筋の力）
　… TKK 式背筋力計により測定可能である。
❸ 腹筋力…あお向けから、上体を何回起こせるかにより腹筋の力をみる。

❹ **上腕筋力**…腕立て伏せで体を何回持ち上げられるかを測定する。

❺ **脚筋力**…垂直跳び（サージャント・ジャンプ）のテストで測定可能である。

筋力の発達について

　筋力は持久力と同じように、思春期に入る中学生から高校生にかけて、顕著な発達を示すことが明らかにされている。それは、筋力を発揮させるために必要な骨格系・筋系の組織の増大がこの時期から活発に行われるからである。一般に筋力は、男子では 12 歳頃から急激に向上するのに対し、女子では、同じ時期に発達が鈍化してくる。また、脚筋力と握力の発達は、男子では 16 歳を過ぎると横ばいになり、背筋力と腕筋力は、16 歳を過ぎても発達し続ける。この現象を考えると、脚筋力や握力は日常生活で頻繁に使用するため、成熟が早いと解釈できるのに対し、背筋力や腕筋力は、日常生活で使用する機会が限られているため、まだ成熟しきっていないという見方が一般的である。

筋力を育てるために

　身体運動は、すべて筋の収縮によって営まれている。この過程では、随意筋といわれる骨格筋が大きな役割を果たし、この筋がどのくらい働けるか、つまりどのくらいの力、スピード、スタミナが出せるかなどにより、身体運動のパフォーマンスが決定される。このように、人間の行動や運動は筋力による「力強い動き」の発揮によって達成される。そして、筋力は持久力と並び、エネルギー系の体力因子として、体力づくりを進める上で、無視できない因子である。筋力を育てるためには、積極的なトレーニングが必要となるが、子どもの年齢や発達段階に応じて、刺激の強度、時間、頻度の 3 条件を考慮して進めていくことが重要である。筋力を高めるためには、ある程度の負荷のかかるトレーニングに、持続的、継続的に取り組んでいくことが必要となる。

<table>
<tr><td rowspan="2">プログラム
47</td><td>**スクーターボードを使って移動**</td></tr>
</table>

育てられる 運動属性	筋力、敏捷性、協応性、社会性、ほか
対象等	小学校低・中学年、特別支援学校中学部・高等部
人数等	小グループ
使用する遊具	スクーターボード、カラー体操棒、フラフープ、長めのロープ

活動内容・展開

❶ 2人でペアを組み、1人がスクーターボードに正座で乗り、他の1人が手をつないで引っ張る。
❷ ❶と同様に、カラー体操棒やフラフープを使って、他の1人が引っ張る。
❸ 乗る人と引っ張る人の役割を交替して進めていく。
❹ スクーターボードにうつ伏せで乗り、両手で漕いで移動する。
❺ ❹の姿勢のまま、横にロープを張って、そのロープを手繰りながら進んでいく。
❻ スクーターボードにあお向けに乗り、レスキュー隊のようにそのままゆっくりとロープを手繰って進んでいく。

6

筋力

**実施する際の
配慮事項等**　　❹の活動は、腹筋や腕の筋力などが必要で、しっかりとした抗重力の姿勢をとることで、体の様々な筋力が育てられていく。はじめは、支援者が手を添えて進んだり、フラフープを介して引っ張ったりすることで、スクーターボードで進んでいく感覚を身につけさせていくとよい。

**発展・応用した
内容として**　　ロープやトンネル、平均台などを使い、フロアにスクーターボードのサーキットコースを作成し、順番にそこを通らせたり、途中にビーンズバックを散りばめたエリアを作り、スクーターボードに乗りながらビーンズバックを籠の中に投げ入れさせたりするなど、楽しい動的環境を作り出すことで、子どもたちの意欲も高まっていく。

プログラム
48 | スクーターボードの連結電車

育てられる 運動属性	筋力、敏捷性、協応性、社会性、ほか
対象等	小学校中・高学年、特別支援学校中学部・高等部
人数等	個別またはグループ
使用する遊具	スクーターボード、ムーブメントスカーフ、エバーマット、短めのロープ

活動内容・展開

❶ プログラム 47「スクーターボードを使って移動」の発展として、中型のスクーターボードを 2 台連結し、電車ごっこのような活動を行う。

❷ 他の遊具（ムーブメントスカーフのトンネルなど）と組み合わせて、子どもたちが動いてみたいと思えるような環境を設定する。

❸ 複数のスクーターボードを組み合わせて、その上にエバーマットを敷き、支援者や子どもたちが引っ張り合う活動などへ発展させていく。

実施する際の配慮事項等

　スクーターボードは加速度刺激を体験できる遊具の 1 つである。ただし、スピードを出し過ぎて、怪我などにつながる場合もある。スピードを出し過ぎないように、事前に子どもたちにしっかり伝えてから始めることを心がける必要がある。また、手ではなく足でブレーキをかけるなど、スピードの調整方法や加減の仕方などを教えていく必要がある。

発展・応用した内容として

　スクーターボードは、座位で乗って両手で漕いだり、うつ伏せになって両手で漕いだり、あお向けに寝て足で床面を蹴ったりするなど、いろいろな方法で移動することができる。たとえば、「スクーターボードの乗り方披露」などの内容で子どもたちにいろいろな乗り方を考えさせ、発表させたりすることは、自主性や主体性の向上につながっていく。

⑥
筋力

49 │ オットセイ歩き

育てられる 運動属性	筋力、敏捷性、身体意識、協応性、心理的諸機能、ほか
対象等	小学校中・高学年、特別支援学校中学部・高等部
人数等	個別
使用する遊具	ビーンズバッグ

活動内容・展開

❶ うつ伏せ（腹ばい）になり、頭の上にビーンズバッグを載せて、オットセイのようにうつ伏せ（腹ばい）の姿勢で移動する。

❷ 横這いで移動したり、あお向けの姿勢で後ずさりするように移動したりする。

❸ 子どもの年齢や発達段階に応じて、「○○歩き」などバリエーションを広げていくとよい。

筋力

**実施する際の
配慮事項等**

　腹ばいでの移動が難しい場合は、四つ這い（床にお腹をつけない姿勢）で移動することから始めたり、短い距離に限定して腹ばいでの移動に取り組ませたりするとよい。障害のある子どもたちに対しては、たとえば、スクーターボードで途中まで移動して、最後の短い距離だけを腹ばいで進むなど、子どもの運動スキルの実態に応じて臨機応変に取り組ませるとよい。

**発展・応用した
内容として**

　オットセイ以外にも、他のいろいろな動物をイメージして移動の仕方を考えさせるとよい（たとえば、熊歩き（四つ這い）、キリン歩き（背伸び）、ゾウ歩き（中腰の姿勢で移動し、片方の腕を振る）など）。小グループであれば、子どもたちに発表させて、それが何の動物か当て合ったりすると、言葉を含めた心理的諸機能の向上にもつながっていく。

プログラム **50**	築山など固定遊具を使って昇り降り

育てられる 運動属性	筋力、動的・物的バランス、身体意識、協応性、ほか
対象等	小学校中・高学年、特別支援学校中学部・高等部
人数等	個別
使用する遊具	築山などの固定遊具、長めのロープ

活動内容・展開

❶ 雲梯や肋木、築山、ジャングルジムなどのグラウンドに設置されている固定遊具を使った活動を行う。肋木にぶら下がったり、腕や足を交互に出して築山を登ったり、雲梯につかまりながらいろいろな姿勢をとったりする。

❷ 筋力が十分ではない子どもたちに対しては、たとえば、雲梯の下（足がつく程度の位置）に太めのロープをしっかりと張って、その上に足を置きながら雲梯を進ませることで、筋力と合わせて、動的バランスの力や身体意識が育てられる。

❸ 築山の上方にロープを固定して縛りつけ、それを下に垂らし、ロープを手繰って登っていく活動は、身体の両側性を育てていく。

**実施する際の
配慮事項等**

　グラウンドに設置された固定遊具は、体育の時間だけでなく、休み時間などの自由時間でも楽しみながら活動することのできる環境である。安全面に十分配慮しながら取り組ませることで、学校生活の中で自然に様々な運動機能が育てられる。支援者は室内だけでなく、外遊びをたくさん行わせるように心がけることが大切である。

**発展・応用した
内容として**

　車のタイヤを床面に置いて、両手で押し出すように床をスライドさせて前に進んでいく。タイヤを2つ重ねて重さを増して取り組ませたり、❸の応用として、タイヤにロープをくくりつけ、中腰の姿勢をとりながら手繰り寄せたりすることで、筋力と合わせて身体の両側性の力を育てることができる。

6

筋
力

7 知覚運動とは

知覚運動とは、知覚機能が運動と結合することで形成される「知覚と運動の結びつき」活動である。ムーブメント教育・療法プログラムは、この知覚運動による活動が加わることでより活発になり、幅広く展開され、進化していく。

知覚運動を支える知覚機能は、感覚情報を認知レベルで解釈できる機能であるとともに、外界から入る様々な感覚情報を中枢神経レベルで総合的、客観的に判断し、適切な行動を遂行するのに必要な情報を見極めるモニター的な役割を担っている。また、一般に、視知覚（見て判断する）、聴知覚（音を聞き分ける）、運動知覚（筋活動の広がりを感じる）、触知覚（触れて区別する）などの目や耳、筋肉や皮膚に備わっている感覚受容器の働きによって生起する。この機能は概ね3歳頃から、その発達が促されていく。この機能の発達により、子どもは多くの遊具や物で遊べるようになり、音楽や音に連合してリズム運動やダンスをすることも可能になる。知覚機能は、子どもの活動において、それぞれ独立して働くこともあるが、多くの場合はいくつかの知覚機能が組み合わさって働く。身体全体を使う運動が多いムーブメント教育・療法は、手足の活動、目と手と足の活動など多様な知覚機能のかかわりや連合の諸過程を促進させるための自然な場面を提供できる。

知覚運動の支援に向けたチェック

● 知覚と運動との連合諸過程の発達をみる

1）いろいろな知覚と運動反応の連合
- 視知覚－運動（ビーンズバッグ集め）、聴知覚－運動（音楽での活動）、運動知覚－運動（多様な姿勢での運動）、触知覚－運動（トンネルのくぐり抜け、マット転がり）

2）2つ以上の感覚器官からの知覚運動の連合
- 音楽や音に合わせてダンスする様子をみる
- 動物などの絵を見てどのような動きができるかをみる

❷ **視知覚発達をみる**（フロスティッグ視知覚発達検査：DTVP）

1）**図と地の知覚**：背景からある形を分離して知覚し区別する能力

2）**空間関係**：空間における位置感覚を判断する能力

3）**知覚の恒常性**：対象が様々な方法で提示されても、同一に知覚し認識できる能力

4）**視覚−運動協応**：目（視覚）と手（運動）の協応動作の能力

❸ **聴知覚発達をみる**（聴覚による弁別）

1）**聴覚的認知**：音の相違を弁別する

2）**聴覚的定位**：音の空間的要素を弁別する

3）**聴覚的記銘**：一連の音を思い浮かべる

4）**聴覚的連想**：いろいろな音を聞いて意味を連想する

5）**聴覚的図地知覚**：背景となる音の中から前景となる音を弁別する

知覚運動を育てるために

　知覚運動を育むムーブメント教育・療法には、遊具や用具などの幅広い利用に加えて、音楽(音)などの多様な環境の柔軟な活用が必要である。知覚情報が豊かになればなるほど知覚運動の活動が広がり、子どもは意欲を膨らませ、活動が増すからである。

　視知覚運動は、机上であれば、モザイク遊び、色集め、形集め、形はめ、モンテッソーリ教具を使った活動などがある。

　聴知覚運動は、音の種類の弁別運動、音の方向性の定位、音を保存しそれを思い浮かべる記銘運動、音を聞いての連想運動などがある。この構成を応用すれば、音遊びのムーブメント活動プログラムを組むことができる。

ビーンズバッグを投げたり、受けたり

育てられる 運動属性	視知覚、目と手の協応、操作性、空間意識、コミュニケーション、ほか
対象等	保育園年長、小学校低学年、特別支援学校小学部
人数等	個別または小グループ
使用する遊具	ビーンズバッグ

活動内容・展開

❶ ビーンズバッグを空中に投げて、それをキャッチする。

❷ 同様に、手を1回叩いて(拍手して)からキャッチする。

❸ 同様に、できるだけたくさん手を叩いてからキャッチする。支援者は「どうしたらたくさん手を叩くことができるか」を問いかける。

❹ 同様に、くるりと1回転してからキャッチする。

❺ 歩きながらビーンズバッグを空中に投げをしたり、歩きながらキャッチする。

❻ 2人で投げっこする。上手投げ・下手投げをしたり、天井にぶつからない程度に大きな弧を描くように投げたり、ボーリングのように床を滑らせたりする。さらに、片足を持ち上げてその下から投げる、相手に背を向けて投げる、相手に背を向けて股の間から相手をのぞきながら投げるなど、様々な投げ方に挑戦させる。

実施する際の配慮事項等

　子どもが様々な投げ方を発見できるように、支援者はモデルを見せながら援助する。また、「どんな投げ方があるか」「どうやったら上手くいくか」を子どもに考えさせ、発表できる場面を創ることも大切である。

発展・応用した内容として

　2人で投げっこする活動は、各自がビーンズバッグを1つずつ持って、それを同時に投げ合う活動に発展させる。上手くキャッチするためには、相手の動きを意識してタイミングを合わせ、相手が取りやすいように投げなければならない。この活動では、「いち、にの、さん！」と声をかけ合って投げるなど、自然な形でのコミュニケーションが生まれる。

<table>
<tr><td>プログラム
52</td><td># 的に向かって投げる、的からもぎ取る</td></tr>
</table>

育てられる 運動属性	視知覚、目と手の協応、操作性、時間・タイミング能力、ほか
対象等	保育園年長、小学校低学年、特別支援学校小学部
人数等	個別またはグループ
使用する遊具	ビーンズバッグ、的、など

活動内容・展開

❶ 固定された的に向かってビーンズバッグを投げる。

❷ 的の数字を意識して投げる。「1 人 3 個（あるいは 5 個）」など、ビーンズバッグの個数を決めて投げ、的についたビーンズバッグの位置を確認して、スコアを計算する。

❸ 子どもたちは円形で座り、支援者 2 人が的を持って子どもの前を動いていく。子どもは、自分の前に的が来たタイミングでビーンズバッグを投げる。支援者は、ビーンズバッグが命中しやすいよう最初はゆっくり動き、徐々に速く動いたり、的を前後・左右・上下に動かしたりする。たくさんのビーンズバッグが的についたら、子どもは動く的からビーンズバッグをもぎ取る。

⑦
知覚運動

**実施する際の
配慮事項等**

　固定された的からの距離は、短い距離から始め、徐々に離れた位置から投げるようにする。また、子どもが立つ位置に線を引くなど目印をつけるとよい。慣れてきたら、的から 1 m、2 m、3 mなど何本かの線を引き、自分が投げる位置を子ども自身が選択できるように配慮する。

**発展・応用した
内容として**

　フロアにビーンズバッグの的を広げて置き、それを目がけてビーンズバッグを投げる。的の上にビーンズバッグの山ができるくらいたくさん投げることができると楽しい活動になる。支援者は「この的をひっくり返したらビーンズバッグはいくつ落ちるでしょう」と問いかけ、子どもたちの予想（意見）を聞く。そのあと 2 人で的を持ち上げ、ビーンズバッグの載っている面が下を向くよう勢いよく的を回転させ、フロアに落ちたビーンズバッグの数を数える。

プログラム 53	フラフープを回そう

育てられる 運動属性	視知覚、目と手の協応、操作性、時間・タイミング能力、ほか
対象等	小学校低学年、特別支援学校小学部・中学部
人数等	個別またはグループ
使用する遊具	フラフープ（直径60〜80cm）

活動内容・展開

❶ フラフープをフロアに立てて持ち、手首を捻ってコマのように回す。最初は利き手（操作しやすい方の手）、続いて反対の手でもやってみるよう促す。

❷ フラフープが回っている間、拍手や足踏みをする。

❸ フラフープを回したら「1、2、3、4、5」と数え、「5」のタイミングで回っているフラフープを素早くつかまえる（10や20まで数えてもよい）。

❹ グループになり、「いち、にの、さん！」で一斉にフラフープを回す。フラフープの動きに注目して、誰のフラフープが最後まで回っているかを確認する。

❺ グループで円になり、❹と同様にフラフープを回す。回したら右隣の人のフラフープの位置に移動して、回っているフラフープを素早くつかまえる。声をかけ合いタイミングを合わせて動きを繰り返す。上手にできるようになったら、方向を変えて左隣に移動する動きを行う。

知覚運動

実施する際の配慮事項等

　低学年の場合、直径60cm程のフラフープが操作しやすい。また、「フラフープが回っている間どんな動作をするか」を考えさせてもよい。たとえば、両足で跳ぶ、"あ〜"と声を出す、回っているフラフープの周りを自分も回るなどの動きを子ども自身が考えられるとよい。

発展・応用した内容として

　プログラム11「フラフープを使ってくぐり抜け」、プログラム18「フラフープで楽しい体操」と組み合わせると流れのある活動として展開できる。また、個人でフラフープを回す活動では、色（赤・青・黄・緑・白）に着目し、「○色のフラフープを持っている人が回す」や「1番目は○色、2番目は△色、・・・のフラフープを持っている人が回す」など、回す順番を記憶させて行うのもよい。

プログラム 54 | ムーブメントスカーフを投げ合う

育てられる 運動属性	視知覚、目と手の協応、身体意識、社会性、ほか
対象等	小学校中・高学年、特別支援学校小学部・中学部
人数等	小グループ
使用する遊具	ムーブメントスカーフ（大）

活動内容・展開

❶ 2人で向かい合って、スカーフを投げたり、キャッチしたりする。

❷ スカーフがふわりと弧を描くように「ゆっくり（優しく）」投げる。また、スカーフが直線的に相手に届くように「速く（強く、思い切り）」投げる。

❸ 手を使わずにスカーフをキャッチする。たとえば、腕や足、頭や背中などに引っかけてスカーフを受け取る。支援者は「手を使わずにスカーフをキャッチするためにはどんな方法があるか」について「たとえば、腕に引っかけたり・・・」と示しながら問いかける。また、「相手がスカーフを身体部位に引っかけて受け取るためにはどんなふうに投げればよいか」も問いかける。

❹ スカーフを自分の真上に投げて、相手と素早く位置を入れ替わる。相手はスカーフの落下位置に移動してスカーフをキャッチする。

⑦
知覚運動

実施する際の配慮事項等

　ムーブメントスカーフは、伸縮性のある柔らかな材質でできた鮮やかな色（5色）の布製遊具である。この活動は、スカーフをボールのように丸めたりせず、そのまま使用するのが望ましい。"ふわり"としたスカーフの動きは、トラッキング（動くものを目で追うこと）を容易にし、視知覚につながる基礎的な力を育てることができる。

発展・応用した内容として

　相手と位置を入れ替わる活動は、4人組でも行うことができる。その場合には、正方形の位置に立ち、スカーフを自分の真上に投げ上げてから動く。右方向（左方向）に移動して、隣の人が投げたスカーフをキャッチしたり、対角線上にいる2人が位置を入れ替わったりする。さらに、クラス全員で円形になり、スカーフを投げ上げて隣に移動しキャッチする活動に発展させることもできる。

育てられる 運動属性	視知覚（図地知覚）、視覚と運動の連合、色・形・数字の弁別、ほか
対象等	小学校低学年、特別支援学校小学部・中学部
人数等	グループ
使用する遊具	ムーブメント形板

活動内容・展開

❶ 皆で大きな円になり、形板を自由に投げてムーブメントの風景を作る。支援者は「どうしたら形板を遠くまで投げられるか」を、実際の動作を見せながら問いかける。

❷ 投げ終わったら、形板が重なっているところがないか確認する。重なっている形板があったら、重ならないように子どもに形板の位置を修正してもらう。

❸ フロアに散らばった形板から落ちないように、その上を自由に渡る。

❹ 入口と出口を決めて、形板から落ちないようにその間を渡る。子どもの人数に合わせて、入口と出口を数か所にしてもよい。赤いフラフープが入口、青いフラフープが出口など、始まりと終わりがわかるように提示する。

❺ 形板の島渡りに課題を加える。たとえば「ピンクの形板の上だけを渡る」「入口から出口まで10回で（10枚の形板の上に乗って）渡る」「三角形、四角形、四角形の順で渡る」など、形板の属性を活用することで、様々な課題が考えられる。

7
知覚運動

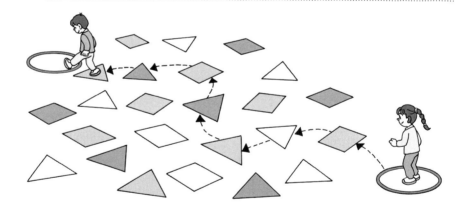

**実施する際の
配慮事項等**

　はじめは、形板を思い切りたくさん投げることから始める。これにより、次の活動に集中して取り組めるようになる（ムーブメント教育実践上の留意点：制御と周期性の原則）。形板は、子ども1人につき複数枚用意し、たくさん投げられるようにしたい。

**発展・応用した
内容として**

　集団でのプログラムには、「個人が発表するチャンス」を取り入れたい。発表のチャンスを得た子どもは、どのような方法で形板を渡るかを自分で決めて「僕（私）は、四角形の形板だけを使って渡ります」「〇回で出口まで行きます」などと宣言して形板の上を渡る。あるいは、最初に宣言せずに、心の中で決めた方法で形板の上を渡り、周りに座って見ている子どもたちが「どんな方法で渡ったか」を当てるのもよい。この活動は、他者の動きに注目する力や動きの法則性を類推する力を育てることにつながる。

| プログラム **56** | 長さや形を意識して動く |

育てられる運動属性	視知覚、視覚と運動の連合、身体図式、方向性、形の弁別、ほか
対象等	小学校中・高学年、特別支援学校中学部
人数等	個別または小グループ
使用する遊具	ピッタンコセット

活動内容・展開

❶ 何も貼りつけていないマット（46cm×4m）に足型（左右）や知覚型（丸・三角形・四角形）、ラインテープを自由に貼りつけたり、「ヨーイ、ドン！」の合図でできるだけ速くはがしたりする。

❷ マットにラインテープを「まっすぐに（1本道で）」貼りつける。ラインテープ（2cm×92cmと2cm×46cmの2種類）をそれぞれ組み合わせるよう促し、「1本の長い直線になるように」「2本（あるいは3本）の平行線になるように」などの課題につなげる。

❸ 作ったラインの上から落ちないように歩く（綱渡り）。後ろ歩き、横歩きなども行う。

❹ マットに足型を貼りつけて、その上を歩く。右足と左足の形があるので、貼りつける位置を工夫することで、「交差性歩行（クロス歩き）」を引き出すことができる。

❺ 足型に加えて、知覚型をマットに貼りつけ、形を意識しながら移動する。たとえば、足型の上を歩きながら、丸には右手、三角形には左手、四角形には両手でタッチするなどがある。

⑦
知覚運動

実施する際の配慮事項等

　ピッタンコセットは、足型、知覚型、ラインテープと、それらが動きにくいように工夫された特殊なマット（青色）を組み合わせて使われる。鮮やかな色のマットの上に様々な形を貼りつけることはもちろん、それをはがすときの「ビリビリ・・・」という感触が心地よく、子どもの意欲を引き出すので、貼りつけたりはがしたりする活動を十分に行ってから、課題活動に入りたい。

発展・応用した内容として

　マットの上に、足型と知覚型をランダムに並べて貼りつける。同じ色・形の足型と知覚型を探してその下に貼りつける。また、パターンカードを作成し、パターンカードを見ながら、マット上に足型と知覚型を同じように貼りつける。そこに、手足を乗せてポーズをとる。

パターンカードを手がかりに動く

育てられる 運動属性	視知覚、視覚と運動の連合、方向性、短期記憶、前算数能力、ほか
対象等	小学校中・高学年、特別支援学校中学部
人数等	個別または小グループ
使用する遊具	フラフープ（直径 60cm 程度、5 色あるとよい）、パターンカード、など

活動内容・展開

❶ フロアに、25 本のフラフープを 5 本×5 本に並べて、正方形を作る。

❷ 入口から出口まで、子どもは好きなようにフラフープを踏み越えて移動する。

❸ フロアに並べたフラフープと同じパターンカードを準備する（パターンカードには、課題となる動線を示しておく）。易しい動線から難しい動線まで、様々な課題があるとよい。

❹ 子どもは、パターンカードを持って（見ながら）、示された動線と同じようにフラフープを渡る。

❺ パターンカードに示された動線を覚えて、フラフープを渡る。

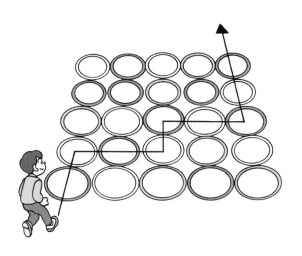

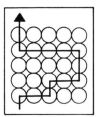
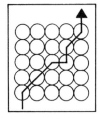

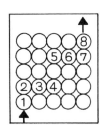

**実施する際の
配慮事項等**

　子どもの興味や意欲を高めるために、フラフープの並べ方のみが示されたパターンカードを用意し、子どもと一緒にフラフープを並べ、ムーブメントの風景を作ることから始めたい。25 本のフラフープは、赤を縦に 5 本、青をその右隣に 5 本、同様に黄色を 5 本、緑を 5 本、白を 5 本のような単純な並べ方だと易しいが、各色をランダムに組み合わせて並べると難しくなる。

**発展・応用した
内容として**

　課題の動線が描かれていないパターンカードを用意する。そこに子どもが自分で課題（動線）を書き込んでからその通りに動いたり、まず自分がフラフープを渡ってから、その動きをパターンカードに描いて示したりする。パターンカードの動線を数字で示すと、隣（前後左右）のフラフープに移動するだけでなく、1 つとばしたフラフープに移動するなど、難しい課題に発展させることができる。

プログラム **58**	走って止まる

育てられる 運動属性	初歩的な聴知覚、聴覚と運動の連合、空間意識、方向性、色別認知、ほか
対象等	保育園年長、小学校低学年、特別支援学校小学部
人数等	グループ
使用する遊具	短ロープ（3 m、赤・青・黄・緑を各 1 本）

活動内容・展開

❶ フロアにロープをランダムに置く。本数は、5 〜 6 人で 4 本（各色 1 本）が目安である。

❷ 支援者は「『ヨーイ、ドン!』で、ロープを踏まないように思い切り元気よく走ろう」と声をかける。走る方向は、同じ方向（右回りまたは左回り）がよい。

❸ 子どもが走り出したら、ピアノ（またはキーボード）で「はしるのだいすき」（佐藤真作曲）などの走りやすい曲を演奏して動きを応援する。動きを見ながら 2 回ほど繰り返してから止める。

❹ 曲が止まったら支援者は「赤の電線に・・・止まれ!」と声をかけ、自分も素早く動いて赤のロープの上に立つ。子どもがロープの上に立ったら、ピアノ担当者は再度、軽快に演奏する。

❺ 「音楽が聞こえたら走り、止まったら指示された色のロープの上に立つ」ことを繰り返す。

**実施する際の
配慮事項等**

　ピアノ担当者は、曲を止めるタイミングに留意する。いつも同じところ（たとえばフレーズの切れ目や曲の終わりなど）で演奏を止めていると、子どもは「聞いて判断して動く」のではなく、「パターン化された聴覚刺激で動いている」ことになる。「思いがけないところで曲が止まり、それを聞いて（判断して）動きを止める」ことは、聴覚−運動連合能力を育てる上で大切なポイントである。また、同じ方向に動くだけでなく動きの方向を変化させるために、ロープの上に止まったあと、「今度は反対!」などと方向を変えて動くように促す。

**発展・応用した
内容として**

　動きの手がかりになる曲を増やしたり組み合わせたりすることで、様々な動きを引き出したり、聞き分ける力を高めたりできる。曲目と動きの例として、「はしるのだいすき」で走る、「さんぽ」（久石譲作曲）で歩く、「あめふり」（中山晋平作曲）でスキップするなどがある。

⑦
知覚運動

タンバリンの合図で身体を動かす
（止まる・立つ／座る・移動する）

育てられる 運動属性	聴覚集中、聴知覚、聴覚と運動の連合、身体意識、ほか
対象等	保育園年長、小学校低学年、特別支援学校小学部
人数等	個別、小グループまたは集団
使用する遊具	**タンバリン**

活動内容・展開

❶ 支援者はタンバリンを細かく動かし、継続的に音を鳴らす。子どもはタンバリンが鳴っている間、自由に体を動かす。たとえば、両手をブラブラさせる、拍手をする、膝を叩く、両足を動かして床を踏み鳴らす、頭を左右に振るなど、様々な動きが考えられる。

❷ タンバリンの音が止まったら、動きも止める。これを繰り返す。

❸ タンバリンが1回鳴ったら、素早く立ち上がる。2回鳴ったら素早く座る。

❹ タンバリンの合図を組み合わせ、聞き分けて動く。①タンバリンの音が鳴っている間は両手をブラブラさせる、②1回鳴ったら素早く立つ、③2回鳴ったら素早く座る、④3回鳴ったら素早く立ち上がり、座っている場所を交替する。

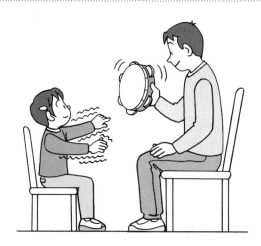

実施する際の配慮事項等

　ムーブメント教育実施上の留意点の1つに「競争排除の原則」がある。❹の活動は、"フルーツバスケット"に似ているが、椅子を減らして勝者を決めることはしない。音（聴知覚の環境）を効果的に使用することにより、競争を排除しても、変化のある繰り返しによる支援が可能である。また、これらの活動は、円で行うことで、合図を聞いて動くことが苦手な子どもでも、他の子どもの動きを手がかりに参加しやすくなる。

発展・応用した内容として

　「音の合図を聞いて動く、止まる」活動は、時間・空間意識（共同空間の処理）の加わる活動に発展させることができる。まず、子どもはランダムに置かれた椅子に座る（椅子の向きは様々な方向でよい）。タンバリンの音が鳴っている間（支援者はタンバリンを動かして継続的に音を出す）、子どもは互いにぶつからないようにしながら、椅子の間を自由に走り回る。タンバリンの音が止まったら、近くの椅子に急いで座る。

⑦
知覚運動

プログラム
60 | 音に合わせて姿勢を変えよう

育てられる 運動属性	聴覚集中、聴知覚、聴覚と運動の連合、身体像、空間意識、ほか
対象等	保育園年長、小学校低学年、特別支援学校小学部
人数等	個別、小グループまたは集団

活動内容・展開

❶ 「ドレミファソラシド〜」と音階を歌いながら、身体部位をタッチして姿勢を変化させる。具体的には、「ド」と歌いながらつま先をタッチ、「レ」で膝、「ミ」で太腿、「ファ」でお腹、「ソ」で胸、「ラ」で肩、「シ」で頭をタッチし、「ド」で両手を高く上げてつま先立ちをする。

❷ しばらくつま先立ちを保ったあと（3 〜 5 秒数えてもよい）、「ドシラソファミレド〜」と歌いながら身体部位をそれぞれタッチしながら姿勢を低くする。

❸ 皆で円形になり、手をつなぐ（円形にした長いロープにつかまってもよい）。「ドレミファソラシド〜」と歌いながら 1 歩ずつ前に進み、最後は小さな円になる。そして「ドシラソファミレド〜」と歌いながら 1 歩ずつ後退し、最後は大きな円になる。

**実施する際の
配慮事項等**

　1 音につき、身体部位 1 か所にタッチする活動は、数える力の基礎である「1 対 1 の対応」につながるものである。はじめは、ゆっくり歌いながら 1 つ 1 つの動作を確実に行う。動きに慣れてきたら、軽快なテンポにしたり、意図的にゆっくりにしたりと速さに変化をつけるとよい。

**発展・応用した
内容として**

　音階をピアノやキーボード（鍵盤楽器）で提示することで、聞き分けて動作する活動に発展できる。方法としては、「ドレミファソ〜ファミレド」と提示されたら、つま先、膝、太腿、お腹、胸までタッチして、肩より上にはいかず、つま先まで戻る動きをする。音を提示する支援者は、1 音 1 音はっきりと提示することや自分も歌うことで、子どもが音の変化を理解しやすいように配慮する。

⑦
知覚運動

<table>
<tr><td>プログラム
61</td><td># 呼吸を合わせてロープを動かす</td></tr>
</table>

育てられる 運動属性	聴知覚、聴覚と運動の連合、空間意識、社会性、ほか
対象等	小学校中・高学年、特別支援学校中学部
人数等	小グループまたは集団
使用する遊具	短ロープ（3 m）

活動内容・展開

❶ ペアで向かい合って座り、ロープを持つ。「ヨーイ、ドン」で、両手に持ったロープを左右に素早く動かして横波を作る。「止まれ!」で互いにロープを引き合い、ロープが一直線になるように動きを止め、「1、2、3･･･」と5つ数える。同様に、上下に素早くロープを動かして、縦波を作ったり止めたりする。

❷ 音楽が聞こえたらロープを動かす。音楽が止まったら、ロープを引いて動きを止める。このとき「両手を上げて止まる」「右手が上、左手が下で止まる」など、様々なポーズをとる。1人がとったポーズをもう1人が模倣してもよい。

❸ ロープをしっかり持ち、相手と呼吸を合わせ、ロープをフロアに打ちつけて音を出す。「1、2」で音を出し、「3」で引っ張る。両手を同時に動かして音を出したり、片手ずつ動かして音を出したりし、音を出すことを十分に楽しむ。

❹ 楽しめるようになったら「カエルの歌」などに合わせて、ロープで音を出して合奏する。

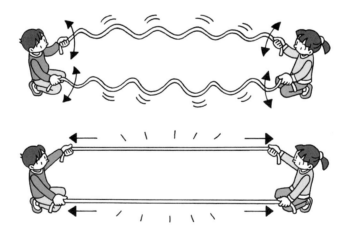

実施する際の配慮事項等

「音楽が止まったら動きを止める」ときの音楽は、ピアノやキーボードでの即興演奏（奏法は長いトリル）が適している。鍵盤楽器以外でも、タンバリン、鈴、マラカスなどの音を活用してもよい。大切なのは、「子どもが音楽や音を聞いて動きを止めること」なので、即興演奏による聴知覚の環境を用意したい。

発展・応用した内容として

短ロープは4色あるので、色を意識して動かすのもよい。集団で行う場合には、赤いロープのペア、青いロープのペアなど、持っているロープの色ごとに音を出したり、曲のフレーズごとに色を決めて音を出したりすることで、音を創ったり合わせたりする活動に発展できる。

7 知覚運動

 プログラム **62**	# 集めてみよう、触ってみよう

育てられる 運動属性	視知覚、触知覚、色別認知、形態認知、ほか
対象等	小学校低・中学年、特別支援学校小学部
人数等	個別または小グループ
使用する遊具	ビーンズバッグ、ボックス、形を示したペーパー、など

活動内容・展開

❶ たくさんのビーンズバッグ（少なくとも 1 セット 45 個）を用意する。最初は、ビーンズバッグを見たり触ったりしながら、その属性である色や形を確認して仲間集めをする。色に注目して集めると、赤い丸・赤い三角形・赤い四角形など、形が混在することになる。同様に、形に注目して集めると、色が混在することになる。

❷ ビーンズバッグをボックスの中に入れ、見えない状態でビーンズバッグに触り、丸（あるいは三角形、四角形）のビーンズバッグを探し出す。また、丸を探す人、三角形を探す人、四角形を探す人など、子どもによって課題の形を決めて探し出してもよい。

❸ ○△□が書かれたカードを見てからボックスの中のビーンズバッグに触り、同じ形を選んで取り出す。

実施する際の配慮事項等

　これらの活動は、机上で行うことが可能だが、動きを取り入れて行うことも大切である。「ビーンズバッグを見たり触ったりする場所」と「仲間集めのための場所」の距離を離すことで、「探して運んで集める」活動を一連の動きの中で行うことができる。

発展・応用した内容として

　ボックスに、各色（赤・青・黄・緑・白）、各形（丸・三角形・四角形）のビーンズバッグを入れる（計15 個）。形が書かれたカードを見て、それと同じ形のビーンズバッグをボックスから探し出す。たとえば、○のカードを見て、丸いビーンズバッグを全部探したら、次は △ 、次は □ を探す。ビーンズバッグを 1 つ取り出すごとに、色別に分類する。ボックスの中にある 15 個のビーンズバッグをすべて取り出し分類するのにかかった時間を測って記録する。

⑦

知覚運動

人間掃除機になろう

育てられる 運動属性	ハプティック知覚、身体意識、ほか
対象等	保育園年長、小学校低・中学年、特別支援学校小学部
人数等	個別または小グループ
使用する遊具	ビーンズバッグ

活動内容・展開

❶ 広いフロアに、たくさんのビーンズバッグを散らばらせる。できるだけ滑らかなフロアで行う。

❷ 子どもは、両足を広げてフロアに座る。支援者が子どもの背中を押して、床面に接しているお尻と両足の間にビーンズバッグが溜まっていくように、様々な方向に動く。

❸ 子どもは、❷と同様に両足を広げてフロアに座る。支援者に両手を引っ張ってもらい、フロアを滑ることでビーンズバッグを集める。

❹ 子どもは姿勢を変化させ（たとえば、フロアに横になり）、手と足を引っ張ってもらって滑ることで、身体全体を使ってビーンズバッグを集める。

7
知覚運動

**実施する際の
配慮事項等**

　子どもは、支援者に上手く引っ張ってもらうために、身体の姿勢を保ち、崩さないようにしなければならない。これは、ハプティック知覚がかかわる身体図式能力に依存する。この活動は、ビーンズバッグを活用した様々なプログラムの最後のムーブメントとして行うとよい。

**発展・応用した
内容として**

　子ども同士で、引っ張る役割（2人）と引っ張られる役割（1人）の3人1組になって行う。たとえば、「1分間でどれだけたくさんのビーンズバッグを集められるか」に挑戦する活動に発展させる。集めたビーンズバッグの数を数えて、ホワイトボードに書き出し、集めた数を1回目と2回目で比較したり、グループでビーンズバッグの色や形を決めて集めたりする。

| プログラム **64** | プレイバンドを身体に引っかけて動こう |

育てられる 運動属性	ハプティック知覚、身体意識、動的バランス、ほか
対象等	小学校低・中学年、特別支援学校小学部
人数等	個別、小グループまたは集団
使用する遊具	プレイバンド

活動内容・展開

❶ プレイバンドの両端の輪の部分を手で持って、プレイバンドの中央部分に片足を引っかける。その姿勢を保ちながら、プレイバンドが足から外れないように歩く。

❷ 同様にプレイバンドの両端を持って、プレイバンドに両足を引っかけ、様々な方向に歩く。

❸ 活動を応援するために音楽を使う。音楽が止まったら、片足を上げてポーズをとる。両足を引っかけている場合は、両手両足を思い切り伸ばしてポーズをとる。

❹ プレイバンドを引っかける身体部位を変える。たとえば、両端の輪の部分を左右の足に引っかけてから、プレイバンドの中央部分を首の後ろにかける。さらに、右手と左手で首から足に伸びているプレイバンドを持ち、腕や足を曲げたり伸ばしたりする。そして、プレイバンドが外れないように気をつけながら、様々な方向に歩く。

**実施する際の
配慮事項等**

　この活動では、音楽は動きを応援するために用いる。「歩く」動きのリズムを応援するためには、「さんぽ」（久石譲作曲）や「線路は続くよどこまでも」（アメリカの民謡）などが適している。また、音楽の速さを子どもが動く速さに合わせて調節できるので、ピアノやキーボードなどによる生演奏がよい。CD を使う場合、曲のテンポが速くて子どもの動きに合わないと感じたら、「2 拍で 1 歩動く」ようにカウントするとよい。

**発展・応用した
内容として**

　「歩く→動きを止めてポーズをとる→歩く→動きを止めてポーズをとる」の繰り返しにより、子どもの集中力が高まる。また、上下・前後・左右など空間の広がりを意識して様々なポーズがとれるように発展させる。支援者のポーズを模倣させたり、子どもが互いのポーズを模倣し合ったりする活動も楽しい。

8 精神運動とは

精神運動は、就学前頃から目覚ましく発達する認知・精神機能で、たとえば、絵で示された動作をまねする、イメージでダンスする、音楽に合わせて動き回る、読んでもらった物語や詩を運動で表現するなど、視覚−運動の連合や転移、聴覚−運動の連合や転移などの活動を含んでいる。スイスの S. ナビールらによって開発されたムーブメント教育・療法における一領域であり、感覚運動、知覚運動のプログラムに加え、子どもの全教育プログラムの不可分な要素としての活動でもある。これらのムーブメント教育・療法の範囲は、アートムーブメント、ダンスムーブメント、音楽ムーブメント、創造的ムーブメント、算数ムーブメントなどの活動としても知られている。

　ムーブメント教育・療法での精神運動は、自発性が発揮できる表現、創造、イメージ形成などの運動による発展的活動が多いので、記憶、保存、集中、思考などの基礎的学習能力を増進させるプログラムとして活用できる。精神運動プログラムとはやや異なるが、J. ウィニックによれば、アメリカでは、古くから「運動活動の学習における媒介作用（MALM）」という教育法を、カリキュラムの基礎学習に位置づけ取り入れている小学校が多い。精神運動の利点について、M. フロスティッグは、記憶やイメージ化の方略において、機械的記憶でなく意味的記憶を育む活動であることにより、学習概念や連合過程にとって有効な切り口となり、学習困難児や神経発達症を呈する子どもの内的制御（自己制御）においても活用できることであるとしている。

精神運動の支援に向けたチェック

❶ **ダンスムーブメントで、視覚−運動の連合や転移をみる**
　・動物の様々な歩き方、自然界のダンス表現（大波、小波、雨、雪）
❷ **音楽ムーブメントで、聴覚−運動の連合や転移をみる**
　・音楽（音）での動きづくり、身体動作、遊具・用具、身体（手足など）を使った音出し

❸ 創造的ムーブメントで、イメージ力、概念形成をみる
　・詩や物語を聞いて、イメージで表現する能力
❹ 算数ムーブメントで、数概念などをみる
　・ロープの長さの比較、三角と四角の形板の組み合わせ、形づくり、
　　数跳び合わせ、数の発見

精神運動を育てるために

　ムーブメント教育・療法における精神運動では、活動後に子ども自身が考え発見した動きを発表する機会を多く設け、言語化や思考、表現の過程へと流れを作ることが大切である。

　精神運動では、知的活動や柔軟な思考が発揮できるように、絶えず、柔軟な問いかけとその展開としての動きの答えが生まれるプログラムが必要である。指導者は、この「問いかけと答え」のプログラムを子どもの発達に寄り添って設定するセンスを身につけなければならない。そのため、型にはまった運動を好んだり、運動用具の使用にこだわりがあったりすると、精神運動プログラムの展開には限界がある。

　ムーブメント教育・療法では、新聞紙、紙、ロープ、スカーフ、ダンボール、パイプ、板などを含めた身近にある物を活用して、自由な発想でプログラムづくりを支援している。M. フロスティッグは、思考や概念は累積的経験とともに発達し、それは諸経験が加わるにつれ変化し豊かになるとして、魅力ある自然な場面（遊具、音楽、人など）が設定され、その環境と子どもが循環するような支援を推奨している。そのためにも、大人は、個々人の反応、子ども間の相互作用、集中力を育むのに必要な欲求を大切にして、子どもの幸福感を支えなければならない。

フリスビーを運ぼう

育てられる 運動属性	イメージする力、身体意識、物的バランス、問題解決能力、ほか
対象等	保育園年長、小学校低学年、特別支援学校小学部
人数等	小グループまたは集団
使用する遊具	ハットフリスビー

活動内容・展開

❶ フリスビーを自由に投げる。支援者は、「どうしたら遠くまで上手く投げることができるか」を考えるように促す。フリスビーをフロアと平行になるように胸の前に構えて、フリスビーを持った手を斜め前方に大きく動かし、勢いよくフリスビーを放つと上手に投げることができる。場合によっては、支援者がモデルを示す。

❷ フロアに散らばったフリスビーを集めて、スタートとゴールの位置を決める。支援者は、「フリスビーを手に持たずにゴールまで運ぶにはどんな方法がありますか」と問いかける。

❸ 子どもは、「頭、直角に曲げた肘、腰を曲げた背中などに載せて運ぶ」方法や「脇の下、顎、膝などで挟んで運ぶ」方法を考える。支援者は、子どもができるだけたくさんの方法を発見できるよう、子どもが発見した方法を言語化したり、モデルを見せたりすることも大切である。

8

精神運動

実施する際の配慮事項等

　この活動では、「身体を使ってフリスビーを運ぶ様々な方法」を子ども自身が考え発見することが大切である。支援者は「○○に載せて（挟んで）運びなさい」と指示するのではなく、「どんな方法がありますか」と問いかける。このような問いかけは、子どもの「発見することの楽しさ」や「挑戦する喜び」につながり、問題解決能力を高めるのである。

発展・応用した内容として

　グループで行う場合には、活動の最後に「個人が発見した方法」を発表する機会を設けるようにする。1人ずつ自分が発見した方法でフリスビーを運び、どのような方法で運んだかを言語化させる。また、「前の人と違う方法で運ぶ」というルールを加えてもよい。さらに、「○○の方法で運んでください」と次に発表する子どもの課題を考えさせてもよい。

プログラム
66 載せられる場所はどこ?

育てられる
運動属性 ｜ イメージする力、身体意識、物的バランス、問題解決能力、ほか

対象等 ｜ 小学校低学年、特別支援学校小学部

人数等 ｜ 小グループまたは集団

使用する遊具 ｜ ビーンズバッグ

活動内容・展開
❶ 2 人 1 組で、1 人の子どもはフロアに座り、「お地蔵さん」になる（動かずにポーズをとる）。
❷ もう 1 人の子どもは、「お地蔵さん」になった子どもの体にビーンズバッグを載せる。はじめは、相手の頭、肩、腕、膝などに 1 つだけ載せる。
❸ 一緒に 5 つ数えたあと、ビーンズバッグを落とさないようにポーズをとっていた子どもは、最小限の動きでビーンズバッグをフロアに落とす。「1、2、3、4、5、プルン!（このタイミングでビーンズバッグを落とす）」などの声かけとともに行うと、楽しく理解しやすい。
❹ ビーンズバッグの数を増やし、いろいろな身体部位に載せて、数えてから落とす。複数の身体部位に 1 つずつ載せたり、1 か所に 2 ～ 3 個のビーンズバッグを重ねて載せたりしてもよい。
❺ 「お地蔵さん」になる子どもとビーンズバッグを載せる子どもが交替する。

実施する際の
配慮事項等
　非常にシンプルな活動であるが、「ビーンズバッグを落とさないように身体の動きを止め、タイミングを計り、最小限の身体の動きでビーンズバッグを落とす」という一連の活動は、高い集中力を必要とする。また、他者の身体にビーンズバッグを載せる活動は、身体から落ちないようにどのようにビーンズバッグを載せるかを注意深く考えなければならない。これにより、問題解決能力とともに他者意識が育まれる。

発展・応用した
内容として
　ペアでの活動に加えて、集団での活動につなげる。皆で円形になって座り、その中央に 1 人の子どもが「お地蔵さん」になって座る。周りに座っている子どもは、中央の子どもの身体にビーンズバッグを 1 人 1 つずつ載せる。皆で声を合わせて 5 つ数えたら、中央の子どもは、身体に載せられたすべてのビーンズバッグを落とす。

8
精神運動

プログラム **67**	ムーブメント形板を使って 風船をついてみよう

育てられる 運動属性	イメージする力、目と手の協応、物的バランス、数概念能力、ほか
対象等	小学校中学年・高学年、特別支援学校中学部
人数等	個別またはグループ
使用する遊具	ムーブメント形板（四角形）、風船

活動内容・展開

❶ 形板を両手に1枚ずつ持って、形板を使って風船をつく。はじめは、操作しやすい方の手（利き手）で行う。次に、反対の手（非利き手）でも行うように促す。

❷ 数を数えながら、形板で風船をつく。利き手・非利き手のそれぞれで行う。

❸ 左右の手に形板を持ち、交互に風船をつく。たとえば「右手で3回、左手で3回」「右、左、右、左・・・と言いながら左右交互に」などがある。

❹ 支援者が「止まれ〜」と合図したら、風船を形板で挟んで動きを止める。

❺ 落ちてきた風船を、片方の形板の面を使って（面に載せて）、動きを止める。

❻ 落ちてきた風船を、片方の形板の辺や角を使って（辺や角に載せて）、動きを止める。

8

精神運動

**実施する際の
配慮事項等**

　風船は、様々な場面で活用することのできる身近なムーブメント遊具である。この活動では、風船と形板を組み合わせることで、操作性の活動を豊かに展開することができる。また、利き手だけでなく、非利き手も使うように促すことが大切である。それは、身体の両側（左右）を意図的に使うことにより、ラテラリティや方向性を含む身体図式の確立を促すためである。

**発展・応用した
内容として**

　グループでの活動に発展させる。具体的には、5〜8人ぐらいで円形になり、形板を使って1つの風船をつく。「1、2、3・・・」と数えながら、風船を落とさないようについて、「10」にあたる子どもは、形板で風船を挟んでキャッチする（動きを止める）。キャッチする数字をグループで決めるのもよい。

| プログラム **68** | プレイバンドを使って風船をついてみよう |

育てられる 運動属性	イメージする力、目と手の協応、物的バランス、コミュニケーション、ほか
対象等	小学校高学年、特別支援学校中学部
人数等	小グループまたは集団
使用する遊具	プレイバンド、風船

活動内容・展開

❶ 2 人で向かい合い、2 本のプレイバンドが平行になるように引っ張って持つ。

❷ 2 人で協力して、プレイバンドの伸縮性を利用して風船をつく。

❸ 「いち、に、さーん！」と、互いに声をかけ合いながら風船をつく。呼吸を合わせて「さーん！」で風船が高く上がるように協力する。

❹ 上手にできるようになったら、落ちてきた風船をプレイバンドで挟んで止める。

❺ グループになり、プレイバンドを交互に組み合わせて、その端を皆で持つ。プレイバンドの隙間から風船が落ちないようにプレイバンドを引っ張り、互いに力を調節しながら風船をつく。

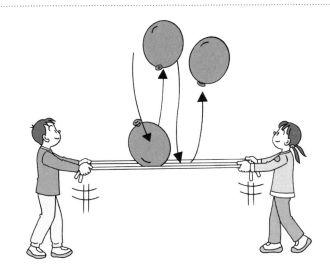

8
精神運動

実施する際の配慮事項等

　風船は、大きめのものが操作しやすい。まず、プレイバンドを 2 人で引っ張ったり、緩めたりすることから始め、風船を操作する活動につなげる。相手の動きを意識しながら、どうしたらプレイバンドで上手く風船をつくことができるか、落ちてきた風船を挟むことができるかを動きながら考え、やってみることが大切である。

発展・応用した内容として

　❺の活動では、プレイバンドを組み合わせる方法を子どもに考えさせるとよい。基本になるプレイバンドに対して、編むように上下にプレイバンドを通していかなければならないので、難しい課題である。また、グループで協力して、ビニール袋に複数の風船を入れた大きなボール（プログラム 69「風船ボールを操作しよう」参照）を落とさないようについたり、2 チームでそのボールをやり取りする活動に発展させる。

風船ボールを操作しよう

育てられる 運動属性	イメージする力、物的バランス、集中力、問題解決能力、ほか
対象等	小学校中学年・高学年、特別支援学校中学部
人数等	小グループまたは集団
使用する遊具	風船を入れたビニール袋（45ℓ程度）、フラフープ（直径60cm程度）

活動内容・展開

❶ ビニール袋に5～8個の風船を入れて袋の口を縛り、風船入りの大きなボールを作る（以下、このボールを「風船ボール」とする）。

❷ フラフープを両手で持ち、風船ボールをすくい上げるようにして、できるだけ高く、あるいはできるだけ遠くに飛ばす。

❸ フラフープを使って、風船ボールを連続してつく。落とさずに何回つけたかを発表する。

❹ ペアになり、風船ボールをフラフープでついてキャッチボールをする。

8

精神運動

実施する際の配慮事項等　　ビニール袋に風船を入れた「風船ボール」は、身近なものを活用したムーブメント遊具である。その動きは軽く不安定なので、円形の細いフラフープで操作することは思ったより難しい。❷の活動の時間を十分にとることは、子どもと環境とのかかわりを豊かにするために大切である。

発展・応用した内容として　　「風船ボール」を使って他にどのような活動ができるかについて、グループで考えさせる。たとえば、「フラフープ以外の物で風船ボールを操作するとしたら、どのようなもの、どのような動きが考えられるか」と問いかけ、グループで考えた活動を実際にやってみる。また、風船ボールをフラフープで押しながら移動して、目標地点を回って戻り、次の人に交替する「風船ボールリレー」を提案したりする。

70 | 思い思いに小川を渡ろう

育てられる 運動属性	**イメージする力、視覚と運動の連合、問題解決能力、社会性、ほか**
対象等	**小学校中・高学年、特別支援学校中学部**
人数等	**小グループまたは集団**
使用する遊具	**カラーロープ、スペースマット（小）**

活動内容・展開

❶ ロープを 2 本、3 〜 5 mの間隔で平行に置き、これを小川に見立てる。

❷ 支援者は「向こう岸までできるだけ濡れずに渡るには、どうしたらよいでしょう」と問いかける。子どもは、大股で跳ぶように小川を渡っていくかもしれないし、つま先立ちでそっと水しぶきを上げないように渡るかもしれない。様々な渡り方があってよいことを伝える。

❸ スペースマットを使って、小川に「踏み石」を作る。

❹ 支援者が「川に落ちないように注意しながら、踏み石の上を歩いて渡りましょう」と促す。子どもは、踏み石の上を歩いて対岸まで移動する。

❺ 次に、支援者は「今とは違う方法を考えて渡ってみましょう」と呼びかける。

❻ 子どもは、自分が思いつくあらゆる方法で小川を渡る。たとえば、両足ジャンプや片足ケンケンで渡る、1 つおきに渡る、両手両足を交互に踏み石に乗せて（高這いで）渡るなどがある。

**実施する際の
配慮事項等**

　自分なりに考えたいろいろな渡り方をやってみる中で、子どもの豊かな思考パターンが刺激される。自分で発見し、自分で実行し、皆の前で発表するプロセスそのものが、高次認知機能に結びつく精神運動ムーブメントである。子どもがイメージを膨らませて活動に没頭する原動力は、支援者の豊かな表情や魅力的な言葉かけであるといっても過言ではない。

**発展・応用した
内容として**

　踏み石を渡るときに「遊具や人」の要素を加えて考えさせる。たとえば、最初の石の上にビーンズバッグを投げ、その石の上に跳んで乗り、ビーンズバッグを拾い上げて次の石の上に投げるというようにして次々と渡る。また、ペアあるいはグループで手をつなぎ、他者の動きを意識しながら手を離さずに対岸まで渡るなどがある。

ムーブメント形板で形や塔を作って倒そう

育てられる 運動属性	**イメージする力、形態知覚、空間意識、創造性、前算数能力、ほか**
対象等	**小学校中学年・高学年、特別支援学校小学部・中学部**
人数等	**小グループ**
使用する遊具	**ムーブメント形板**

活動内容・展開

❶ 形板を組み合わせてフロアに好きな形を作る。「平面的に形板を組み合わせて形を作る」「立体的に形板を組み合わせて形を作る」など、様々な方法があってよい。

❷ 課題に従って形板を組み合わせる。たとえば、三角形を4枚使って正方形を作る、四角形を1枚と三角形を2枚使って長方形を作るなど、様々な組み合わせの課題を考えることができる。

❸ ペアになり、1人が数枚の形板を組み合わせて、フロアに立体的な形を作る。もう1人は、できあがった形に向けて、勢いよく息を吹きかけて形板を倒す。役割を交替しながら、形板をどのように組み合わせれば倒れにくいのか、どの向きから息を吹きかけると形板が倒れるのかを工夫しながら繰り返す。

実施する際の配慮事項等

　ムーブメント形板は三角形と四角形の2種類で、それぞれピンク、黄、青があり、片面に数字がプリントされている。この活動では色や数字には着目していないが、子どもの状態や興味に合わせてそれらの要素も加えることが大切である。たとえば、ピンクの三角形だけを使う、青い四角形とピンクの三角形、黄色の三角形を1枚ずつ使うなどである。指定される色や形の組み合わせが複雑になればなるほど、精神運動機能の発揮につながる。

発展・応用した内容として

　個人やペアでの活動のあとには、グループでの活動に発展させたい。たくさんの形板を組み合わせて高い塔を作ったり、身近なもの（ボールやフラフープなど）も自由に加えて、フロアに作品を作ったりするのもよい。

プログラム

72 | フラフープを使って合奏をしよう

育てられる 運動属性	イメージする力、聴覚と運動の連合、創造性、社会性、ほか
対象等	保育園年長、小学校中・高学年、特別支援学校中学部・高等部
人数等	小グループ
使用する遊具	フラフープ、タンバリン

活動内容・展開

❶ フラフープを 1 人 1 個ずつ持ち、床面を軽く叩いて音を出す。

❷ 音楽やタンバリンの音に合わせて、小グループで一緒に床面を叩いて音を出す。

❸ 指示された人（たとえば男の子、女の子、○○に住んでいる人 など）が音を出すなどの活動は、聴覚と運動の連合能力の育ちにもつながっていく。

❹ 小グループで、はじめは小雨だった雨音が次第に大粒の強い雨音へと変化し、その後、次第に雨が止んでいく様子を、時間の経過とともに、フラフープを使って表現する。

❺ リズミカルでテンポのよい音楽（「あめふりくまのこ」（湯山昭作曲）などの童謡）に合わせて、フラフープを床面で叩きながら、みんなで合奏会を行う。

⑧
精神運動

実施する際の配慮事項等

　フラフープで床を叩くことに慣れてきたら、リズミカルに速く叩いたり、ゆっくり強く叩いたりなど、音の強弱を意識させていくとよい。保育園の年長児や障害のある子どもに行う場合、床に座って叩かせたり、両手でフラフープをしっかり持って叩かせたりすることで、スムーズにきれいな音を出すことができる。子どもの発達段階や手指の操作性のスキルに応じて、はじめは支援者が一緒にフラフープに手を添えて叩かせ、その後少しずつ支援を外していくなどの配慮も必要である。

発展・応用した内容として

　フラフープの代わりに、紙管（段ボールでできた筒型の管）を使ったり、新聞紙を丸めて叩いて音を出したりなど、いろいろな遊具や教材を使って取り組ませてもよい。また、身体の様々な部位を使っていろいろな音を作り出すことで（手を素早く叩く、足で床を強く踏むなど）、子どもの創造性が育まれていく。

創造性とは

創造性は、自分で考え問題を解決していく能力であり、創造的活動から得られた経験に基づいて発揮される。ムーブメント教育・療法でいえば、創造的ムーブメントを多く経験することで得られる。

創造的ムーブメントの活動が創造性の発達に多くの価値を有しているというのは、イメージを発展させる過程で、意欲、知覚、記憶、感情、思考、行動の各レベルを統合する役割を担うからである（M. フロスティッグ）。このイメージが乏しければ、運動系列の計画化やコントロールが困難となる。学習に困難を示す子どもや内気な子どもなどには、イメージを作る機会が不足しているため、特にこの活動が必要である。創造的ムーブメントには、問題を解決する機会や自己表現する機会、そして挑戦する機会が用意されているので、集中（意識）や没頭することが生まれ、発散的思考も駆り立てられる。ムーブメント教育・療法の究極的なゴールは、自発性と創造性の発揮であるが、創造的ムーブメントから得た経験は、自身の感情を知ることを助け、内的満足感と達成感を与え、人生に新しい意味を与える。

創造性の支援に向けたチェック

❶ 身体での表現、個人空間の展開をみる
　1）いろいろな姿勢を表現できるか
　　・ボールのように丸く、棒のようにまっすぐに
　2）いろいろな状態や様子を作り出せるか
　　・軽い足取り、チョウのように軽く
　3）身体を大きくしたり小さくしたりできるか
　　・風船のように、アリのように
❷ 遊具（物）などを使う展開をみる
　1）フラフープを使っていろいろな転がし方、並べ方ができるか
　2）ロープを使っていろいろな図形や木、川、波が作れるか
　3）ビーンズバッグを使って床に見立ての島が作れるか
　4）形板を組み合わせていろいろな形が作れるか

創造性を育てるために

　ムーブメント教育・療法による創造性の支援では、子どもたちがイメージしやすいような環境を提供することが大切である。たとえば、「他にどんなことができるかな、見せてちょうだい」というように、子どもに問題を投げかけ、運動の機会を作ることである。また、「さあ、皆さん大きな布団が登場したね、好きなように寝てごらん」と言ってパラシュート遊具を使うことで、魅力ある環境からの問いかけにより簡単に創造的ムーブメントが展開できるのである。

　子どもは「物」があれば容易に新しい動きの発見が進むので、指導者はその考えが発展するように子どもの興味やレベルに応じて、上手に物を提供できるセンスを持ち合わせていなければならない。また、模倣遊びの機会を作ることも、創造性に素晴らしい手がかりを与える。身近な模倣活動の対象は、動物の動きや自然界の様子などで、いずれも集団での活動である。また、他の人の動きを意識化させること、他の人の動きを意識化するように仕向けられる機会があることで、新しい動きへの発展の手がかりを得ることができるのである。

　創造的ムーブメントでの指導者の役割は、子どもの創造性を刺激すること、つまり、豊富なイメージを整理したり膨らましたりすることを援助することである。これにより子どもの創造性のレパートリーは広がりを見せる。指示（示唆）は、表現活動を開始するために、また、子どもに動作の次元を紹介するために、あるいは、新しい一連の動作を創造する場合にいろいろなアイデアを結合させるために与えられるものである。

プログラム **73**	ムーブメントスカーフを洗濯しよう
	～洗って、干して、たたんで～

育てられる 運動属性	創造性、イメージする力、目と手の協応、前算数能力、ほか
対象等	保育園年長、小学校低学年、特別支援学校小学部
人数等	小グループまたは集団
使用する遊具	ムーブメントスカーフ、カラーロープ（10 m）

活動内容・展開

❶ 支援者は「スカーフを洗濯しましょう」と誘う。子どもは、「ゴシ、ゴシ」と言いながらスカーフを両手で揉んだり、「ギュッ、ギュッ」と言いながら小さく丸めたりする。

❷ スカーフが洗えたら、ロープをピンと張って「物干し場」を作る。子どもがスカーフを広げてロープにかけると、美しいムーブメントの風景ができる。

❸ 支援者は「風を起こして、洗濯物を乾かしましょう」など、子どもがイメージを膨らませて動けるように働きかける。子どもは風になって、洗濯物（スカーフ）の間を走ってくぐり抜けたり、ジグザグにすり抜けたりして、洗濯物を乾かす。

❹ 「さあ、洗濯物がすっかり乾きました。乾いたらどうするのかな。」と問いかけ、子どもに考えさせる。子どもは、ロープからスカーフを外して、小さな四角になるようにたたんでいく。

9
創造性

**実施する際の
配慮事項等**

　創造性を育てるムーブメント教育における支援者の役割は、「○○しなさい」と指示するのではなく、子どもを助けたり、刺激したりすることである。そのためには、支援者がイメージのきっかけとなるような動きのモデルを示すことや、「どうすればよい？どんな方法がある？他にどんなことができる？」など、子どもが考えて動きで表現できるような問いかけを意図的に行うことが大切である。

**発展・応用した
内容として**

　スカーフをたたむ活動で、「半分（2分の1）、また半分（4分の1）、さらに半分（8分の1）、もう一度半分（16分の1）」などと等分を意識させたり、たたんだスカーフを色別に集めたり、各色1枚ずつ重ねて集めたりする活動に発展させる。これにより、物を等分する、仲間で集めるなどの基礎的概念の形成につながる。

プログラム 74	ロープで描こう

育てられる 運動属性	創作能力、視覚化と心像、イメージする力、目と手の協応、ほか
対象等	保育園年長、小学校低学年、特別支援学校小学部
人数等	個別またはグループ
使用する遊具	カラーロープ（3m、異なる色で 1 人に数本あるとよい）

活動内容・展開

❶ 子どもは、ロープを使ってフロアに思い思いに好きな絵を描く。支援者は、「丸や三角形や四角形などの形でもよいし、バナナやリンゴなどの食べ物でもよいし … 何が描けるかな …」と、描き始めるきっかけになるように問いかけたり、自分もロープを使って描いたりするとよい。

❷ 絵が描けたら、皆で鑑賞会をする。一人ひとりが絵を見せながら紹介する。「何を描いたか、工夫したところはどこか、自分が気に入っているところはどこか」などを伝えられるとよい。

❸ ロープをフロアの上でくるくると丸めて、渦巻（蚊取り線香）を作る。そして、皆で作った蚊取り線香を集めて、1 つの大きな絵を作る。

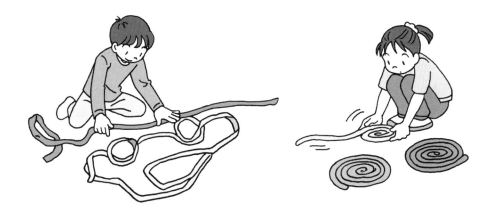

⑨
創造性

実施する際の配慮事項等

　ものを見て、それを記憶する機能を「視覚化の機能」という。この機能は、視知覚的経験に依存し、記憶にとって必須であるばかりでなく、考える力としての思考過程にとっても必要である。また、視覚化は、精神的操作や抽象化、現存しないものを理解することに重要な機能でもある。「紙の上に絵を描く」という一般的な方法だけでなく、様々なムーブメントプログラムの一環として、この活動を取り入れていきたい。

発展・応用した内容として

　フロアに 10 mのロープで大きな円を作り、それを「顔の輪郭」に見立てて、数人のグループで話し合いながら「人の顔」を作る。3 mのロープ、ビーンズバッグ、形板などを用意して、それらをパーツに使うと様々な表情の顔を描くことができる。

<table>
<tr><td rowspan="2">プログラム
75</td><td rowspan="2">**身体で広がりを意識する**</td></tr>
<tr></tr>
</table>

育てられる 運動属性	個人空間の理解、身体意識、問題解決能力、表現能力、ほか
対象等	保育園年長、小学校低学年、特別支援学校小学部・中学部
人数等	個別またはグループ
使用する遊具	プレイバンド、スカーフ、など

活動内容・展開

❶ 子どもは、身体をできるだけ大きくしたり、できるだけ小さくしたりする（個人空間の理解）。支援者は、「怪獣のように大きく」や「一粒の雨のように小さく」などのように、子どもが身体で表現する大きさの具体的なイメージを示すとよい。

❷ 支援者は、「片足で立って反対の足を後方に伸ばし、両腕を広げて身体を傾けたらどうかな」など、四肢をいろいろな方向に広げてできる空間（個人空間）に気づけるように働きかける。

❸ プレイバンドやスカーフを使って、大きさを表現する。プレイバンドを思い切り長く伸ばしたり緩めたり、スカーフの角を両足で踏んで固定し、反対側の角を両手で持って大きく広げたりすると、視覚からの情報があるので、広がりを捉えやすくなる。

実施する際の配慮事項等

❶の活動でできるだけ小さくなるときは、しゃがんで両膝を抱え込み丸くなる姿勢だけでなく、フロアに正座して胸と太腿を引き寄せ、頭を抱え込む姿勢もあることに気づけるようにする。様々な空間（個人空間・共同空間）で自分の身体の位置を理解できることは、空間関係に関する知覚の発達のみならず、視知覚の発達にも深く関与する大切な能力である。そして、「読み」「書き」などの教科学習の土台になるものでもある。

発展・応用した内容として

最も小さくなった姿勢から、身体を徐々に動かして最終的に大きな広がりのある姿勢でポーズをとる。そして、大きく広がった姿勢から最も小さい姿勢になるまで、徐々に身体を動かす。この活動は、「上行音階で大きくなり、下降音階で小さくなる」などのように、音楽を環境に取り込むことで、聴知覚のプログラムとしての意味も有することになる。

プログラム 76	共同空間の広がりを意識する

育てられる 運動属性	共同空間の理解、身体意識、問題解決能力、他者意識、ほか
対象等	保育園年長、小学校低学年、特別支援学校小学部・中学部
人数等	小グループ
使用する遊具	カラーロープ（10m を 4 本）

活動内容・展開

❶ フロアにカラーロープを貼りつけて、一辺が 10 mの四角いスペースを作る。

❷ 支援者は「友達にぶつからないように、この四角形の中で動きましょう」と促す。子どもは「ヨーイ、ドン!」の合図で、友達とぶつからないように四角形の中を思い思いに走る。

❸ 支援者が「止まれ!」と合図したら、その場でぴたりと止まる。さらに「1、2、1、2···」のかけ声に合わせて歩いたり、走ったり、止まったり、歩いたりを繰り返す。

❹ 四角形の中に、カラーコーンやブロック、ビーンズバッグなどを障害物として置く。子どもは障害物をよけて、友達とぶつからないように歩いたり走ったりする。

❺ 2 人 1 組で手をつなぎ、他のペアとぶつからないように障害物をよけて走ったり、止まったり、歩いたりする。

実施する際の 配慮事項等

　グループ活動で皆が自由に利用する空間を共同空間という。この活動のような、空間の中で他者にぶつからずに動く経験を通して、空間における位置関係を学習することができる。活動では、「人と人との関係」と「身体と物との関係」の 2 つを設定することが大切である。

発展・応用した 内容として

　2 人 1 組のあとに、3 人で、4 人で ··· と人数を増やして行うと、グループの空間がさらに拡大し、協調性や社会性につながる活動になる。友達と手をつなぐことに抵抗がある子どもも、フラフープを間にしてそれぞれがフラフープにつかまったり、1 本のロープに皆でつかまったりするなどの工夫で、抵抗感が軽減する場合がある。

9
創造性

プログラム 77	フロアパターンを意識して動く （移動中の方向転換）

育てられる 運動属性	共同空間の理解、方向性の意識、他者意識、ほか
対象等	小学校中学年・高学年、特別支援学校中学部
人数等	小グループまたは集団
使用する遊具	カラーコーン、タンバリン、カラーロープ

活動内容・展開

❶ フロアに曲線を描くように自由に歩く（滑らかなフロアパターン）。

❷ フロアに直線を描くように自由に歩く（直線的なフロアパターン）。支援者がタンバリンを鳴らして合図をしたら、直角に方向を変えて歩く。

❸ 高い姿勢（つま先で立ち、両手を上げた姿勢）や低い姿勢（腰をかがめて膝を曲げた姿勢）など、様々な姿勢で、滑らかなフロアパターンと直線的なフロアパターンを意識して歩く。

❹ 部屋の中央に、カラーコーンや椅子など目印になるものを置く。子どもは、常に目印に身体を向けた状態で様々な方向に歩く。

❺ 2人で向かい合ってフラフープを持ち、リーダーを決める。タンバリンが鳴ったら、リーダーが歩く方向を変え、もう1人はリーダーに従って歩く。3人でも同様に行う。

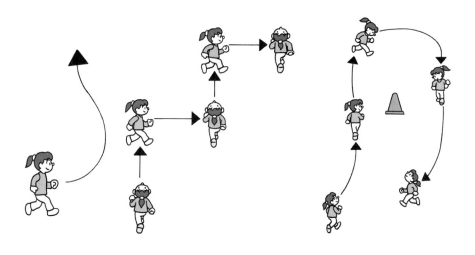

**実施する際の
配慮事項等**

　ムーブメント教育における動きの系列は、空間で方向を変えること、すなわち、前後左右、円やカーブ、ジグザグのように異なった形（フロアパターン）を描くように動くことで、様々に変化する。異なるフロアパターンを意識して動くことが困難な子どもの場合は、カラーロープを使ってフロアに動きのヒントになる線（S字やジグザグ線）を引き、それに沿って歩かせるとよい。

**発展・応用した
内容として**

　動きに、時間の要素（速度の変化）や重さの要素を加える。ゆっくりあるいは速く（急いで）滑らかなフロアパターンを描いて歩く、重々しく（力強く）あるいは軽やかに直線的なフロアパターンを描いて動くなどである。さらに、高い姿勢・低い姿勢など、姿勢の要素を組み合わせることで、動きのバリエーションが広がり、創造性の発揮につながっていく。

プログラム **78**	身体で思い思いに表現しよう

育てられる 運動属性	イメージする力、連合の機能、問題解決能力、他者意識、ほか
対象等	小学校中学年・高学年、特別支援学校中学部
人数等	小グループまたは集団
使用する遊具	カラーロープ（10 mを 3 本）

活動内容・展開

❶ フロアに、ロープを 3 m 間隔で平行に置く。

❷ 1 本目のロープから 2 本目のロープまで、2 本目のロープから 3 本目のロープまでのそれぞれに運動課題を設定し、子どもはそれを思い思いに表現する。

①1 本目から 2 本目は「雪が積もっている野原」、2 本目から 3 本目は「夏の砂浜」

②同様に「強い向かい風が吹いている」、「強い追い風が吹いている」

③同様に「夏（とても暑い）」、「冬（とても寒い）」

④同様に「とても重い荷物を背負っている」、「とても重い荷物を引きずっている」

⑤同様に「とても嬉しい気持ち」、「とても悲しい気持ち」

❸ 運動課題を子ども自身が考えて表現する。そのあとに、どんな事象について表現したのかを説明してもらう。他の子どもは、同じ事象を自分なりに表現したらどうなるかを考えて発表する。

⑨ 創造性

実施する際の配慮事項等

　提示する運動課題は、子どものムーブメントスキル（歩く、走る、ジャンプする、転がる、姿勢の変化、動く速度の変化など）や、イメージしたり表現したりする力の育ちに配慮して、スモールステップで考える。たとえば「ゾウになって」「ウサギになって」「鳥になって」「カエルになって」「赤ちゃんになって」「（腰の曲がった）おじいさんになって」「傘をさして」「車を運転して」など、具体的な事物の動きを表現する課題から始めるとよい。

発展・応用した内容として

　身体のみでなく、スカーフやムーブメントリボンなどのムーブメント遊具、風船や棒などの身近にある素材を加えて考える活動に発展させることで、自分の身体と物との関係を意識しながら、より豊かな表現ができるようになる。

10 社会性（情緒機能を含む）とは

社会性（情緒機能を含む）とは、「人」と「人」とのやりとりのつながりスキルであり、人間のかかわりが織りなす相互の結びつき行動の機能である。他者（相手）との間の「こころ」の意識が働くことで育まれる社会性は、情緒を含む機能であると捉えることも多い。そのため社会性は、人間のコミュニケーション能力の本質をなす機能といえ、子どもの発達や成長の流れの中で大きな役割を果たす。日頃の遊びや環境などの要素も含めて、社会性は子どもの持つ様々な感覚器官や運動器官、言語や思考にかかわる認知機能面、情緒機能面によって成立する。発達などで不利な状態にある子どもや、環境面で十分に恵まれていない子どもは、社会性スキルの発達や活用に制限を持つことが知られている。それだけに、工夫した教育や療育、豊かな環境のもとでの人的相互作用が必要となる。概してこれらの子どもたちは、多くの失敗と拒絶を経験し、不安や自己懐疑をいだいているとする研究もあり、そのために、彼らの情緒的な困難さが、学習や自己調整、自由巧みな動作における熟達を実質的に低下させてしまうのである。

社会性の支援に向けたチェック

❶ MEPA-R（ムーブメント教育・療法プログラムアセスメント）

MEPA-R には、運動・感覚、言語、社会性の3分野があり、発達年齢0か月〜72か月程度までが評定可能である。各分野での諸機能のつながりも把握でき、社会性の支援に通じる評定項目も平易かつ日常的な内容で、社会性支援プログラムも連携している。

❷ MEPA-ⅡR（重症児や障害の重い子どもの感覚運動、コミュニケーションアセスメント）

精緻な50項目の評定表、関連のムーブメントプログラムの中でのコミュニケーションアセスメントは、第1：自己内部要求、第2：自己外界要求、第3：自己循環要求、第4：自発的循環要求、第5：社会的循環要求の5つのステージに沿って構成されている。

❸ 小児自閉症評定尺度（CARS）

　CARS は、自閉スペクトラム症の行動評定尺度である。対象児の発達障害の状況を鑑別し、その程度などがどう偏移しているかを診断する。1) 人との関係、2) 模倣、3) 情緒反応、4) 身体の使い方、5) 物の扱い方、6) 変化への適応、7) 非言語コミュニケーションなどの内容は、自閉スペクトラム症だけでなく他の子どものコミュニケーション支援の手立てを考える上でも参考になる。

社会性を育てるために

　ムーブメント教育・療法によるプログラムは、基本的には（少人数であろうと）グループ活動という形態で展開する。人が集まって活動することで、「やりとり」が生まれ、そこに必然的に社会性を育むきっかけができる。他者の存在がプラスに働くことで社会的意識を持つ環境が整い、見物効果による学習もできる。プログラムの特徴は、大勢で励まし合い、楽しい活動で動く喜びを味わい、共感する能力を育むことにあり、伝統的な訓練などと異なる「人間尊重」（M. フロスティッグ）の理念がある。人は他者とかかわることを通して結びつきの力を生み出していく。また、大人（支援者）と子どもとの間に、興味のある環境（遊具）を媒介させることで、「大人－環境（遊具）－子ども」の 3 項関係が生まれ、社会性の機能がより育まれていく。

　支援者は、子どもたちの社会的・情緒的要求に寄り添ったプログラムを立案し展開することで、一方的な対応（命令）を避け、弱点が目立たない支援をすることが求められる。子どもが、ムーブメント教育で喜びや誇りを感じ、集団活動を通じて他人に対する社会的意識を育む状況を設定しなければならない。また、ムーブメントプログラムを通して情緒的満足状態が醸し出されるのは、内的報酬の提供と呼ばれる幸福感や、他人を満足させる喜びや、「動くこと」そのものの喜びや成功を経験することの感情に支えられるからである。

<table>
<tr><td>プログラム</td><td rowspan="2">ロープを使ってみんなでウェーブ</td></tr>
<tr><td>**79**</td></tr>
</table>

育てられる 運動属性	社会性、操作性、身体意識、他者意識、ほか
対象等	保育園年中・年長、小学校低学年、特別支援学校小学部
人数等	**グループ**
使用する遊具	**長ロープ（10m 程度のもの）、プレイバンド**

活動内容・展開

❶ 長ロープの両端を結びつけて輪にする。

❷ グループで輪にしたロープを両手（順手）で持ち、円になって座る。

❸ 音楽に合わせて、右（左）方向にロープを手繰って送ったり、ロープを上に高く持ち上げたり、下げて床につけたりする。

❹ 円のままロープを保持して、体重を後方に傾けて引いたり、前方に押し出したりする。

❺ 座位のままロープを順番に持ち上げながら、右（左）方向にゆっくり流れるように、みんなでロープを使ったウェーブを行う。

❻ 中腰の姿勢で、ウェーブがきたときに瞬時に立ち上がったりしゃがんだりする活動に発展させる。このような活動はスクワットの動きにもつながるので、筋力や敏捷性の育ちにも役立つ。

⑩

社会性

**実施する際の
配慮事項等**　　リーダー役の子どもを 1 人決めて、輪にしたロープの周りをその子どもが歩いたり、ゆっくり走ったり、反対側に歩いたりしながら、ウェーブの動きの目安となることで、タイミングが計りやすくなる。リーダーは交替していくとよい。隣の人や全体の動きを意識させることで、他者意識や社会性が育まれていく。

**発展・応用した
内容として**　　プログラム 90「大型パラシュートを使って」のように、長ロープの代わりに、大型（または中型）のパラシュートを使用したり、伸縮性のあるプレイバンドなどを使用したりすることで、違った動きや質感を体験することができる。

プログラム **80**	セラピーボールを使って I

育てられる 運動属性	社会性、敏捷性、身体意識、ほか
対象等	保育園年中・年長、小学校低・中学年、特別支援学校小・中学部
人数等	小グループ
使用する遊具	セラピーボールまたは G ボール

活動内容・展開

❶ リハビリテーションなどに使用するセラピーボール（G ボールの場合は、直径 60cm 程度で、ゴム製で弾力があり、子どもがボールの上に乗っても安全なもの）を使用する。

❷ 1 人がセラピーボールの上にうつ伏せ（腹ばい）で乗り、他の子どもがゆっくりと揺らす。乗る人と揺らす人の役割を交替して行う。支援者が適宜サポートし、ボールから転げ落ちたりしないように、安全面に十分配慮して行う。

❸ グループで円になり、セラピーボールを転がし合う。

❹ 慣れてきたら、1 人が円の中に入り、周囲の子どもたちはセラピーボールを転がして、中に入っている子どもに当てる活動を行う（プログラム 26「中当て転がしドッジボール」に準ずる）。参加する子どもの状態に合わせて、グループでルールを考えさせるとよい。

**実施する際の
配慮事項等**

　❸の活動では、セラピーボールを転がしたり避けたりする活動に慣れさせるために、はじめはゆっくりと練習させるとよい。ルールを考える際には、子どもの状態や発達段階などを考えて、たとえば、「中に入る人は 10 回連続して当たらなかったら交替する」「3 回までは当たっても交替しなくてよい」などのルールをグループで考えさせていくとよい。

**発展・応用した
内容として**

　人数が多い場合には、中に入る人を 2 ～ 3 人にして、的となる人を増やしたり、敏捷性や社会性の向上を考え、2 人または 3 人が 1 つのフラフープを両手で一緒に持ちながら、集団でセラピーボールを避けたりするなどの活動に発展させていくとよい。

⑩ 社会性

プログラム 81	セラピーボールを使って Ⅱ ～人間ボーリングゲーム～

育てられる 運動属性	社会性、敏捷性、操作性、身体意識、時間・空間意識、ほか
対象等	保育園年中・年長、小学校低・中学年、特別支援学校小・中学部
人数等	小グループ
使用する遊具	セラピーボールまたはGボール、ムーブメント形板、スペースマット

活動内容・展開

❶ グループで円になり、プログラム 80「セラピーボールを使って Ⅰ」の❸に準じて、みんなでセラピーボールを転がし合う。

❷ 2 チームに分かれて、セラピーボールを使った人間ボーリングゲームを行う。

❸ グループの実態に応じたルールを考えさせる。たとえば、「的になる人は、両足は必ず床面につけておかなければいけないが、膝から上はボールに当たらないように左右に動かしてもよい」など、子どもたち同士でルールを決めて行わせていくとよい。的の位置の目安として、形板やスペースマットなどを利用してもよい。

⑩

社会性

実施する際の
配慮事項等

　体育館やプレイルームなどの広い空間がある場所で行うことが適している。大型のセラピーボールは両手を使わないと上手く転がせないため、何回か練習してから行わせていくとよい。子どもの発達段階やセラピーボールを転がすスキルに合わせて、ボーリングの的（人）の位置や転がす距離などを検討することで、簡易で楽しい活動に発展させていくことができる。

発展・応用した
内容として

　セラピーボールの代わりに、少し小さめの柔らかいスポンジボールに替えて実施したり、質感のあるバレーボールに替えて、プログラム 26「中当て転がしドッジボール」などに発展させたりすることで、物的な操作性の向上につなげていくことができる。

プログラム 82 | 長ロープの形を崩さずに移動しよう

育てられる 運動属性	社会性、聴覚−運動連合、身体意識、他者意識、時間・空間意識、ほか
対象等	保育園年中・年長、小学校低・中学年、特別支援学校小・中学部
人数等	グループ
使用する遊具	長ロープ（10m 程度のもの）

活動内容・展開

❶ 長ロープの両端を結びつけ、輪にする。
❷ グループでロープの外側を持って立ち、円を形作る。
❸ 円の形を崩さないように、みんなで協力して、同じ方向に移動する。
❹ 広いグラウンドや体育館で実施する場合、移動する方向がわかるように、カラーコーンを目印に置いたり、リーダー役の子どもが素早く移動して目印となったりし、みんなで協力してその方向に移動する。
❺ 同様に、長ロープで三角形・四角形、星などの形をそれぞれ作らせ、その形を崩さないように移動したりする。

こっちです

⑩
社会性

実施する際の配慮事項等

　このプログラムでは、形を保てているかなど、周囲に気を配ったり、お互いに動きを調整したりしながら移動するため、他者意識や社会性の育ちを育むとともに、前方・後方・側方・斜めなどの様々な方向への移動のスキルを育てることができる。移動のスキルが弱い子どもに対しては、ゆっくりと取り組めるようにグループを構成し直すなどして、徐々に慣らせていくとよい。

発展・応用した内容として

　形を保って歩くことに慣れてきたら、少し速足で移動したり、中腰の姿勢で移動したりするなどの活動に発展させていくとよい。また、タンバリンを叩くリズムに合わせて動いたり、ゆっくりとした音楽に合わせて動いたりするなどの活動に発展させることもできる。

プログラム **83**	協力してトランポリンを跳ぼう

育てられる 運動属性	社会性、協応性、敏捷性、動的バランス、身体意識、他者意識、ほか
対象等	保育園年長、小学校低・中学年、特別支援学校小・中学部
人数等	個別または小グループ
使用する遊具	中型トランポリン、カラー体操棒、フラフープ

活動内容・展開

❶ 中型のトランポリンを使用し、10 まで数えながら順番に 1 人ずつ跳ぶ。
❷ トランポリンに 2 人一緒に乗り、お互いの動きやタイミングを上手く調整しながら跳ぶ。
❸ ❷と同様、トランポリンに 2 人で乗り、カラー体操棒やフラフープをそれぞれ両手で持ち合い、一緒に協力して跳ぶ。
❹ ❸と同様に、3 人で 1 つのフラフープを両手で持ち合い、協力してトランポリンを跳ぶ。

社会性

実施する際の配慮事項等

　　プログラム 46「小型トランポリンでジャンプ」に準じて、子どもの発達段階や運動スキルの状態に応じ、支援者が適宜、手を添えるなどの支援をしながら進めていくとよい。2 人で跳ぶ際には、お互いの距離感や跳び方（一緒に合わせて跳ぶ、交互にマットを踏みながら跳ぶなど）を調整することで、他者意識や社会性を育むことができる。また、トランポリンの周囲にはエバーマットを配置するなど、安全面には十分配慮して取り組む必要がある。

発展・応用した内容として

　　❷や❸の発展として、複数の子どもたちが跳べるように、トランポリンのマットの中央部分に（4 分割となるように）十字の形をビニールテープで貼りつけて、前後・左右に跳んだり、トランポリンを体育館やプレイルームの端に配置して、サーキット運動の遊具の 1 つとして取り入れたりしていくとよい。

<table>
<tr><td>プログラム
84</td><td colspan="2">## ムーブメントスカーフと
身近な遊具を組み合わせて</td></tr>
</table>

育てられる 運動属性	社会性、操作性、物的バランス、時間・空間意識、ほか
対象等	保育園年長、小学校低・中学年、特別支援学校小・中学部
人数等	2人または小グループ
使用する遊具	ムーブメントスカーフ、ビーンズバッグ、風船、スポンジボール

活動内容・展開

❶ 2人組でスカーフの両端を持ち、タイミングを合わせて、同時にスカーフを上下に振る。

❷ スカーフの上にビーンズバッグを1つ載せて、スカーフを上下に振り、タイミングを計りながら、ビーンズバッグを空中に飛ばす。

❸ 慣れてきたら、ビーンズバッグをできるだけ高く放り上げられるように、協力する。

❹ プログラム30「ムーブメントスカーフとボールを使って」の発展・応用した内容に準じて、2人組でペアになり、複数の列を作る。端のペアから順番に、隣のペアに向けてビーンズバッグを軽く斜め上に飛ばして、順々に渡していく。

❺ ❹と同様に、ビーンズバッグの代わりに風船などをスカーフの上に載せたり、柔らかいスポンジ製のボールを使用したりする。この活動では、重さや質感の違いを確認したり、重さに合わせて細かな動きを調整したりする力を育てることができる。

⑩
社
会
性

**実施する際の
配慮事項等**

　スカーフを持つ2人のタイミングを合わせるために「いち、にの、さん」「せーの」などの声かけをしながら行うとよい。保育園の年長や障害のある子どもに行う場合には、風船などを使用して動きに慣れさせた後、スポンジボールやビーンズバッグを使用した活動に取り組ませるとよい。スカーフの代わりに、長めのスポーツタオルなどを利用してもよい。

**発展・応用した
内容として**

　❹の活動の発展として、2人組で並んだ子どもたちが全員でスカーフの坂道を作り、それぞれ動きを調整して、スカーフの坂道の上を、風船を転がしていくなどの活動に発展させることができる。ムーブメント教育・療法では、できるだけ競争は排除することが望ましいが、小学校中学年の子どもたちであれば、複数のチームに分かれて、ビーンズバッグを順番に渡していき、どのチームが一番たくさんのビーンズバッグをゴール（最後の2人組）まで運べたかを競わせてもよい。

<table>
<tr><td>プログラム
85</td><td># ユランコに乗ってソリ遊び</td></tr>
</table>

育てられる 運動属性	社会性、創造性、協応性、動的バランス、身体意識、ほか
対象等	保育園年長、小学校低・中学年、特別支援学校小・中学部
人数等	小グループ
使用する遊具	**大型ユランコ**

活動内容・展開

❶ 牽引ロープをつけた大型のユランコの上に子どもが1人乗り、他の2人の子どもたちがそのユランコを引っ張る。

❷ ユランコの上に2人の子どもがペアになって乗り、複数（4人程度）の子どもたちが、そのユランコを引っ張る。

❸ 大型のユランコに子どもが1人乗り、角をそれぞれ4人の子どもたちが持ち、ゆりかごのようにゆっくりと左右に揺らす。タイミングを合わせてユランコを上下させたり、楕円を描くように水平に回転させたりしてもよい。メンバーを交替して行う。

❹ 乗る子どもは長座位になり、両手でユランコの周りについている布製の取っ手を掴み、4人の子どもたちはゆっくりと御神輿のように引っ張り、運んでいく。

⑩
社
会
性

**実施する際の
配慮事項等**

　ユランコに乗る際には、必ず周囲についている布製の取っ手を掴ませてから引っ張ることが大切である。掴まないと、上に乗っている子どもの姿勢が安定せずに、引っ張った反動で外に飛び出してしまったりする場合もあるので、安全面に十分配慮して行う必要がある。同様に、❸や❹の活動では、上に乗っている子どもがユランコに寝そべって揺れるときに、頭の方の高さが少し上になるように揺らしたり、子どもの表情を常に注視しながら行ったりすることに留意すべきである。

**発展・応用した
内容として**

　❶や❷の活動の発展として、安全面に十分配慮しながら、2つのチームに分かれてどちらのチームが速くゴールできるかなどのゲームに発展させてもよい。また、保育園の年長児や障害のある子どもに❸や❹の活動を実施する場合などは、子どもの好きな歌を周囲の大人が歌いながら実施したり、音楽に合わせてゆっくり揺らしたり、ピアノの生演奏に合わせて実施したりするとよい。

<table>
<tr><td>プログラム
86</td><td colspan="2"># みんなでムーブメント形板の島を渡ろう</td></tr>
</table>

育てられる 運動属性	社会性、創造性、視覚と運動の連合、動的バランス、時間・空間意識、ほか
対象等	保育園年長、小学校低・中学年、特別支援学校小・中学部
人数等	小グループ
使用する遊具	ムーブメント形板、スペースマット

活動内容・展開

❶ グループで協力して、海に浮かぶ島をイメージしながら、形板を床に並べる。
❷ スタートとゴールを決めて、形板の島から落ちないように 1 人ずつゴールまで渡る。
❸ 2 人でペアを作り、手をつなぎながら形板の島を渡る。
❹ グループで 1 列になって手をつなぎ、手を離さずに、形板から落ちないよう形板の島を渡る。

**実施する際の
配慮事項等**

　プログラム 55「ムーブメント形板の島渡り」を発展させたプログラムである。障害のある子どもの中には、人と手をつないだりすることが苦手な子どももいる。そのような子どもたちに対しては、たとえばフラフープあるいは短ロープを一緒に持って形板の島を渡っていくなど、あまり無理強いせずに、楽しく活動に参加できるように配慮していくことが大切である。

**発展・応用した
内容として**

　❷の活動では、創造性を育むために、形板を海に浮かぶ島としてイメージさせ、「形板を踏み外したら、海に落ちてしまうので、慎重に渡りましょう」などと声かけをして取り組ませるとよい。グループの発達段階に応じて、「四角い形板だけを渡りましょう」「ピンク色の三角の形板だけを渡りましょう」などの指示を出し、より難しい課題に挑戦させたりしてもよい。同様に、いくつかの形板に緑色のビーンズバッグを置き、「この島は木を植えたばかりなので、踏まないで渡りましょう」などとイメージを膨らませて取り組ませてもよい。

87 小型パラシュートを使って
～ポップコーン作り～

育てられる運動属性	社会性、創造性、操作性、時間・空間意識、ほか
対象等	保育園年中・年長、小学校低・中学年、特別支援学校小・中学部
人数等	グループ
使用する遊具	小型パラシュート（直径3m程度）、ビーンズバッグ

活動内容・展開

❶ パラシュートの周りに円になって座り、両手で上下に振り、軽く波立たせる。

❷ パラシュートの中にたくさんのビーンズバッグを投げ入れる。

❸ パラシュートを上下にリズミカルに素早く振って、ポップコーンを作る（フライパンの上でコーンが弾ける）シーンに見立て、みんなで協力してビーンズバッグを空中に放り上げる。

❹ 最後に、ポップコーンに見立てたビーンズバッグをパラシュートの外側にすべて放り出す。

社会性

実施する際の配慮事項等

　グループの子どもの発達段階や運動スキルに応じて、円座のままで行わせたり、パラシュートの上下の動きがより作りやすい立位の姿勢で行わせたりしてもよい。ビーンズバッグは柔らかい遊具の1つではあるが、保育園の年中児や障害のある子どもに実施する場合、顔に当たることを怖がる子どももいるため、支援者が適宜、子どもの近くについて、安全面に配慮しながら行わせるとよい。

発展・応用した内容として

　ビーンズバッグの代わりに、ボールプール用のプラスチック製のボールを使用したりすることで、質感の違い（パラシュートの上下動のしやすさなど）を感じ取ることができる。また、たくさんのボールプール用のボールを入れて、子ども1人がその中に入り、周りの人はゆっくりと波を立てるなど、パラシュートのボールプールの中を泳ぐ活動などに発展させてもよい。

プログラム **88**	# 中型パラシュートを使ってⅠ ~エアドーム作り~

育てられる 運動属性	社会性、創造性、操作性、身体意識、時間・空間意識、ほか
対象等	保育園年長、小学校低・中学年、特別支援学校小・中学部
人数等	小グループ
使用する遊具	中型パラシュート（直径 5m 程度）

活動内容・展開

❶ グループでパラシュートの周囲を持ち、立位でパラシュートを上下させ、風圧を楽しむ。

❷ 「いち、にの、さん」でパラシュートを大きく振り上げて、1 歩前（内側）に出て、パラシュートを床面で押さえ、パラシュートのエアードームを作る。

❸ あらかじめ指名された人が、そのドームをつぶしていく。

❹ ❷と同様に、皆がパラシュートの中に入り、床面（後ろ側）でパラシュートを押さえ、パラシュートのドームを作る（子どもたちはパラシュートの中に入る）。中に入った際に、お尻でパラシュートの端を押さえて、みんなで内側を向くとよい。

実施する際の配慮事項等

　❸の活動は、子どもの年齢や発達段階によって 1 人でつぶすことが難しい場合もあるので、複数人（2 ～ 3 人程度）でつぶすなど柔軟に対応していくとよい。また、エアードームなので、いきなりパラシュートに飛び込むと、怪我につながってしまうことも考えられる。慎重に周りから少しずつつぶしていくように声かけしたり、モデルを示したりしていくとよい。

発展・応用した内容として

　あらかじめ複数の子どもたち（5 ～ 6 人）がパラシュートの上に乗った状態で、「いち、にの、さん」でドーナツ型のドームを作る活動（ドーナツ型のエアードーム作り）に発展させていく。保育園の年長児や障害のある子どもの場合、パラシュートの反対側が見えることで安心して活動に取り組める。また、大きなエアードームの中（内）側に子どもたちが入り、外側から音（タンバリンや鈴など）を出し、その方向に向かって子どもたちがパラシュートから出ていく活動などに発展させていくこともできる。

プログラム **89**	# 中型パラシュートを使って Ⅱ ～波の中での遊泳～

育てられる 運動属性	社会性、創造性、操作性、筋力、身体意識、ほか
対象等	保育園年中・年長、小学校低・中学年、特別支援学校小・中学部
人数等	グループ
使用する遊具	中型パラシュート（直径 5m 程度）

活動内容・展開

❶ 子どもたちはパラシュートの外側を持ち、円になって座り、軽く波立たせる。

❷ 子ども1人がパラシュートの上に乗り、体育座りをする。外側の子どもたちはゆっくりとパラシュートを上下に振って波を立てる。

❸ パラシュートの中の子どもは、パラシュートの波を泳ぐ（腹ばい移動などの泳ぐ動作を行う）。

❹ ❸と同様に、複数の子どもたちがパラシュートの中に入り、波の中を泳いだり（腹ばい移動）、転がったり、四つ這いで移動したりする。

❺ グループを分けて、何人かがパラシュートの下側に入り、周囲の子どもたちはパラシュートを上下に振って、各自が風圧を楽しむ。グループで役割を交替して行う。

❻ パラシュートの上に子どもを1人乗せ、周囲でパラシュートを持ち上げてゆっくり上下に揺らす。パラシュートの下にはマットを敷くなどして、安全面に十分配慮して行う。

社会性

**実施する際の
配慮事項等**

　パラシュートは風圧が強くかかるため、保育園の年中児や障害のある子どもに❺の活動を実施する場合、支援者が1人、必ず内側（パラシュートの下）に入り、子どもたちの顔に直接パラシュートの布面が当たらないように配慮する必要がある。周囲でパラシュートを上下に振る活動は腰を中心に全身を使用する活動でもあるため、手指の筋力だけでなく、様々な動きのスキルが育てられる。

**発展・応用した
内容として**

　❹の活動の発展として、一連の活動後、周囲の子どもたちが「いち、にの、さん」でゆっくりとパラシュートを放し、パラシュートの中央の子どもたちを包み込む活動（パラシュートの茶巾寿司作り）に発展させてもよい。同様に、子どもたちを中央に立たせて、ゆっくりとパラシュートを放すことで、パラシュートの人間支柱作りなどの活動にも発展できる。こうした活動はみんなでタイミングを計る必要があるが、成功すると、ファンタジックな気持ちを共有できる。

プログラム
90

大型パラシュートを使って
~ファンタジーの世界~

育てられる 運動属性	社会性、創造性、操作性、筋力、身体意識、ほか
対象等	保育園年長、小学校低・中学年、特別支援学校小・中学部
人数等	グループ
使用する遊具	大型パラシュート（直径 7m 程度）、バレーボール

活動内容・展開

❶ 子どもたちはパラシュートの周囲を両手で持ち、軽く上下に振って波を立てる。

❷ パラシュートの上にバレーボールを 1 個載せる。子どもたちは、自身の身体や腕などを上手く操作しながら、協力してボールを右（左）回りに動かし、ボールがパラシュートの波の上を動いていくように、パラシュートのサーフィンを行う。

❸ プログラム 79「ロープを使ってみんなでウェーブ」に準じて、子どもたちはそれぞれ中腰の姿勢でパラシュートを持ち、パラシュートを使ったウェーブを行う。

❹ 床に広げたパラシュートの上に子どもたちを寝かせて、リラックスさせる。丸いパラシュートをピザの生地に、子どもたちをピザの具材に見立て、ペアの片方の子どもがもう片方の子どもの身体をマッサージする。最後に、ピザ窯に入れて加熱することをイメージさせ、自分の両手をこすり合わせて、他の子どもの身体に 5 秒間、触れ続ける。それぞれ役割を交替する。

❺ みんなで協力して、「いち、にの、さん」でタイミングよくパラシュートを空中に放り投げ、パラシュートの炎を作る。

社会性

実施する際の配慮事項等

　保育園の年長児や障害のある子どもに実施する際、大型パラシュートが大きすぎて上手く対応できない場合には、中型パラシュートで代用するとよい。❺の活動は、パラシュートを放すタイミングを合わせることが大切なので、「いち、にの、さん」で両手でパラシュートを上げたときに、「両手を同時にパッと放しましょう」などの指示を出すことで、手を放すタイミングが取りやすくなる。

発展・応用した内容として

　❺の活動は室内（プレイルームくらいの広さがあるとよい）で行う。また、この活動には中型パラシュートを使うとよい。タイミングが上手く合うと、天井にパラシュートが数秒間、きれいに吸いついて、ファンタジックな気持ちを体感することができる。

心理的諸機能とは

心理的諸機能とは、言語、より高次の認知機能、概念形成、視覚化、知的機能などの総称である。M. フロスティッグは、この心理的諸機能に対するムーブメント教育・療法の役割として、学校での教科学習にも直接的・間接的に寄与することを挙げ、言語教育や算数などの前教科学習のプログラムも作成している。子どもは2歳頃より自分の考えや感情を容易に伝える「ことば」を使い始めるが、それまでの伝達手段や活動がもっぱら直接的な身体の感覚運動に依存していたのに対し、この頃からの言語を介した概念形成や知的機能の発達は目覚ましい。ムーブメント教育・療法での多様な動きの体験により、動作語（動詞）が次々と広がり、「周りに」「前に」「横に」など空間的広がりの語彙、「ゆっくり」「速く」「止まれ」など時間にかかわる動きの概念、また見当識などの因果関係意識も形成される。ITPA 言語学習能力診断検査のほぼすべての項目とムーブメント教育・療法が連携できることも、学習障害児や言語発達遅滞児の支援者などには参考になる。また、ムーブメント教育・療法での多様な動きの経験により、将来の生きる力に必要な非認知能力（J. ヘッグマン）の発達も期待される。

心理的諸機能の支援に向けたチェック

❶ MEPA-R（ムーブメント教育・療法プログラムアセスメント）

発達年齢0か月〜72か月レベルを評価する、運動・感覚、言語、社会性の発達3分野で構成されたムーブメントプログラムアセスメントである。言語分野では「受容言語」と「表出言語」の発達や、その芽生えもチェックでき、特に言語発達の支援につながる他の機能との連携評定ができる。

❷ ITPA 言語学習能力診断検査

検査適用年齢の範囲は、3か月〜9歳11か月で、言語発達の諸側面（受容、表出、記憶、連合）について検査できる。プロフィールからは、言語発達が年齢相応か否か、どの水準に落ち込みがあるかなど、個人内差を捉えることができる。

❸ 概念形成・視覚化の評定（前算数教育に向けて）

1）同じ物を集めることができるか（集合）
- 様々な用具から決められた物を集める

2）同じ物を分けることができるか（分類）
- 遊具などを大きさ、長さ、色で分類する

3）形板での図形の仲間集め、形づくりができるか（構成）
- 大きさ、色を活かして形をつくる

4）ホールなどの空間での方向性・位置関係がとれるか（空間知覚）
- 前後左右の方向に歩く

5）数に合わせた動きができるか（聴覚運動連合）
- ボールを突きながら数を数える

心理的諸機能を育てるために

　ムーブメント教育・療法での「ことば」による支援は、いわゆる言語だけを取り出す方法でなく、動きを中軸に据えた生きたことばでの活動を特徴としている。発語を伴わないことばである内言（inner speech）の形成には、特に、ムーブメント教育・療法での豊富な活動プログラムが役立つ。動きや活動、遊具などの種類が増えれば増えるほど、動きのことば "ムーブメント言語" が発達する（S. ナビール）。

　また、概念形成の多くは、①時間や空間の概念、②力や抵抗の概念、③速度や重さなど活動に含まれる豊富な知覚運動の過程による累積的経験とともに発達し、新しい経験が加わるにつれて変化し豊かになる。聴覚的な刺激や視覚的な刺激は、動きを喚起し表現力を高めることに寄与し、その身近なものが音楽ムーブメント、ダンスムーブメントのプログラムである。このような楽しい運動で、学習能力に通じる諸機能が育まれるのである。なお、ムーブメント教育・療法はグループ活動が基本であり、この中でより質の高い個別支援を可能としている。これは、「人は人の真似をして行為が生まれる」という脳生理学の成果を個別指導に生かすことの意義を示唆している。

<table>
<tr><td>プログラム
91</td><td># フラフープの道を歩く
～いろいろな道を渡る～</td></tr>
</table>

育てられる 運動属性	ことばの理解、数量の理解、短期記憶、ほか
対象等	保育園年長、小学校低・中学年、特別支援学校中学部・高等部
人数等	小グループ
使用する遊具	フラフープ

活動内容・展開

❶ みんなで協力してフラフープの道を作る。

❷ スタートとゴールを決めて、順番にフラフープの道を歩いてゴールまで渡っていく。

❸ 一人ひとり、自由にフラフープの道を渡っていく。

❹ プログラム 55「ムーブメント形板の島渡り」に準じて、「赤と黄のフラフープだけを通って渡りましょう」や「スタートからゴールまでの間に、全部で 10 個のフラフープを通って渡りましょう」などと、色や数を意識した活動を行う。

❺ 発展として、「前に渡った人と同じフラフープの道を通って渡りましょう」や「前に渡った人と違う道を通って渡りましょう」など、記憶を想起できるような活動に発展させていく。

**実施する際の
配慮事項等**

　グループの子どもの年齢や発達段階に応じて、フラフープの数を増減させたり、色を限定して配置したり（たとえば赤と青だけを使用するなど）することで、子どもの実態に応じた心理的諸機能の力が育てられていく。❷や❸の活動では、子どもの自主性や主体性を育てるために、まずは自由に歩かせてから色や数の活動へと発展させていくとよい。

**発展・応用した
内容として**

　❹の活動の応用として、「スタートからゴールまで、いくつのフラフープを使って移動できるか」を各自で考えさせて取り組ませたりするとよい（数や推測の力の育成）。また、「赤いフラフープを通るときには片足立ちを 5 秒間行う。青いフラフープを通るときには、両手で床面を触る。白いフラフープを通るときには、その場で 3 回ジャンプする。」など、ことばの理解や記憶を想起させるような活動に発展させていくこともできる。

11
心理的諸機能

| プログラム 92 | # 新聞紙を使って
~音出しや紙吹雪づくり~ |

育てられる 運動属性	ことばの理解、創造性、操作性、身体意識、短期記憶、ほか
対象等	保育園年長、小学校低・中学年、特別支援学校中学部・高等部
人数等	小グループ
使用する遊具	新聞紙、パラシュート、大型ユランコ

活動内容・展開

❶ お腹や胸のあたりに新聞紙を 1 枚まとわせて、落とさないように歩いたり走ったりする。

❷ リーダー役の子どもが、1 枚の新聞紙を人に見立てて、その新聞紙をゆっくりと回転させたり、ジャンプさせたりする。他の子どもは、新聞紙の動きを、自分の身体を使ってまねて表現する。

❸ 新聞紙を縦にして、端の方からゆっくりとちぎっていく。ちぎっている間は、声を出し続ける（アーーーーー、イーーーーー、など）。身近な言葉（バナナ、チョコレートなどの食べ物など）を言いながら、新聞紙を細長くちぎらせる。子どもたちの好きな食べ物を自分たちで考えさせて、言葉に出させることは、表出言語の育ちにつながっていく。

❹ 新聞紙を細かく（2cm 程度に）ちぎり、紙吹雪を作り、パラシュートに載せて放り上げたり、手に束ねて放り上げ、雪のように舞わせたりする。

❺ 新聞紙の両端を 2 人で持ち、他の子どもが勢いよく走ってきて、その新聞紙を破って通り抜けていくゲームなどに発展させる。

実施する際の配慮事項等

　❶の活動は一般的な新聞紙 1 枚の大きさでは大きすぎる場合もあるので、子どもの身長や年齢、運動スキルの実態に合わせて、適宜小さくしたりして、大きさに変化を持たせていくとよい。大きい新聞紙をまとって走る方法と、小さい新聞紙をまとって走る方法の違いなどを体感させてもよい。

発展・応用した内容として

　❹の活動の発展として、牽引ロープをつけた大型ユランコと組み合わせて、新聞紙の紙吹雪を積もった雪に見立て、ユランコの上に子どもたちを乗せて、ユランコのそりで雪上をすべる活動などに発展させる。関連する内容として、紙吹雪を集めて大型のビニール袋に入れ、ビニール風船のようにして遊んだり、パラシュートの上に載せて放り上げたりする活動に発展させることもできる。

⑪
心理的諸機能

プログラム **93**	# 3つの動作を実行する 〜工夫した姿勢、移動〜

育てられる 運動属性	視知覚、短期記憶、静的・動的バランス、身体意識、ほか
対象等	保育園年長、小学校低学年・中学年、特別支援学校中学部・高等部
人数等	小グループ
使用する遊具	長ロープ（色つき）

活動内容・展開

❶ 複数の長さ・色のロープを床面の各所に配置しておく。

❷ スタートとゴールを決めて、ロープに触れないように移動させる。

❸ 長さや色を指定して、そのロープを渡らせたり、自分で考えて選択して渡らせたりする。

❹ 移動方法を各自で考えさせること（たとえば、以下の3つの動作：短く赤いロープは前歩きで、長く青いロープは後ろ歩きで、黄色いロープはカニ歩き（横歩き）で）は、短期記憶などの心理的諸機能のみでなく、自主性や主体性の育ちにもつながっていく。

❺ プログラム08「リーダーに続け」の発展として、リーダーを決めて、いろいろな身体模倣を行う。リーダーは3つの動作（たとえば、はじめは「片足立ち」の姿勢を取り、次に「その場でスキップ」を行い、最後に「その場で3回ジャンプ」をするなど）を連続して行い、他の子どもたちはリーダーの姿勢や動作を順番に想起しながら模倣する。

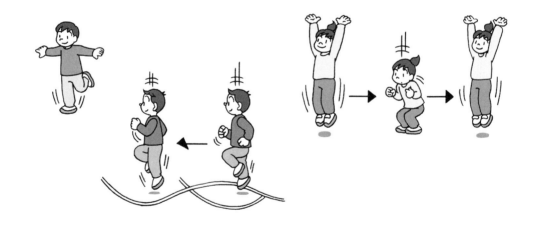

**実施する際の
配慮事項等**

❷や❸の活動を保育園の年長児や障害のある子どもに対して実施する場合、はじめは支援者がロープの色や移動の仕方を指示するなど、簡単で単純な動きから徐々に慣らしていくとよい。❺の3つの動作に関しても、まずは、2つの動作の模倣から始めていくなど、子どもの発達段階や動きのスキルに応じて、柔軟に対応していくことが大切である。

**発展・応用した
内容として**

❸や❹の発展として、床に置いたカラーロープの途中にビーンズバッグやスポンジ製の積木をいくつか配置しておく。子どもたちはその障害物を踏まないようにまたいで移動していく。後ろ歩きで行う場合などには、高度な動的バランスの力が育てられる。また、子どもの発達段階に応じて、❺の活動の発展として、動作模倣の数を少しずつ増やして取り組ませてもよい（4つ、5つなど）。

同じものを作ろう
～工夫した形づくり～

育てられる 運動属性	視知覚、操作性、図形の合成分解、ほか
対象等	保育園年長、小学校低・中学年、特別支援学校中学部・高等部
人数等	小グループ
使用する遊具	スペースマット（大・小）、パターンカード

活動内容・展開

❶ 大小それぞれのスペースマットを使い、複数のスペースマットの色や形の組み合わせを示した
パターンカードと同じ図形を作成する。

❷ スペースマットの色や形や大きさを考えることで、大きさや形（図形）の合成分解の力を育て
ることができる。

❸ 複数のグループで、どのグループが一番速く正確に完成させられたかなどを競わせてもよい。

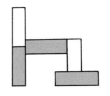
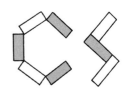

**実施する際の
配慮事項等**

　プログラム 57「パターンカードを手がかりに動く」の応用的なプログラムである。グループの実
態や発達段階に応じて、簡易なものからやや複雑なものまで、あらかじめ複数のパターンカードを
作成しておくとよい。体育の授業などで継続的に行う場合などは、一度、子どもたちの反応を確認
してから、あらためてパターンカードを追加したり修正したりしていくとよい。

**発展・応用した
内容として**

　❸の活動で完成したスペースマットの図形の上を歩いたり、色別、大小別のスペースマットの上
を移動（歩行）する際に、色や大きさを意識した指示を出して取り組ませたりするとよい（たとえば、
赤く小さいスペースマットの上では片足で立つ、緑色で大きいスペースマットの上ではその場で 1
回ジャンプするなど）。

<table>
<tr><td>プログラム
95</td><td>数字形板を使った数や形の学習</td></tr>
</table>

育てられる 運動属性	視知覚、数量の理解、短期記憶、ほか
対象等	小学校低・中・高学年、特別支援学校中学部・高等部
人数等	個別または小グループ
使用する遊具	数字形板

活動内容・展開

❶ 形板の数字の書いてある面を使用し、数字の順番などを意識しながら並べていく（「数字の書いてある面を使い、1から9まで並べてみましょう」などの指示を出す）。

❷ 数字の小さい方から大きい方に順番に数字形板の上を歩いていく。

❸ 答えが10までの数になるような数字形板を使った足し算や引き算の学習に発展させる（「3＋4はいくつかな」「9－6はいくつかな」など）。回答者は、正解の数字形板を選んで取り、答え合わせをする。

心理的諸機能

**実施する際の
配慮事項等**

❶の活動では、実際に数字を数えさせながら（数唱）、1～9までの形板を渡らせていくとよい。障害のある子どもたちに実施する場合は、具体物（ビーンズバッグなど）を操作しながら考えさせたりすることで、数や量の理解が深まっていく。

**発展・応用した
内容として**

❸の活動の発展として、10以上の数字形板を自作教材として作成して取り組ませたり、子どもの年齢や発達段階に応じて、足し算・引き算の他、かけ算、割り算などの四則計算の学習に発展させたりしてもよい。小学校中学年・高学年の段階であれば、子どもたちに問題を考えさせたりすることで自主性や主体性が育てられる。

<table>
<tr><td rowspan="2">プログラム
96</td><td rowspan="2"># 数字形板を使った神経衰弱ゲーム</td></tr>
</table>

育てられる 運動属性	視知覚、短期記憶、操作性、ほか
対象等	保育園年長、小学校低・中学年、特別支援学校中学部・高等部
人数等	小グループ
使用する遊具	数字形板

活動内容・展開

❶ 数字面を隠して（裏面にして）、数字形板を床に散りばめておく。

❷ トランプの神経衰弱に準じて、支援者がルールの説明を行う。

❸ 1 対 1 またはチーム対抗で、数字形板を使った神経衰弱（裏返しになっている数字形板を交替でめくり、同じ数字であれば自分のものになる）を行う。最終的に獲得した形板の数が一番多い人（チーム）が勝ちとなる。短期記憶の力が必要なゲームである。

実施する際の配慮事項等

　保育園の年長児や障害のある子どもたちに行う場合、子どもたちが関心を持てるようなイラスト（たとえば、子どもたちが関心のあるアニメのキャラクターなど）を描いた自作の形板を作成し、それを利用して神経衰弱を行わせていくとよい。

発展・応用した内容として

　市販の数字形板には三角形と四角形があるが、さらに青とピンクの色別になっているため、数や形だけでなく色の要素を含めることで、複数の属性（ピンクの三角の1、青の四角の6、など）を合わせる活動に発展させられる。自作教材であれば、より複合的な要素（形、数、色、大きさなど）を弁別する活動に発展させていくこともできる。

⑪ 心理的諸機能

プログラム 97	ビーンズバッグを使った仲間集め

育てられる 運動属性	視知覚、数量の理解、操作性、ほか
対象等	保育園年中・年長、小学校低・中学年、特別支援学校中学部・高等部
人数等	小グループ
使用する遊具	ビーンズバッグ、布製スコアーマット（90cm× 90cm）

活動内容・展開

❶ 床にビーンズバッグを散りばめておく。

❷ 色や形、数を指定して、それを集めさせる（「赤い丸を3つ集めましょう」「青の四角形を5つ集めましょう」「赤い三角形と青い丸を1つずつ集めましょう」など）。

❸ ❷の発展として、色や形、数などを意識させながら、どのグループが一番速く正確に仲間集めが行えるかを競わせるグループ活動としてもよい。

実施する際の配慮事項等

保育園の年中児や障害のある子どもに❷や❸の活動を実施する場合、一度に多くの内容（赤く丸いビーンズバッグを2個と青く四角いビーンズバッグを3個など）を提示するのではなく、たとえば、子どもたちに理解しやすい内容（「赤いビーンズバッグを2つ集めなさい」（色と数）などの簡易な仲間集め）から始めていくとよい。その後、色や形、数などを徐々に増やすなど、個人またはグループの実態に合わせて実施することが望ましい。

発展・応用した内容として

市販のビーンズバッグは、布製スコアーマット（壁にかけられるように紐がついている）がセットになっている。たとえば、はじめに壁にかけてあるスコアーマットにビーンズバッグを当てる活動を行い、その後、ビーンズバッグがくっついているスコアーマットから、指定した色、形、数のビーンズバッグをはがして集めるなどの活動に発展させてもよい。

心理的諸機能

プログラム **98**	ハットフリスビーを使ったゲーム

育てられる 運動属性	視知覚、数量の理解、時間・空間意識、操作性、ほか
対象等	保育園年長、小学校低・中学年、特別支援学校中学部・高等部
人数等	小グループ
使用する遊具	ハットフリスビー

活動内容・展開

❶ 市販のハットフリスビーを自由に投げる。

❷ 2 人でペアを組んで、フリスビーを投げ合う。

❸ 慣れてきたら、フリスビーをできるだけ高く放り上げられるように、協力して飛ばす。

❹ 2 チームに分かれて、各チームのエリア（ドッジボールに準ずるようなエリア）を決め、制限時間内にできるだけ多くのフリスビーを相手陣地に投げ入れるゲームに発展させる。制限時間は短め（30 秒から 60 秒程度）に設定するとよい。

❺ 終了後、数を数える活動として、各チームのエリアに入ったフリスビーを横に並べ、どちらのチームが相手エリアにより多く投げ入れたかを確認する。横に並べて比較することで、数や長さの比較も行える。みんなで一緒に数えるなど、数唱を意識した活動にも発展できる。

**実施する際の
配慮事項等**

　体育館やプレイルームなどの、少し広めの室内空間で実施するのが望ましい。市販のハットフリスビーには、粘着型の手袋が補助教材として用意されている。❷の活動などで、フリスビーを受け取ることが難しい子どもに対しては、この手袋を使用させることで、受け取る感覚やタイミングを身につけさせることができる。また、狙いを定めて水平にフリスビーを投げる活動に慣れるために、ビーンズバッグセットの布製スコアーマットなどを的として利用するとよい。

**発展・応用した
内容として**

　プログラム 97「ビーンズバッグを使った仲間集め」の活動に準じて、フリスビーを床面に散りばめる。支援者（またはリーダー）は、「青いフリスビーを 5 個と白いフリスビーを 3 個集めなさい」などの指示を出し、子どもたちがその内容を集める活動などに発展させてもよい。はじめは、簡単な指示（「赤いフリスビーを 2 個」など）から入り、徐々に難易度を上げていくことが望ましい。

⑪
心理的諸機能

ビーンズバッグを使った計算学習

育てられる 運動属性	視知覚、数量の理解、社会性、時間・空間意識、操作性、ほか
対象等	保育園年長、小学校低・中学年、特別支援学校中学部・高等部
人数等	小グループ
使用する遊具	ビーンズバッグ、フラフープ、ハットフリスビー

活動内容・展開

❶ フラフープを的にした輪投げ形式のゲームを行う。

❷ フラフープを床面に配置し、赤は 5 点、白は 3 点、青は 1 点などのルールを考える。投げる位置から遠くなるほど得点が加算される形式を取るとよい。チーム対抗で、ビーンズバッグをフラフープに投げ入れて得点を競うゲームへと発展させていく。たとえば、「1 人 3 個までビーンズバッグを投げられる」などの基本的なルールを決めておくとよい。

❸ チーム対抗で合計得点を出したり、数をかけ合わせたり、どのチームが一番得点を取ったかなどを比較したりすることで、基礎的な四則計算（特に足し算とかけ算）の学習にも活用できる。

**実施する際の
配慮事項等**

　ビーンズバッグの代わりにハットフリスビーなどを使用してもよい。自分たちで得点やルールを考えたりすることで、自主性や主体性が育てられる。事前にビーンズバッグを投げ入れる練習を何回か行わせてから取り組ませるとよい。❸の活動では、各チームで集計係や記録係を決めて取り組ませるとよい。ホワイトボードなどを利用して、記録を表示できるようにしておくと、得点の経過が分かり、より高い得点を出すためにチャレンジしたり、安全策を考えてより得点しやすいフラフープを選択したりするなど、チームとしての戦略を検討することができる。

**発展・応用した
内容として**

　ルールを話し合わせる際には、投げる位置から的となるフラフープまでの距離などを考えさせて、各チームの代表者で相談することが望ましい。また、より難易度を高めるために、ビーンズバッグの色や形で得点の違いを検討させてもよい（たとえば、赤いフラフープに赤いビーンズバッグが入った場合は得点が 2 倍になるなど（かけ算の学習にもつなげられる））。

心理的諸機能

プログラム
100 | 数字プレートを使った四則計算

育てられる運動属性	視知覚、数量の理解、短期記憶、社会性、身体意識、ほか
対象等	小学校低・中・高学年、特別支援学校中学部・高等部
人数等	小グループ
使用する遊具	数字プレート（1 〜 10 の数字と加減乗除の記号（+−×÷）が書かれた自作教材）

活動内容・展開

❶ 数字プレートを作成し、数量の概念学習を行う。

❷ リーダー役の子どもが数字プレートの上（数字が記している箇所）に立つ。他の子どもたちは、リーダーが立った場所に記された数（3 であれば 3 回）だけ、その場でジャンプする。

❸ 支援者（またはリーダー役の子ども）は 2 つの数字を伝え、指名された子どもは、その 2 つの数字に各自の身体部位を 1 か所ずつつけるというゲームに発展させる。こうした活動は身体意識の育ちを促していく。

❹ 支援者（またはリーダー役の子ども）は、解答が 10 までになる簡単な加減乗除の計算問題を出題する。指名された子どもは、正解と考えられる数字プレートの上に立つ（たとえば、「2+3 は?」「6-3 は?」「2 × 2 は?」など）。最後はみんなで答え合わせを行う。

実施する際の配慮事項等

　数字プレートは布製のシートや段ボールなどを利用して作成できる。たとえば、市販のブルーシートの上に布テープをマス目状に貼りつけて外枠を作成し、その中に 1 〜 10 の数字や加減乗除の記号を、布テープを加工して描くことで、比較的簡単に作成することができる。❸の活動では、子どもの安全面を考慮して、あらかじめ人数を制限して行わせるとよい。

発展・応用した内容として

　❸の活動の発展として、数字プレートの代わりに、スペースマット（大）を利用して、同様の活動を行わせてもよい。数字プレートは、1 〜 10 程度の数に限定されがちになるが、スペースマットであれば、より大きな数を指定してマット上に数字を貼りつけておくことも可能である。また、椅子取りゲームの形式で、「リーダーがタンバリンを叩いた数の数字が書かれているスペースマットにみんなで入る」などの活動に発展させていくこともできる。

⑪
心理的諸機能

Part

第3部

事例・実践編

9 地域支援に生かす ムーブメント教育プログラム活動例

ムーブメント教育で紡ぐ 子どもと家族と地域のつながり

事例 1

Ⅰ　はじめに

　対象地域は、日本海に面した青森県のN町です。人口は1万人足らずで、人口減少や少子高齢化が進む町でもあります。医療、保健、福祉、教育など子育てにかかわる支援リソースが少ないこの地域では、子どもと家族が安心して過ごすための支援を十分に得ることは容易ではありません。核家族化及び夫婦共働きが多くなってきたこともその要因の1つと考えられます。

　N町の障害児親の会「手をつなぐ親と子の会、にじいろのたね」は、「障害のある子どもの保護者が集い、情報交換をしたり不安や悩みを語り合ったりする場がほしい」という数名の保護者と町の保健師の願いから1995年に始まりました。その後、1999年に「にじいろのたね」が会として正式に発足しました。「にじいろのたね」は、絵本「そらいろのたね」からの命名でした。子どもたちは、それぞれ可能性という「たね」を持って生まれてきます。その個性を生かし、子どもたちがそれぞれの「にじいろの花」を咲かせられるよう育てていこうという思いが込められています。おもな活動内容は、年1回の総会と月1回程度の定例会の開催です。また、本会への支援事業の一環で、町の福祉担当課が「のびのびクラブ」として講演会などのイベントを年1回企画・開催してきました。

　筆者（当時特別支援学校勤務）は、2006年より本会にボランティアとして参加し、障害にかかわるテーマでの講話や会員との座談会を担当し、家族の不安や悩みの解決のために相談活動に取り組んできました。2015年からは、年1回の講話による研修会と毎月1回程度の個別相談会を行ってきました。2013年頃には、毎月の相談会に参加する子どもと保護者は5組程度でしたが、2018年以降は10組前後が参加するようになりました。

　ここで具体的な活動内容を紹介します。毎月の開催日までにボランティアの保健師がLINEを通した会員とのやりとりで個別相談会の出欠や子どもの様子を把握し、筆者に情報提供することで、子どもと保護者のニーズの把握に努めています。当日は、会を運営する先輩保護者と、参加している保育園や小中学校在籍の児童生徒の母親などが、それぞれオープンに語り合い、日頃の悩みや子育てにかかわる情報交換を行っています。また、保健師が前日までにニーズを把握し調整した順に、筆者が子どもと保護者を対象に1組30

分程度の個別相談（ニーズに応じて個別ムーブメント教育も実施）を行い、その後、複数の幼児、児童、保護者、ボランティアとともに１時間程度のムーブメント教育を行っています。

　相談は発達障害や学校不適応に関する内容が多く、「子どもの気になる行動と学びへの対応」「子どもの発達を促す対応」や、「不登校となった子どもへの対応と今後の学校とのかかわり」「高校退学後の引きこもりへの対応」などが、おもな相談内容です。現在会員は、保育園児から成人までの子どもとその保護者10数組で、幅広い年齢層にわたっています。

２　地域障害児親の会「にじいろのたね」におけるムーブメント教育

［１］楽しいこと、好きなことが見つかった（フラフープ・ムーブメント）

　小学校３年生のAさんは、自分の意に反する周囲からの言葉や対応に対し、すぐに興奮して落ち着かなくなることがありました。周りの人を含めた環境からの影響を受けると、自分の気持ちや行動を調整することが難しくなるものと推察されました。しかし、ムーブメント教育の場面では、そうした様子を見たことがありません。いつも目にするのは、遊具を用いたすべての活動に全力で取り組み、笑顔で楽しむ姿です。中でもAさんはフラフープが大好きです。ケンパでは自主的に難易度を高めるようにフラフープを配置し、リズミカルに速く跳ねることに挑戦し、楽しみ、満足しています。フラフープの並びを瞬時に把握し、自身の姿勢や体の動きを調整してテンポよく跳ねることができるようになりました。

　筆者は教育支援委員会委員として町内の小学校や保育園などを訪問しており、訪問時、Aさんは図画工作で作品作りをしていました。思うように進まず声のトーンが高くなりかけましたが、自ら担任に制作の助けを求め、その後落ち着いて取り組むことができました。また、他の教科などにおいても状況を変えようと行動するようになっています。そして、最近では家庭からも興奮して落ち着かないという話を聞かなくなりました。

図1　一緒に体を動かして楽しもうよ

［２］手本となる子とのペアで楽しく参加する（フラフープ・ムーブメント）

　Bくんは、集団の中で活動に参加することが難しい５歳の男の子で、活動に参加させようとしてもその場からよく逃げていました。ある日、いつも集団から離れてしまうBくんのお世話をしてくれるAさんとBくんの２人だけで活動する機会がありました。フラフー

プをケンパで跳ねるＡさんの様子をじっと見ていたＢくんが、突然自分から「ケンパ、ケンパ・・・」と言って、ゆっくり1歩ずつフラフープの中に足を入れ、最後の輪くぐりも四つ這いになってくぐることができました。Ｂくんは、最後までやり通すことができ、皆から拍手をもらって笑顔となりご機嫌でした。それ以降は、遊具を出すと自分から取り組むようになりました。

　周りに年長の活発な子が多くいたり、順番待ちで活動がすぐにできなかったりすると、刺激が多かったり見通しが持てなかったりしてＢくんのように活動に参加できない子もいます。Ｂくんが今では集団場面でも他児と一緒に楽しく活動していることから、最初の活動場面では少人数でわかりやすい環境を設定することや、優しく接し手本を見せてくれる関係性のよい子どもとペアで活動する場面を設定することが、Ｂくんのような子が楽しく活動に参加するきっかけとなると考えます。

［3］お母さんとロープで動きを伝え合う（ロープ・ムーブメント）

　子どもに好きな色のロープを選んでもらいます。子どもは掴んだロープを自由に動かし、その動きを見て楽しみます。お母さんは対面でロープの片端を掴んで、子どもが動かすロープの動きに合わせて、「小さい波」（小さな左右の動き）、「大きな波」（大きな左右の動き）と言葉を添えて子どもと同じ動きをつくります。最初は子どもの手の動きに合わせるようにお母さんも手を動かし、ロープの動きを楽しみます。慣れてきたらお母さんから、「小さいお山」（小さな上下の動き）、しばらくして「大きなお山」（大きな上下の動き）と言って、ロープの動きを変えて見せます。子どもが、掴んでいるロープを上下の動きに合わせて動かすようになったら、「お山ができたね！」などと言って、ロープの動きを言葉で共有します。子どもの理解に応じて、ロープの動きをオノマトペで表現したり、動きが示すイメージを言葉で表現したりすることで、ロープの動きと言葉を連合させて活動を楽しめます。

図2　ほら、ロープの波だよ

図3　波が来た、「ぴょーん」とはねるよ

[4] ロープで絵を描こう（ロープ・ムーブメント）

　操作しやすいロープを用いて、大きなキャンバス（床面）に全身を使って形を描きます。小学3年生のCさんは魚の「マンボウ」をイメージして描きました（**図4**）。最初は何を描こうかイメージが浮かびませんでしたが、お姉さんが描いた「えさを食べる魚」（**図5**）を見て「マンボウ」を描くことに決めました。紙に絵を描くことは経験していますが、ロープで広い床面に形を表現する場合には、より具体的に描く対象をイメージし、そのイメージを保持しながらロープを操作する必要があります。子どもが持つイメージを固定化せず、のびのびと自身の思いを自由に表現する力を育てたいと考え、この活動に取り組んでいます。

図4　「マンボウ」できたよ　　　　　　　　　　　図5　えさを食べる魚

[5] よく見てバランスをとって歩こう（サーキット・ムーブメント）

　バランスストーンやビーンズバッグ、ロープを使って道をつくります。バランスストーンは1本道に、ビーンズバッグとロープは平行に並べて道幅をつけたり、曲がりくねった道にしたりします。落ちないように慎重に一歩一歩進む子や、バランスストーンやビー

図6　お手玉落とさないで、ゆっくり　　図7　お山いっぽいっぽ気をつけて　　図8　はやく走って、輪を入れよう!

ンズバッグの上を跳ねて渡ったり、1本のロープの上を後ろ向きに歩いたりする子もいます。また、手のひらや頭、肩にお手製のドラえもんお手玉を載せて落とさないようにゴールまで運んだりもします（p.181 **図6**）。子どもたちが真剣に慎重になる瞬間です。このムーブメントでは、遊具を見て空間における遊具の位置や高さと自身との関係を把握して脚を運んだり、片脚で体を保持して交互にバランスをとりながら歩いたり、これらに加えて頭や肩、手のひらに置いたお手玉を感じながら、落とさないようにバランスをとりながら歩いたりします。こうした「ワクワク、ドキドキ」感が喜びと達成感をさらに高め、次の活動への意欲につながります。

［6］みんなでパラシュートを動かそう（パラシュート・ムーブメント）

　パラシュートは、子どもたちが1番楽しみにしている活動です。柔らかい感触、優しい肌触り、明瞭な色彩が子どもたちを引きつけます。パラシュートを掴んで直接動きを伝えることで、子どもたちはいろいろな動きを見せてくれます。また、集団で輪になり、お互いの顔が見える位置で活動できることも楽しさをアップさせます。「にじいろのたね」の活動では、この楽しみをその日の最後の活動として位置づけています。

　パラシュートでは、「上に！」「下に！」のかけ声に合わせて、皆で力を合わせて上下させます。そして、「右に！」「左に！」のタンバリンの合図でパラシュートを張って左右に動かします。また、パラシュートに載せたビーチボールや風船を落とさないように、パラシュートを上下に傾けたり左右前後に動かしたりして調整します。終盤は、子どもをパラシュートの真ん中に乗せて、1人10回ずつ上下方向の動きを楽しみます。体が宙に浮く感覚が心地よく、笑顔が広がります。

　終わりに、皆で1から5まで数えて、5でパラシュートを上に放します。皆の放すタイミングが合うと、パラシュートは天井にピタリとしばらく貼りつきます。最初はタイミングが合わず天井に貼りつくことはありませんでしたが、繰り返すうちに皆で放すタイミングを合わせられるようになり、パラシュートが天井に貼りつくようになりました。

　パラシュートでは、子どもたちが合図や他者の動き、動かすタイミングを意識して合わせられるようになることや、パラシュートに乗って上下・左右などの揺れ感覚を味わうことなどをねらいとし、親子で一緒に活動し喜びを共感しながら、活動を楽しんでいます。

図9　パラシュートでお山をつくろう　　図10　「上に、下に」ふうせん落とさないよ　　図11　体がふわふわした感じ！ 気持ちいい！

3 N町福祉担当課と「にじいろのたね」共催の「あそぼう会」

2019年10月に小林芳文先生をお招きして、N町内の保育園児から小学校低学年の子どもとその保護者及び会員、合わせて20数組が参加して公民館ホールでムーブメント教育「あそぼう会」を開催しました。「にじいろのたね」の保護者、保健師、大学生他ボランティアが準備・運営に当たり、「にじいろのたね」のある保護者の息子さん（地域に住む障害のある方）もボランティアとして会のお手伝いをしました。

毎月の「にじいろのたね」のムーブメント教育は10名ほどの参加ですが、「あそぼう会」は、全体で50名を超える集団での活動となりました。子どもと保護者がペアとなって協力して取り組むムーブメントでは、ロープを道に見立てて、お手玉を肩の間に挟んだり頭の上に載せたりして、手をつないでゴールまで運びます。2人が動きを合わせて協力することで達成感が味わえ、より絆を深めるムーブメント教育を体験することができました。

図12　お手玉を頭に載せてゴールまで　　図13　スカーフでビーンズバッグを上げるよ　　図14　輪になって踊ろう

4 まとめ

近年多様性を認め合い、障害のある子どもも障害のない子どもも地域でともに生きるインクルーシブ教育システムの構築や共生社会実現に向けての取り組みが行われています。「にじいろのたね」の活動やN町福祉担当課との共催のムーブメント教育を、N町や地域のボランティアの皆さんが協力して応援し、障害のある方もない方も地域を支える主体となり活躍できる社会が、地域文化として醸成されていくことを願っています。「ムーブメント教育」が、その願いを紡いでいく役割を果たしてくれるものと考えています。

（敦川真樹）

●引用・参考文献

小林芳文、大橋さつき（2010）『遊びの場づくりに役立つムーブメント教育・療法』明治図書出版.

小集団の中で個の発達を支える
ムーブメント活動

事例2

▮ 涸沼キッズについて

　涸沼キッズは、茨城県東茨城郡茨城町にある社会福祉法人茨城補成会が運営する障害児通所支援事業所です。おもに知的障害児・発達障害児の支援を行っています。敷地内には障害児入所施設、児童養護施設、子育て支援センターなどの児童福祉関連事業の他、障害者支援施設や就労支援事業なども展開し、地域の中核施設としての機能を果たしています。

　障害児通所支援を担当している涸沼キッズでは、発達が気になる子どもに関する様々な相談に応じ、成長を促すための療育活動を行っています。その活動の一環として、2012年の設立当初から取り組んでいるのがムーブメント活動です。ここでは、これまで取り組んできたムーブメント活動や活動への考え方について紹介します。

② ムーブメント活動の実施方法

　当事業所でのムーブメント活動は3つの方法で展開しています（**図1**）。

　1つ目は通所による活動です。これは、児童発達支援（未就学児対象）や放課後等デイサービス（就学児対象）として涸沼キッズに通所してもらい、療育活動の一環としてムーブメントに参加する方法です。2つ目は訪問による活動です。家族の就労や様々な事情により通所することが困難な子どもに対して、保育所や幼稚園、学校などに支援者（訪問支援員）が訪問し、保育所等訪問支援によるムーブメントを行っています。3つ目は、サテライトによる活動です。乳幼児1歳6か月検診や3歳児検診などの事後フォロー体制の一環として、自治体と連携し、公共施設の1室を借用して「涸沼キッズサテライトゆうゆう」という親子遊びの教室を行っており、その中でムーブメントを取り入れています。

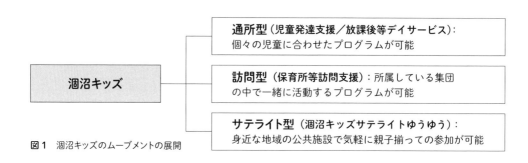

図1　涸沼キッズのムーブメントの展開

❸ 支援する上で大切にしていること

　活動は、児の成長に合わせた基本ムーブメントプログラムを設定しています（**表1**）。このプログラムにおいて、支援者は以下の3点を意識して支援にあたっています。

　1つ目は、児童が課題に慣れた状態でスムーズに取り組めるよう、同じ活動を繰り返し行うことです。特に成功体験のある課題は、自信をもって取り組みやすいという利点があり、積極的に取り入れるようにしています。これには、児童の成長度合いを把握しやすいという支援者側の利点もあります。2つ目は、課題の順番を概ね一定にすることです。毎回同じ流れがあると「次はビーンズバッグかな」「パラシュートの次はご挨拶かな」と活動の見通しが持ちやすくなり、より安心して参加できるようになります。3つ目は、個人の課題や関心に合致した活動内容とするべく、多面的なアセスメントを行った上で実践す

表1　涸沼キッズで行っている基本ムーブメントプログラム（抜粋）

活動（指導）内容	活動のねらい	配慮事項等
① フリームーブメント	自主性、自発性	遊びの様子から気分や調子を把握する。
② 集合・挨拶	社会性、自発性	視線や声、手の動きに注意する。
③ 電車で出発！ ユランコに乗ってホール内を回る	抗重力姿勢の保持、静的バランス、前庭感覚	持ち手を掴めるように促す。姿勢を崩さないように速さを調整する。
④ いろいろな道を渡ろう 〜バンザイジャンプ	動的バランス、空間意識、視覚─運動連合、前庭感覚	支援者によるモデルを提示する。渡りきったら全員で拍手する。
⑤ 色合わせゲーム＆お使いごっこ 〜ユランコブランコ	空間意識、視知覚、聴知覚、短期記憶、前庭感覚	ビーンズバッグの手渡しはタイミングに注意する。達成したら全員で拍手する。
⑥ ビーンズバッグ載せ	姿勢能力、身体図式、静的バランス、時間意識	カウントは児の姿勢能力に応じて速さを調整する。
⑦ トランポリン活動	動的バランス、時間意識、空間意識	時間を意識できるようにタイマーを使用する。
⑧ 走行ムーブメント	移動能力、時間意識、空間意識、社会性	音楽のリズムに合わせて動く。様々な動きを取り入れる。
⑨ 動作模倣活動	身体概念、時間意識、ハプティック知覚	児が模倣しやすいようにモデルの動きを調整する。
⑩ ロープダンス	協応性、物的バランス、時間意識、社会性	音楽のリズムに合わせて様々な操作を行う。
⑪ パラシュート	時間意識、空間意識、前庭感覚、社会性	安全に配慮しながらダイナミックな動きを強調する。
⑫ 集合・挨拶	記憶の再現、自主性	活動の振り返り、総括を行う。

※適宜自由遊びやトイレ、給水、給食などを挟んで取り組んでいます。　　　　　　表は筆者が作成

ることです。たとえば、平均台を歩くという課題をとっても、歩幅を小さくしてゆっくり両手でバランスをとりながらの成功なのか、通常の道と同じ程度の速さで物怖じせずに歩いての成功なのかでは、大きな差があります。そのため、MEPA-Rはもちろんのこと、参加時の調子や遊びの趣向など、多面的にアセスメントを行います。また、個々の活動は変化をつけて繰り返すことで、児童もチャレンジ意欲を持って取り組めるようにしています。

基本ムーブメントプログラムでは、フリームーブメントや遊びの中で児童が意欲的に取り組んでいる内容を取り入れつつ、児の身体スキルを考慮することを心がけています。また、個別発表などによりパブリックな成功体験に引き上げ、活動やコミュニケーションなどの意欲を高めて、家庭や保育園などの集団で般化できることを目標としています。

④ 実践の紹介

ここでは、涸沼キッズで取り組んでいる基本プログラムの一部について紹介します。

[1] 集合・挨拶

参加する児童は、言葉の有無1つをとっても発達段階は様々です。毎回呼名を行い、ハイタッチをすると、日によって反応に微妙な変化がみられ、その日の児の調子が大まかにわかるようになります。ここで心がけているポイントは2つあります。1つ目はフルネームで呼名することです。それは、フルネームで呼名される経験のない児童が案外多いからです。家庭での生活では名前で呼ばれるのが普通なので、フルネームで呼ばれることに慣れることが大切だと考えます。2つ目は、タッチの際に児童からのアクションを待つことです。児童からの反応が弱い場合、児の手にぎりぎりのところで支援者が手を広げて待つようにします。児はもう少しで届くという気持ちになるため、反応を返しやすくなり、自発性を大切にすることができます。

[2] 電車で出発!

図2　ユランコ電車で出発!

音楽に合わせて、個別にユランコに乗ります（図2）。毎回スピードや曲がり方などに変化をつけていきます。涸沼キッズでは「成功体験の積み重ね」を大切にしているため、導入課題を参加しやすい活動にすることで、動きの未発達な児童もそうでない児童も皆同じように「成功できた」という実感を持てるよう配慮しています。たとえば、座位姿勢が保てるようになった段階の児であれば、ユランコの上で座位姿勢をとらせ、バランス姿勢の保持に負荷がかからない程度にゆっくりと引いてあげることで、

バランスをとれたという成功体験を得ることができます。また、身体運動が得意な児においては、自ら重心を移動させながらバランスをとれるように、支援者がスピードや曲がり方を意図的に設定することで成功体験に導いています。

[3] いろいろな道を渡ろう

フラフープやラバーリング、スペースマットなどの遊具をフロアに配置して道を作り、その上を歩いていきます（**図3**）。個々の児に合わせてゆっくり歩いたり、ジャンプや片足ケンケンで進むなど支援者がモデル提示をしたり、児が自ら考えて進むように指示したりするなど、移動方法を提示して取り組むようにしています。

図3　ラバーリングの道渡り

実際にあったエピソードとして、ラバーリングに対して消極的な児童がいましたが、活動への関心を高めるために、児童用の課題とは別に支援者がラバーリングの道を半回転しながら進む（前を向いた状態から、ジャンプで前に進む際に身体を捻って後ろ向きになる）という高度な動きを示したところ、児の好奇心を刺激し、児も半回転捻りにチャレンジして成功できたことがありました。このように、児は支援者の見立て以上の動きを示すこともあります。

また、保育所等訪問支援の際、ラバーリングやスペースマット、形板などを複合して利用し、対象児や他児に対して「道になるように置いてごらん」と提示することで、対象児と他児は協力しながら道づくりを行います。はじめは個々の児が自由気ままに配置して途中で道が切れてしまうこともありましたが、「どうすればつながるかな」と問いかけることで、各々の遊具の空間を調整するなど、考えながらムーブメント環境を作ることができました。道を渡り切ってゴールに到着したら、支援者が称賛するとともに児を高く持ち上げてバンザイをしてあげます。ここでのポイントは、児童が好む活動かつ他者に協力してもらわないとできない活動をすることで特別感を出すことです。

[4] 色合わせゲーム＆お使いごっこ

ハットフリスビーやビーンズバッグは赤、青、黄、緑、白の5色になっているので、涸沼キッズでは、フラフープや他の遊具も可能な限り同じ5色に統一して取り揃えるようにしています。そうすることで、色合わせなどのマッチング課題を設定することができます。「同じか否か」は視覚的にわかりやすい課題であるため、特に自閉スペクトラム症の児には理解しやすい課題となります。

色合わせゲームは、ラバーリングやハットフリスビーとビーンズバッグを組み合わせて行っています（p.188 **図4**）。児の発達課題に合わせて、ビーンズバッグを1個ずつ渡したり、複数個ずつ渡したりします。また、同じ色のハットフリスビーを探す際にも、視野

図4　色合わせゲーム

図5　ブランコ遊び

や集中力に配慮して児の視界に入っている色を提示したり、ポインティングなどの手がかりを入れることから始める場合もあります。ハットフリスビーでは、1個の提示から10個以上の提示まで児の発達課題に合わせています。

　お使いごっこでは、はじめに10個程度のビーンズバッグをホールに点在させます。児には「お使いをお願いします」と言って、指導者の指定した色のビーンズバッグを持ってきてもらいます。児の発達課題に応じて「赤と青を持ってきて」「赤、青、黄、緑を持ってきて」など、数を変えていきます。また、受容言語が十分発達していなくても、「黄色をお願いします」などの言葉での教示と一緒に、支援者が持っている黄色のビーンズバッグを一瞬だけ示し、児が持ってきたときに正解を示すことでゲーム性を高められ、チャレンジ精神を持って取り組める状況を作ることができます。お使いごっこの本質は、短期記憶も促す御用学習なので、運んでもらう距離（記憶時間）と運ぶ数（記憶量）を考慮しながら取り組むことが大切です。

　課題を達成したら、ユランコを使ってブランコ遊びを行います（**図5**）。課題とセットで取り組むことで特別感を出しています。

［5］みんなでパラシュートムーブメント

　パラシュートは多くの子どもが大好きな課題であり、見た目にもインパクトがあるため、児の気持ちを新たにさせることができる遊具です。活動に区切りをつけるときに活用するようにしています。

　涸沼キッズで気をつけていることは、支援者が安全の対策を整えたあとに合図をしてから児がパラシュートに乗ったり触れたりすることです。パラシュートは広げたときに少々空気が入りふわふわとすることがあり、児が一斉に飛び乗りたい気持ちになったり、周囲が見えにくくなったりすることがあるため、気をつけなければなりません。支援者には、安全配慮を怠らず、児がのびのびと楽しめるようにしてもらいたいと思います。

　パラシュートは、乗ったり潜ったりしてダイナミックに楽しむ他に、新聞紙やお花紙をちぎって雪を降らせたり、カラーボールをポップコーンに見立てて弾かせて創造性を刺激したりするなど多様な使い方が可能です（**図6**）。また、オーガンジー生地のパラシュー

図6　新聞紙ちぎりパラシュート

図7　オーガンジーパラシュート

トの場合、ゆったりとした動きになるため、児がパラシュートの動きを追視しやすくなり、注意力を育てることができます（**図7**）。

5　おわりに

　今回紹介した活動は、基本プログラムの一部ですが、ほとんどが小集団の中で取り組む個別活動です。これらの個別活動には、集団の中で個を輝かせることができるという利点があります。その他に、取り組んでいない児にとっては「順番を待つ」という状況が生じるので、待っている間の各児の様子も、成長を確認する上で重要な手がかりとなっています。活動に参加して間もないAくんは、当初は、待っている間の見通しがつかず離席することがありましたが、継続した活動の経験により、少しずつ離席せずに見通しを持って取り組めるようになっていきました。MEPA-Rの社会性領域の評定項目にも「順番を待つ」が位置づけられているように、順番を待つことは社会性を測る上で重要なスキルです。未就学または低学年の時期は、元気に楽しく動くことと、自ら身体を止めるなどの自己コントロール力を育てることを支援目標の両輪に据えていくことが大切だと考えています。

　また、ムーブメントの環境は一見すると「楽しそう」にみえる環境です。この「楽しそう」を真の「楽しい」にするために支援者がすべきことは、児が「チャレンジしてみたい」と思える環境設定、「できた」と思える成功体験の保障、「嬉しい」と思える周囲からの称賛や特別感のある工夫だと考えます。手がかりはフリームーブメントなどによる行動観察やMEPA-Rなどのアセスメントの中にあるのでしょう。そのようなことを踏まえながら、今後も活動の中で児一人ひとりの「楽しい」を創造できるようにムーブメントに取り組んでいきたいと思います。

（郡司茂則）

●引用・参考文献

小林芳文、大橋さつき（2010）『遊びの場づくりに役立つムーブメント教育・療法』明治図書出版.

異年齢児保育の中での
ムーブメント教育の実践

事例3

▌ はじめに

　福井では、ある重度重複障害児との出会いがきっかけとなり、1982年から「たけのこムーブメント教室」が続いています。たけのこムーブメント教室は、障害のある子どもと保護者が一緒に参加できる親子参加型のムーブメント教室です。協力園から参加した保育者は、スーパーバイザーである小林芳文先生から研修を受け、1年間、教室のスタッフとしてその専門性を高めます。そして、たけのこムーブメント教室で学んだ実践をそれぞれの園に持ち帰り、保育の中で生かして個別支援や集団活動に取り入れています。

　社会福祉法人竹伸会杉の木台こども園は、縦割り保育（3～5歳の子どもたちが同じクラスで生活する保育）を行っています。縦割り保育は、発達障害のある子どもと健常な子どもが同じ集団の中で一緒に生活をし、無理強いされることも苦手なことばかりになることもなく自分の好きな遊びを選択し、お互いを刺激し合うことで、ともにいい育ちが生まれる学び合いの場になっています。また、自閉スペクトラム症やADHDなどの発達障害の診断が出ていたり、その疑いがあったりする子どもも多く登園しています。このように、保育者は生活する子どもたち一人ひとりの育ちを理解し、寄り添いながらその子が必要とする援助を行う中で感動を共有しています。

▌ わくわくムーブメントによる成長

　取り組みの1つとして、給食前の時間に異年齢の子どもたちが活動する「わくわくムーブメント」を行っています。心がわくわくしながら参加できる活動であってほしいという思いから、この名前になりました。異年齢でいろいろな育ちがある子どもたちが活動するため、課題にも違いがあり、またねらいも一人ひとりに応じたものを用意し、達成できるようにしています。わくわくムーブメントでは、同年齢の集団ではなかなか参加できない子どもにも輝ける場や時間があり、「できた」「やってみたい」「楽しい」と笑顔が溢れ、子どもたち同士が認め合い、友達との関係づくりができるよう配慮して活動を進めています。

　ここでは、それぞれの子どもたちが心を輝かせ、お互いに認め合っている活動を紹介します。Mくん（自閉スペクトラム症、ADHD・5歳男児）とFくん（自閉スペクトラム症疑い・4歳男児）を対象としたこども園での取り組みと支援の事例です。

［1］ Mくんの事例

《Mくんの特性》

　兄（小2）、弟（4歳児）も発達障害の診断があり、弟の症状が1番重く父母も苦労している様子です。そのため、家庭ではMくんに対して十分気が回らないこともあり、ストレスをためている様子が多く見られます。じっと話を聞く、順番を待つなどが苦手で、常に声かけは必要ですが、保育室から飛び出してしまうようなことはありません。イライラしたときや楽しくて仕方ないときなど、日常の中で心が動くときに奇声を上げることが多くあります。ムーブメントや運動遊びが大好きですが、興味に沿わないときなどは最後まで参加できないことも多いです。

《保育でのねらいと概要》

　スペースマットを使用し、身体意識を育てる・視知覚連合能力を育てる・社会性を育てるという3点をねらいとして取り組みました。内容は、①椅子取りゲームのように保育者の合図でスペースマットの上に乗る、②色や人数を指定してスペースマットの上に集まる、③スタートとゴールだけを決め、子どもたちで協力して道を作り、そこを歩くなどとしました。

《保育の場面》

　①の活動では、ゲーム性を取り入れたことでMくんも楽しそうに参加し始めることができました。途中、乗せる身体部位を指定して難易度を上げたときもMくんなりに考え、指定された身体部位を上手に乗せながらポーズをとる様子が見られ、より高次な身体意識の形成につながったと思います（p.192 **図1**）。保育者はMくんの様子を見守り、おもしろいポーズや工夫をして身体部位を乗せられたときなどは他児にも紹介をしました。自分が考えやってみたことを周囲の子が注目し認めてくれる様子から満足感や充実感を得て、その後の活動の集中力も向上しました。また、その満足感から友達の動きやポーズにも目が行くようになり、他者意識の育ちにもつながっていったように思います。

　②の活動では、色も数も理解はしているのですが、自分から積極的に友達に声をかけたり動いたりすることができず、上手く輪の中に入れませんでした。保育者がMくんに寄り添って一緒に上に乗ったり、1人で乗れたときにはしっかりほめたりしてなんとか参加していましたが、途中で活動から外れる時間が多くなってしまいました。活動への参加を無理強いすることなく、Mくんが楽しく心地よい活動に感じられるよう、保育者は互いにアイコンタクトを取りながらのさり気ない援助を心がけ、Mくんが友達との人間関係を構築できるように支援しました（p.192 **図2**）。また、色や数を指定することで視知覚連合能力が育っていくことが期待できます。

　③の活動では、友達の思いを汲みとることができず、自分の思うように道が作れないこ

図1　指定された身体部位を乗せて

図2　同じ色にみんなで乗れるかな?

図3　最後はみんなで電車になって

ともあり、イライラする様子が多くなっていきました。友達が協力して盛り上がる中、保育者に「こんなふうにしたいのに…」とつぶやき拗ねてしまうこともありましたが、端がめくれてしまったスペースマットをきれいに敷き直すという参加の仕方に楽しさを見出し、友達の動きやスペースマットの状態に集中していきました。Mくんのその姿に気づいた友達が「Mくん、きれいにしてくれたんや。ありがとう。」とお礼を言ってくれたことで、主となる活動ではありませんでしたが、Mくんなりの参加でみんなの輪の中に最後までいることができました(**図3**)。参加の仕方はいろいろですが、注意ばかりになったり動きを規制したりしてすぐに止めてしまわずに、見守ることで、社会性や協調性を養う活動にもなっていくと感じました。小さい先生になった気分でMくんもいきいきと活動し、Mくんなりに他者とかかわり合うことができた実践となりました。

[2] Fくんの事例

《Fくんの特性》

　双子の弟と一緒に0歳児で入園してきたときから、睡眠リズムが整わなかったり、歩行開始が遅く身体のバランスが取れなかったりなどの様子が見られ、気になる子どもでした。縦割りクラスに移行してからも、発音が不明瞭で語彙も少なく友達とコミュニケーションが取れない、行事などでいつもと違う生活リズムになると不安で泣き出し気持ちを切り替えられない、集団に入れずホールでは耳を抑え遊具の上に登ってしまう、同じ姿勢が保てず机の下に入って寝転がるなどの姿が見られ、活動自体も様子を見てからしか参加できませんでした。ムーブメントは嫌いではないのですが、見通しが持てないとなかなか自分からは参加してこないことが多いです。診断は出ていませんが、自閉スペクトラム症に対しての支援が有効であると専門機関からは報告を受けています。

《保育でのねらいと概要》

　形板を使用し、バランス能力を育てる・身体意識を育てる・視知覚連合能力を育てる・創造性を育てるという4点をねらいとして取り組みました。内容は、①ホールにばらまいた形板の上をバランスよく歩く、②指定された身体部位を形板に乗せる、③同じ色、形など形板の特徴ごとに仲間集めをする、④いろいろなものをイメージしてつくる、まねるな

どを行いました。

《保育の場面》

　ホールに集まった時点で壁側に片づけてある大型遊具の上に登ってしまい、参加したがる様子はありませんでしたが、「入りたくなったらおいで。待ってるね。」とだけ声をかけて様子を見ることにしました。①の活動が始まるとしばらく様子をうかがい、自分でも大丈夫と思えたのか2～3回目に他児と一緒に形板の上を歩き始めました（**図4**）。保育者はあえて大げさにはせず、形板の上で出会ったときにはハイタッチや手を振るなどして楽しい雰囲気づくりを心がけるようにしました。途中、みんなの輪の中から外れてベンチや遊具の上で休憩を取りながらも、また自分から戻ってきて歩き始めるという姿も見られたため、Fくんのペースで参加できるように、保育者間で声をかけるタイミングや見守る姿勢などの呼吸を合わせていきました。Fくんも予想以上に楽しみながら参加でき、バランス能力の向上にもつながっていったと思います。また、友達とぶつからないように周囲の動きを意識する様子もあり、社会性や空間意識の高まりにもなったのではないかと思います。

　②の活動に移っていく様子を察知し、スッと元の大型遊具の上に戻ってしまったFくんでしたが、保育者の進行内容や友達の様子・表情などが気になっている様子だったので、近くに寄り添いながら見守り、周囲の子への声かけやサポートの様子などがFくんにも聞こえるようにしました。今からどんなことをするのかについての保育者の言葉をより分かりやすく伝え、確認していくことができるようにしたのです。結局みんなの輪の中には戻れませんでしたが、遊具の上で形板に乗せるよう言われた身体部位を自分で指差してみたり、遊具の上に置いてみたりと安心してやってみる様子が見られました（**図5**）。他児があまり知らなかった「くるぶし」を指差せたときには「すごいね～Fくん、くるぶし知ってたんや！」と声をかけ、Fくんが喜びと充実感を感じられるようにしたことも、Fくんの意欲や集中力の高まりにつながっていったのではないかと考えます。

　③の活動が始まると様子をうかがっていたFくんでしたが、色や数などよく理解している内容だったこともあり、さり気なく遊具から降り、みんなの輪の端の方で参加することができました（**図6**）。周囲の子が当たり前のようにFくんを受け入れてくれたこともあ

図4　同じ形の形板を探そう

図5　人数を合わせて乗ってみよう

図6　同じ形が作れるかな?

り、Fくんも自然と友達の集めていた色と同じ色の物を集め出し、友達のところに持っていく様子が見られました。友達と一緒に活動に参加する経験ができたことで、社会性の育みや仲間意識の高まりなどにもつながっていったのではないかと思います。また、色や数も認識でき、視知覚連合能力の育ちにもなったと思います。

　④の活動では大型遊具の上に戻ることはなく、保育者の姿を横目で確認しながらなんとなくみんなの輪の中にいることができました。保育者も近づきすぎず離れすぎず、Fくんが戸惑っているときには説明を補足したり、難しく感じて諦めようとするときにはさり気なくサポートをしたりと距離感を保ちつつ援助していきました。また、形板を組み合わせていろいろな形にしていくときも、Fくんは自分で考えて行うということが苦手なのですが、進行役の保育者が「今度は○○さんのまねしてみよう！」「次は△△くんのまねね〜赤と青の丸の形板がいるみたいよ〜。」と、周囲の子が作ったものを見本にしてみんなで同じものを作る活動に切り替えたことで、Fくんも安心して参加できました。他の子どもたちも「今度は自分がみんなの見本になるんだ」と参加意欲が増し、アイデアを出して作るようになっていきました。お互いに認め合うことで仲間意識の向上や他者へのかかわり方を知る機会にもなり、社会性、創造性の育みにもなっていったように思います。

3　日々のわくわくムーブメントの実践

［1］給食前の縦割り保育の効果

　以前からムーブメントは子どもたちの大好きな活動の1つでしたが、年齢別で月に１回行う程度でした。しかし、縦割りクラスの混合グループで給食前の時間に毎日行うようになり、遊具や教具の使い方の上達はもちろん、年下の子どもたちや上手くできない子をいたわる気持ちとそれをサポートする力、年上の子どもたちをモデルにやってみようとする意欲や失敗してもめげない心が育ちました。また、園には気がかりさのある子も多くいるのですが、ムーブメントの中には必ずその子にとっての得意なことや好きなことが入っているため、「できた」という充実感を味わい、みんなから「すごいね」と認めてもらった実感を得ることで、自己肯定感がより持てるようになったと思います。毎日決まった時間に行うため、活動にもつながりが持て、「今日はこうしてみよう」「こんなふうにしたらもっと楽しいかな・・・」と子どもたち自身が工夫する様子や自分が考えたアイデアをいきいきと発表する積極性にもつながっているように思います。縦割りクラスの子どもた

図7　みんなでパラシュートで遊ぼう

図8　アイデアを発表し合うムーブメント

ちみんなでクラス間交流をしているような活動になるため、それぞれの子どもたちの性格や苦手なこと、その子のよさなど、すべてを分かった上でお互いを認め合い、生活や遊びの様々な場面で仲間として接する様子が増えたように思います。

[2] 見えてきた課題

　縦割りクラス担任の保育者が中心となってわくわくムーブメントを実践してきましたが、保育経験やムーブメントに対しての理解度は様々です。こども園を核として地域療育の実践も長年行っている当法人では、毎年何人かはそのスタッフになり、1〜2年間、実際に障害のある子どもとその保護者に寄り添いながら計画を立て、活動を実践しています。経験のある保育者は子どもたちの心の動きや集団での様子、何気ないつぶやきなどに気づいて柔軟に計画を変更し、子どもたちの興味や意欲をより引き出すことができます。しかし、経験の浅い保育者はそのアンテナが弱く、保育者主体のムーブメントになってしまいがちです。保育者一人ひとりのムーブメントについてのレベルアップが、気がかりさのある子を活動の中で気にならない存在にしていくのではないかと思います。

　ムーブメントは各グループ15〜20分くらいの活動ですが、毎日ほんの少しずつ変化をさせていきたいと考えていました。しかし、1週間を通して同じ保育者が進行するわけではないため、内容がかぶってしまったり、子どもたちが盛り上がって「また明日しようね」と言ったものが続けられなかったりすることもありました。また、保育者も、正職員だけでなく非常勤や時間で交替する職員も含むため、連携の仕方が上手くいかなかったこともあります。これらを解消するため、簡単な実施計画や内容の記録などを書面で残していかなくてはいけないと感じました。日々の負担にならない程度で記録を残し、園の財産としていくことができるような方法を考えていきたいと思っています。

　また、気がかりさのある子をどんなふうにムーブメントに巻き込んでいくかについて、保育者間での話し合いも多く行ってきました。どのようにかかわり、どこまでであれば見守り、どんなふうにサポートをするのかという点で、本人の意思や保護者の思いも合わせて対応を統一していくことには難しさもあります。気がかりさのある子を特別扱いせずにスムーズに集団の中に誘い、その中で仲間とともに育ち合う関係を作っていく…そのために保育者の思いの共有と共通理解がより必要になってくるのだと思います。

　ムーブメントは遊びが原点です。子どもたちの「からだ・あたま・こころ」がいきいきと輝き、「動くことを学ぶ」「動きを通して学ぶ」というムーブメント教育の特徴から、子どもたちの健康と幸福感がより確かなものになっていくように、これからもしっかり取り組んでいきたいと思います。

（竹内誠、下条のぞみ、藤原晴代）

●引用・参考文献

小林芳文、大橋さつき、飯村敦子 編著（2014）『発達障がい児の育成・支援とムーブメント教育』大修館書店.
小林芳文 他（1985）『動きを通して発達を育てるムーブメント教育の実践 ② 教具・遊具の活用事例集』学研.

地域で楽しむムーブメント活動
（大阪子どもムーブメント教室の実践より）

事例4

■ はじめに

　ムーブメント教育・療法は、人間尊重の理念を大切にした発達理論に基づく支援であり、年齢や障害の有無にかかわらず、どのような子ども（人）も自分らしく楽しむことができる活動です。全国各地でも様々な実践が展開されています。

　大阪子どもムーブメント教室は2016年12月より、月に1回開催しています。地域の支援学校やデイサービスに通う子どもたちとのムーブメント活動を通して、子どもたちの発達を支援し、休日に子どもたちが楽しみにできる場、誰でも集うことができる場をつくりたいという思いで活動を始めました。と同時に、参加してくださる保護者、兄弟姉妹やデイサービスのスタッフの皆さんへのサポートとしての意義もあると考え、ボランティアで集まったスタッフが中心になり運営しています。ここでは、障害の有無、年齢にかかわらず、地域のみんなで楽しむことができるムーブメント活動について紹介します。

② 集まれ！地域の仲間たち

　子ども教室のスタートは、支援学校の保護者に向けての教室案内パンフレットでした。現在は、おもに西浦支援学校に通う児童生徒とその兄弟姉妹、地域にある児童デイサービスの利用者、成人、その家族や指導員、ヘルパーの方が参加しています。誰でもいつでも参加できる教室で、参加者の年齢も0歳児から成人まで幅広くなっています。スタッフは、大阪府、和歌山県、奈良県、鳥取県の教職員、介護施設職員、保育園職員、デイサービス職員、学生などで地域も職種も多岐にわたります。また、スタッフの家族が一緒に教室に参加することもあります。

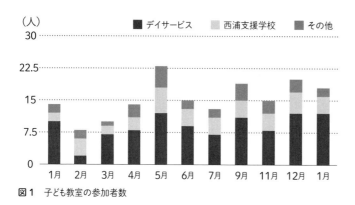

図1　子ども教室の参加者数

図1は2019年1月から2020年1月までの参加者数とその内訳を示したものです（8、10月は実施せず）。デイサービスの活動スケジュールの中に子ども教室が位置づけられており、また、支援学校の児童生徒とその

兄弟姉妹も継続して参加しています。ムーブメント教育・療法の「子ども」「遊び」中心の活動は、子どもたちだけでなく支援者にとっても「休日の楽しい活動の場」となっています。また、支援学校が体育館を提供してくれていることも大きな力です。

3 みんなでムーブメントを楽しむために

　教室では、毎回活動前にプログラムとお便りとアンケートを配布します。プログラムには、その日の活動の流れやねらい、配慮点などを記載しています。お便りには、前回の活動の様子やアンケートに書いていただいた感想、スタッフのコメントなどを掲載し、情報発信やスタッフの打ち合わせ・反省会に活用しています。保護者やデイサービスのスタッフとゆっくりお話する機会は少ないのですが、お便りを通して、ムーブメント教育・療法の考え方や子どもたちの変化などを共有したいという思いで毎月作成しています。

　スタッフは、教室の前に集まり打ち合わせと準備をします。まず、リーダーの立てたプログラムを見ながら、それぞれの動きを確認します。ただ、その日参加する子どもによって急なプログラム変更もありますし、子どもたちの思いがけない発想から計画していなかった遊びに発展することもあります。それがムーブメントの活動のおもしろさでもあります。また、音楽は子どもの動きを応援する大切な環境の1つです。ピアノやキーボード、ときにはトランペットの演奏なども取り入れます。音楽には「思わず動きたくなる、動きを豊かにする」効果があります。もちろんいつも生伴奏ができるとは限らないので、CDやタンバリンなどを使用したり、リーダーの声で音楽を奏でたりすることもあります。

表1　活動のおもな流れ

活動名	活動内容
① フリームーブメント	・遊具を使ってスタッフ、家族と一緒に自由に身体を動かして遊ぶ。
② 集まり、あいさつ、歌	・参加者を確認する（お返事）。　・「さあ、はじめよう！」の歌を歌う。
③ 走行ムーブメント「どんぐりころころ」	・歩く、走る、後ろ歩き、ジャンプ、回るなどいろいろな姿勢や動き方で移動する。子どもたちからのアイデアを取り入れながら進める。 ・2人または3、4人で手をつなぎ回るなど複数人での動きを行う。
④ 遊具を使ったムーブメント（設定ムーブメント）	・遊具を使っていろいろな遊びを楽しむ。（2019年） 4月：スカーフおふとん・ファッションショー　　5月：タオルで体操 6月：タオルでてるてる坊主　　7月：タオルで天の川 9月：タオルボール　　11月：長いタオル　　12月：プレイバンドでクリスマス
⑤ パラシュートムーブメント	・パラシュートを使っていろいろな動きを楽しむ。 ・パラシュートを動かしたり、パラシュートの上や下を楽しんだりする。 ・季節のパラシュート 春：桜の花びら　　夏：ボールサーフィン、波づくり 秋：落ち葉　　冬：そり滑り、雪
⑥ 振り返り	・活動カードを使って、今日の活動で楽しかったことを1人ずつ発表する。

4 活動の実際

　p.197 **表1**で示した①〜⑥の活動の流れは、できるだけ一定にしています。子ども教室に来る子どもたちの中には、活動に見通しが持てず不安を感じる子どももいるため、大きな流れはなるべく一定にし、遊具を変えたり動きに少しずつ変化を加えたりしながら、プログラムを編成しています。ここでは、①〜⑤のそれぞれの活動を紹介していきます。

① フリームーブメント

　体育館に集まった人から自由に遊び始めます。フリームーブメントは、活動の場に慣れたり、スタッフとの出会いを受け入れたりする時間です。スクーターボードやビーチボール、フラフープ、コクーン、風船などの遊具でスタッフや保護者と遊びます。緊張していたり、気分が乗らないでいたりする子どもはじっと見ているだけのこともありますが、それも参加の仕方の1つです。スタッフは子どもたちと存分に遊びながら、この間に子どもの様子を見て、「今日はそばで一緒に活動した方がよいかな、見守りでよいかな」などと支援についても考えます。リーダーは集団の雰囲気を見て、集合の仕方を変えたりプログラムを調整したりします。短い時間ですが、これから始まるムーブメント活動に大切な時間です。

図2　今日も遊ぼう！

② 集まり、あいさつ、歌

　時間になると、キーボードの演奏とともにみんなが集合し、スタッフがみんなの名前を呼んで紹介します。スタッフの顔も確認し、みんなでテーマソングの「さあ、はじめよう！」を歌い、元気にムーブメントが始まります。

③ 走行ムーブメント

　走行ムーブメントは、歩いたり走ったりなどいろいろな移動の動きをみんなで楽しむムーブメントです。「歩く」にもいろいろな動きがあります。「ゆっくり歩く」「どしんどしんと足を上げ、音を立てて歩く」、逆に「音を立てないでそろりと歩く」などです。方向を変えると「前に、後ろに、横に」、他にも「かかとで歩く」「つま先で歩く」「おしりで歩く」などバリエーションはいくらでもあります。ジャンプしたり、四つ這いになったり、寝転んだりなど動きはどんどん広がります。子どもたちと「次はどうする？」と相談しながら

図3　四つ這いで進もう！

進めます。スタッフのつくるスカーフのトンネルが、子どもたちの動く気持ちを引き立てたり、姿勢や動きの方向の変化を知らせたりします。

④ 遊具を使ったムーブメント（設定ムーブメント）

ここでは、遊具を使ったムーブメントをいくつか紹介します。遊具の特徴を生かし、子どもたちが遊具を用いて「からだ・あたま・こころ」を使って存分に遊ぶことを大切にしながら活動を進めていきます。

〈スカーフを使ったムーブメント活動〉

スカーフは色がきれいで柔らかい感触の遊具です。透けて見えるおもしろさや空中をふわりと動くことも特徴です。ストレッチ性もあり、引っ張ったり結んだりしてもおもしろいです。子どもたちはスカーフを持つと、蛇のようにくねくね動かしたり、身体に巻いて変身したりして自由に遊び始めます。スカーフにくるまって布団のように遊ぶ子どももいます。そんなとき、「みんなもやってみよう」とまねをして遊ぶこともあります。自分のしていることをみんながやって喜んでくれるのは、子どもにとってとても嬉しいことです。

一人ひとりが存分に遊んだら、そのあとスカーフを一斉に空中に投げてキャッチして遊びます。身体のいろいろな部位でキャッチしたり、空中に投げている間に身体で音を鳴らしたりします。遊びの中で、身体部位について考えたり、数を数えたりしています。

図4　自由に動かそう!

次は、2人組での活動です。向かい合って投げっこをしたり、スカーフをかけ合ったりしたあと、2人で1枚のスカーフを持ちます。遊具の共有です。スカーフを上下に動かす、手から放してキャッチするなど動きが変化してくると、自然に「1、2…」と声をかけ合ったり、しっかり顔を見合わせたりしながら動く姿が見られます。人と

図5　スカーフの花を咲かせよう

動きや心を合わせることを自然に感じられるようになるのです。みんなで並んでスカーフの川をつくったら、順番に下をくぐったり、風船やボールを送ったりなど、少しずつ集団の活動へと変化させていきます。スカーフをつなげて大きな輪を作ってダンスをするなどの活動もできます。今回は春のスカーフムーブメントなので、スカーフを

図6　みんなでファッションショー

使って変身ファッションショーをして歩いたり、フラフープにスカーフをくくりつけて花びらにして大きな花を作ったりして遊びました。動きをつくるだけでなく、創造性を生かしてファンタジーの世界を味わえるのもスカーフムーブメントのおもしろさです。

〈タオルを使ったムーブメント活動〉

　タオルは家庭にもある身近な物で、色や模様の種類も多く、最近は100円ショップでも購入できるので、教室でもよく使う遊具の1つです。簡単に洗濯できるのも嬉しいです。タオルは子どもたちが持ちやすく、身体のマッサージをしたり身体のいろいろなところに置いたりなど、操作しやすい遊具です。両手で持つと、ストレッチ運動などをしながらいろいろな姿勢や動きを経験できます。また、丸めると、ボールのようにキャッチボールをしたり、シュートゲームをしたりできます。当たっても痛くないので小さい子どもでも楽しく遊ぶことができます。また、赤いタオルを振ったら拍手をし、青いタオルなら足を鳴らすなど、色と動きを連合させて遊ぶこともできます。タオルをロープにかけ、子どもたちのいるところで波のように動かして、タオルに当たらないように子どもたちが身をかがめたり、寝転んで足で挟んで取ったりなどもできます。タオル2枚をつなげて縫い合わせたロングタオルを使って引っ張りっこもしました。タオルの道を作って上を歩いたり、上に乗らないように歩いたりする活動も考えられます。6月にはタオルでてるてる坊主を作り、ロープにつける活動も楽しみました。

図7　背中をごしごし

図8　タオルの波

図9　引っ張りっこ

図10　タオルの道

図11　てるてる坊主

図12　タオル体操

⑤ パラシュートムーブメント

　パラシュートは子どもたちの大好きな遊具です。それまで活動から離れていた子どもも、パラシュートが出てくるとかけ寄ってきます。みんなで動かす楽しさや、起こる風や音も魅力です。上に乗って滑ったり風船を飛ばしたりすると、その場に一体感が生まれま

す。パラシュートに花びらや落ち葉のモチーフを載せて飛ば
せば、季節感溢れるファンタジックな世界が広がります。と
きにはスタッフのトランペット演奏などが加わり、さらに夢
の世界が膨らみます。

図13　メリーゴーランド

5 ともに歩むムーブメント教育・療法

[1] 教室後の保護者アンケート・聞き取り調査より

　毎回保護者やデイサービスのスタッフの方にアンケートの記入を依頼しています。教室
を始めた頃には子どものできなさばかりを書いていた保護者の方が、次第にできたことを
書いてくださるようになりました。子どもの「できた！楽しめた！」ことを見つけようと
する保護者の変化も感じられます。このようなところにもムーブメント教育・療法の目指
す姿が現れているように思います。

表2　教室後のアンケート及び聞き取り調査から

●集団生活で過ごす場が少なく、今回の参加で他者を見て学ぶ姿勢が見られました。ムーブ
　メントを通してさらに子どものよさがみられました。
●スカーフの中に入っているのは何か、5、4、3、2、1、バー！が楽しそうでした。そして「自分
　も!!」と自らスカーフをかけてもらい、嬉しそうにしていました。
●タオルで好きな色があり、意欲的に参加していました。もみじ（オーガンジーパラシュート）が
　「きれい！」と言って喜んでいました。
●ムーブメント教室に来ると子どもが笑顔になります。体を動かして遊ぶのが楽しいようです。
●土曜日（月1回）のデイサービスのスケジュールに入れています。子どもたちの中には、土曜日
　はムーブメントがあるからそれを目的に来ている子どももいます。スタッフも一緒に体を動か
　せるので、楽しく活動できます。子ども教室での活動内容を普段の活動に取り入れています。
●継続して参加していることで、場の雰囲気にも慣れて、スタッフとも自分からコミュニケーション
　がとれるようになってきました。普段、家にはない遊具でいろいろな遊びができるので目新し
　い気持ちがあります。興味がなさそうに見えていても、しっかり活動を見ていて、途中から参
　加しても周りをまねして活動ができます。

[2] 今後への思い

　大阪子どもムーブメント教室が始まって3年が経過しました。子ども教室はいつでも誰
でも参加できます。それはムーブメント教育・療法が子ども中心の活動であり、楽しさを
追求するものであるからです。教室が「大人も子どもも幸福な気持ちを共有できる」場
となるよう、今後もスタッフ皆で「めっちゃ楽しいムーブメント教室」「地域のみんなの
ムーブメント教室」を目指し、努力していきたいと思います。

（奥村操子）

●引用・参考文献

小林芳文、大橋さつき、飯村敦子（2014）『発達障がい児の育成・支援とムーブメント教育』大修館書店.

「一緒に！」が楽しい！

事例5

Ⅰ はじめに

　NPO法人子育て支援いっすねは、前身の岩手県南特別支援教育研究会（略称＝ISSNE（いっすね））から発展した法人です。児童発達支援や放課後等デイサービス、保育所等訪問支援を行う多機能型事業所として平成24年に発足し、発達障害の子どもたちを対象とした活動を続けています。

　発達障害の子どもたちは、園や学校の中で様々な不具合や不適応を起こす率が高いようです。対人関係が上手くいかない、ちょっとしたことでイライラする、暴力や暴言が見られる、登校できなくなるなどの背景には、自分のことを上手に言葉で表現できない、体を思ったように動かせない、遊びの経験が乏しいなどがあるようです。

　その中でも体を思ったように動かせない、どのように動いたらいいかわからないという思いは、子どもたちにとってとても大きな壁になっているように思います。どうせできないからやらないという思いを持ち続けることが、心も体も成長期の子どもたちにとって大きな損失となっていることは間違いないと思います。

　NPO法人になってからは、毎週体育館での活動を行っています。思ったように体が動くようになるまでの過程は子どもによって様々ですが、確実に力をつけてきています。

② 動きの難しい子どもたちと友達関係の難しい子どもたち、そしてムーブメント活動

　ケンケンができない、リズムよく縄跳びが跳べない、思ったようにボールが蹴れない、投げられないなど、学校生活の中で必要となる動きが上手くとれないことが、子どもたちの友達関係にまで影響を与えることも多いようです。「一緒に遊びたいけど下手だと入れてもらえない」「一緒にやりたいのにできないと馬鹿にされそうで嫌」「勝てないとおもしろくないからやりたくない」などそれぞれの気持ちはあるようですが、何かしらの不具合が出てくるようです。体育でも「皆はどんどんできていくのに自分はできない」「体育館に行くことが嫌」「思ったようにできないから暴れてしまう」などの不具合が起こりやすく、その結果学校生活そのものが荒れていくケースもあります。

　そんな中で出会ったのがムーブメント活動でした。日頃動くことに憶病になっている子どもたちが生き生きと活動する姿を見て、本来の子どもの姿に触れたような気がします（**図1、2、3**）。

図1　ピンとかっこよく

図2　引っ張ってあげる!

図3　押してください!

3　ムーブメント活動のプログラム例

［1］幼児期「一緒に!」（p.204 表1）

図4　見てわかるスケジュール

　幼児期は、「皆に注目されることが苦手」「どうやるのかわからないことやできないかもしれないことが不安」「失敗したらどうしよう」という思いが強くみられる時期でもあります。先生や友達と一緒に取り組むことで、安心して活動できるように配慮することが必要な場合があります。先生と一緒にやることで、次に何をするのか、どうするとできそうかなどの見通しがもてると、安心して体を動かすことができます。活動内容はわかりやすくボードに絵で記入しています（図4）。

［2］小学生「仲間を意識して」（p.205 表2）

　小学生になると、いろいろな運動の技能は上がりますが、体のぎこちなさ、タイミングの取れなさ、仲間との協調性の無さなどが見えてきます。そこで、仲間を意識した活動を取り入れることで、相手のことを考える経験を増やしていくことができます。自分自身の体の動きに目を向けるだけでなく、仲間と一緒に活動することがとても重要と捉えています。

　体のいろいろな感覚が育ってくると、体育で取り組むような跳び箱や縄跳び、鉄棒なども上手になってきます。両足踏切ができるようになる、両足連続ジャンプができるようになるなど、筋力やバランスが整ったり、タイミングを計れるようになったりすることも、活動に安心感を持てるようになる下地になっているようです（図5、6）。

図5　縄跳び 跳べるよ!

図6　跳び箱も!

表1　幼児期のプログラム例

活動（指導）内容	活動のねらい	配慮事項等
① 挨拶・集合 皆で集まることで、 始まるという意識を持つ。	・自主性、自発性	・自分で椅子を準備させ、始まるという意識を持たせる。 ・簡単なスケジュールを提示し、それぞれのやり方を口頭、もしくはやって見せて理解を促す。
② ジャンプ 両足でジャンプすることを 意識する。	・リズム感 ・社会性、協調性 ・身体意識 ・筋力	・一緒に手をつないで行うことを知らせ、緊張感や不安感を和らげる。 ・リズムよく跳びたいが、子どもが色や数を言い始めたときはそれを認めながら跳ばせる。 ・両足を揃えて跳ぶことを意識させる。
③ ごろんごろん 先生と手をつないで転がることで、相手とのタイミングなどを意識する。	・社会性、協調性 ・身体意識 ・空間意識 ・筋力	・マットのどのあたりに寝転ぶかを考えさせたり示したりして知らせる。 ・手をつなぐことで体を伸ばすことを意識させる。 ・タイミングを合わせるように声をかけながら行う。
④ スクーターボードに乗って 姿勢の保持を意識する。	・筋力 ・身体意識 ・抗重力姿勢の保持 ・協調性 ・自主性、自発性	・落ちたり転んだりしないように座らせる。 ・フラフープをしっかり持たせる。 ・手の力を抜くように伝える。 ・最初の引きで体のぐらつきの程度を見て、スピードを調整する。
⑤ 飛び越え 縄跳びを動かしているところを飛び越える。	・自主性、自発性 ・筋力 ・リズム	・自分のタイミングで跳ばせる。 ・蛇のように縄をくねくねさせるが、引っかからないように、個に応じて度合いを変える。
⑥ お引越しゲーム 言われた色のフラフープに入る。	・社会性、協調性 ・自主性、自発性	・口頭で色を伝える他、視覚的にも示す。 ・2人や3人で同じフラフープに入ってよいこと、入れてと言われたらお互いに入れてあげることを事前に伝える。
⑦ 片づけ	・自主性、自発性 ・社会性、協調性	・片づけるものを一人ひとりに指示する。 ・重いものは先生と一緒に運ぶなど、無理のない範囲で片づけさせる。

表 2　小学生のプログラム例

活動（指導）内容	活動のねらい	配慮事項等
① フリームーブメント 使う教具をあらかじめ触ってみたり、使ってみたりする。	・自主性、自発性 ・社会性、共感性	・場を作っておき、自由に活動させる。 ・やってみたい気持ちを尊重し、必要があれば手伝う。

② 挨拶 皆で集まって挨拶をすることで、始まるという意識を持つ。	・社会性、共感性 ・自主性、自発性	・集合場所を明確にする。 ・簡単にスケジュールを説明する。 ・自己紹介や他己紹介で参加児童の名前を知らせる。
③ 平均台渡り よく見ながら、細い坂道や高いところを渡り、ジャンプして飛び降りる。	・自主性、自発性 ・動的バランス ・抗重力姿勢の維持 ・身体意識 ・空間意識	・平均台の下にエバーマットを敷く。 ・怖がる子もいるので必ずサポートにつく。 ・ジャンプした先にもマットを敷いておく。 ・高さがある場合のジャンプは、子どものタイミングを大事にする。

④ 前転にチャレンジ 頭をついて前転する。	・身体意識 ・筋力 ・空間意識	・危険が無いようにスタッフがサポートする。 ・前転が難しい児は、ごろごろでも可とする。
⑤ 飛び石渡り バランスを保ちながら飛び飛びの石を渡る。	・動的バランス ・空間意識 ・身体意識	・慌てないように声をかける。 ・慣れてきたら色を指定して渡らせる。
⑥ スクーターボード いろいろな乗り方にチャレンジする。	・筋力 ・身体意識 ・自主性、自発性 ・社会性、協調性	・いろいろな乗り方にチャレンジさせる。 ・順番を守って危険の無いように取り組ませる。

4 仲間を意識した活動

　仲間を意識した活動として、バランスボールを使ったキャッチボールでは、相手がとりやすいように投げることを意識させたり、それぞれが発表したり仲間の発表を見たりするという活動も取り入れています。他の児のやっていることを見ることで、自分もやってみたいという気持ちが出てきて、チャレンジしてみようとする気持ちが育ってきています。

　エバーマットの下にスクーターボードを敷いて車に乗るような活動では、譲り合って皆が乗れるようにちょっとよけたり、落ちないようにしてあげたり、押してあげる、引っ張ってあげるなどの行動を通して、相手を思う気持ちが育ってきています。

図7　いくよ! はーい!

図8　見て! こんなことできるよ

図9　みんな乗れた?

5 最後に ―気持ちもはぐくむ―

　仲間とともにはぐくまれた力は、生活の中にも生きてくるようです。相手を思いやったり、譲ったり、声をかけたりといったことが自然にできるようになることも、ムーブメント活動を行った成果として挙げられます。

　調子の悪い子がいたり悔しくて泣いている子がいれば、様子を見ながら声をかけてくれたり、待ってくれたり。休みの子がいれば「今日はどうして休みなの?」と心配するなど、気持ちの成長が見られています。何よりも、「皆で活動することが楽しい!」と感じられるようになってきたこと、自己中心で勝ち負けにこだわっていた子が「仕方がない、いいよ、大丈夫」と言って切り替えられるようになってきたことは、とても大きな成果です。個々が「体を動かすことが楽しい!」と思える活動からスタートし、思いをぶつけあいながらも、サッカーのパス回しができるように

図10　次 何する!?

図11　一緒に片づけ!

　なったり、声をかけたりかけられたりと、少しずつですが、たくさんの成長を見せてくれています。準備や片づけのときにも協力して取り組む姿が見られるようになりました。

　ムーブメント活動は、私たちにとってとても大切な活動であり、今後も改善を重ねながら取り組んでいきたいです。

（鈴木和子）

●引用・参考文献

鈴木和子 他（2010）『地域力を生かして発達障害のある子をサポートする』実践障害児教育9月号：4-19. 学研プラス.

親子で楽しく交流できる場所づくりに生かしたムーブメント活動

事例6

■ はじめに

「ウッキークラブ」は、千葉県成田市下総公民館で毎月1回土曜日の午前中に行われている、就学前児を対象にした親子ムーブメント教室です。市外も含め、20〜40組の親子が参加しています。対象は0歳から就学前児ですが、小学生のきょうだいも参加し、大変にぎやかです。運営は、公民館のサークルとして結成された「子育て支援サークル・トライアングルしもふさ」が行っています。スタッフは、保育士・心理職・教員などの資格を持つ3名を中心として他に随時数名が参加し、ボランティアで活動しています。

前身は香取郡下総町で2004年にスタートした、保育園の園長先生の働きかけによる町の子育て支援事業でした。当初から月1回土曜日に活動し、ムーブメントに限らず、クッキングや工作、お散歩など様々なプログラムを行っていました。成田市との合併により活動は終了しましたが、2007年にムーブメントを活動の中心に据え、公民館講座「3歳児親子ムーブメント教室」を設けていただき、その後、9年間継続しました。講座は半年間（全6回）あり、市と連携して広報誌で募集をかけ、市内全域から子どもたちが集まりました。講座のない半年間も活動継続の要望を受けたため、同2007年に「子育て支援サークル・トライアングルしもふさ」を立ち上げ、新たなかたちとして「ウッキークラブ」をスタートさせました。

② 子育て支援に生かせる・支援者に生かせる
ムーブメントの特性

ウッキークラブは、地域の子育て中の親子が元気になれる場、交流できる場になることをおもな目的としています。ムーブメントを通して、親子で一緒にからだ・あたま・こころを動かすことで、日常にもよい循環が生まれることを願っています。子どもは、就園や就学、習い事、きょうだい児の行事など、ライフステージの移り変わりも早く、体調にも左右されやすいため、教室の参加者の変動が大きいのも特徴です。そのため、当事者が主体となったサークルの継続が難しいという実態もありました。随時参加したい人を受け入れられるのは、人数やメンバーの特徴に合わせて、臨機応変にプログラムを展開することが可能なムーブメントだからこそだと考えています。ムーブメントは基本の遊具の他、新聞紙や風船など手軽に用意できるものも遊具にでき、特別な準備がなくても、それぞれの

遊具の特性を生かすことで楽しい環境をすぐに作ることができます。準備のために別日に集まることが難しい支援者への負荷が少ないことも、これまで継続できている大きな理由の1つです。また、初めて参加したボランティアにも活躍の場を提供できる環境をつくり出し、リピーターとなってもらえることも運営の支えになっています。

　ウッキークラブでは、おおよそのプログラムをリーダーが考え、活動日の朝に他のメンバーに提案します。活動中はそれぞれの動きや目的を確認して、チームワークで展開するという方法で行ってきました。

3　ウッキークラブのプログラム紹介

[1] 気分が高まるフリームーブメント

　ウッキークラブはフリームーブメントから始まります。その日メインで使う遊具に加え、ユランコ、小さいパラシュート、スペースマット、スカーフ、ビーンズバッグなどをその時々で入れ替えながら、並べる、広げる、道を作るなどのちょっとした働きかけによりもっと楽しくなりそうな環境に整え、子どもたちを迎えます。これまでのプログラムで経験した遊び方を生かしたり、オリジナルの遊びを考えたり、子どもの興味のある場所で寄り添って自然に一緒に遊んだりする親子の姿があちらこちらに見られます。たくさんのスカーフをカゴから引き出して身体にどっさりかぶる子、親子同士でなくてもユランコにお客さん（子ども）を乗せて走り回る大人（**図1**）。参加者が到着するにつれ、さながら遊園地にいるような風景になります。

図1　ユランコで親子の交流

[2] ウォーミングアップ

　「パチパチマン体操」はこれから始まる本編への準備運動です。続いて「手をつなごう」で輪になって、みんなの顔が見える隊形になりあいさつをします。この2つは定番プログラムです。定番プログラムは、気持ちの切り替えや安心感につながると考えています。また、初めてのときには緊張からか表情の硬かった子がだんだん和らぎ、回数を重ねるごとに自信を持って進んで身体を動かすようになるなど変化を感じることができます。

[3] 季節や行事を取り入れたムーブメント

　ウッキークラブのメインのプログラムは、季節や行事を取り入れて考えているものがほとんどです。子どもは自分の経験に基づいて何かに変身すること、イメージすることがとても上手です。創造性に働きかけられる要素を入れることで、ファンタジーな空間をさらに膨らませることができます。ファンタジーな空間には、普段なら躊躇する動きや言葉を

自然と引き出す効果もあります。また、メインの遊具をできるだけ定め、1つの遊具から物語が生まれるように次々と遊びが展開し、いつの間にか、からだ・あたま・こころが自然に動いていることを目指しています。ここでは、実際のプログラムのストーリーを紹介します。

① 春 「お花がわらったムーブメント」

　「お花のプレゼント」では、まずみんなで輪になります。リーダーがハットフリスビーをお花に見立て、1人にフリスビーを「どうぞ」とプレゼントし、もらった人はプレゼントを右隣の人へ。そのとき必ず「どうぞ」と言葉を添え、コミュニケーション・対人意識・左右の方向性（身体意識）への働きかけをねらいます。左右反対にしたり、音を合図に止めたりすると、聴知覚も参加します。また、誰かが両手でハンドルのようにフリスビーを捻ると、突然、お花がハンドルに変身することも。「ブーン」と口で音を立てながら、ハンドルを左右に切ったり、坂の上り下りをイメージして上下に動かしたりして、身体意識（方向性・手指の操作性）に働きかけます。テーマの「お花」に必ずしもこだわらず、そのとき出てきた子どもたちの動きを尊重します。その後お花に戻し、自分の身体が葉っぱや茎になり、頭や肩、お腹などにフリスビーを載せてお花が咲いたように見立てます。頭に載せたら誰かが頭をユラユラ。それでも落ちません。「あ、もっと風が吹いてきた」は、頭と身体をそよ風に揺らす、物的バランスの運動です。フリスビーをランダムに置くと、お花畑になりました。好きな色のスカーフを選んで首に結べば蝶に変身（図2）。フリスビーのお花畑を縫って飛ぶ走行ムーブメントです。最後はスカーフを首から外し床に広げ、お花（フリスビー）を摘んでスカーフに載せ、親子で落とさないように運びます。運んだ先には、葉っぱや茎に変身した小学生が子どもに合わせて低い姿勢で動かず待っていてくれます。「どこに載せる？」と問いかけ、今度は他者の身体で部位を

意識します。落とさないように力を調整しながらそっと載せることができ、大成功（図3）。必ず最後は拍手喝采です。

図2　ちょうちょに変身　　　図3　みんなでお花をかざろう

② 秋「落ち葉のムーブメント」

　形板を葉っぱに見立てます。「風を吹かせよう」は、子どもの動きから発想を得た予定外のプログラムです。形板は軽くてしっかりしており、思わずあおぎたくなります。ある子がパタパタと動かしたので、リーダーはクルクルと飛ばされるパフォーマンスをしてみました。するとパタパタする子がどんどん増え、みんなで「せーの！」ともっと強くあお

ぐので、リーダーはもっと大きく回ってみせました。続いて、飛ばされたい親子にバトンタッチ。子どものサイズに応じて抱っこや親子対面で両手を握り真ん中に立ち、風が吹いたらクルクル回ります。このように、ムーブメントでは柔軟性が求められます。「落ち葉でタッピング」は初めは手と形板で、次はお腹、足、お尻…などと指定される部位を探してトントンとタッピングします。今度は隣同士で。自然とピアノの音が応援してくれます。幼児の教室では音楽は大切な環境です。その次は、落ち葉（形板）を頭や背中に載せてバランスを取ります（図4）。「森の落ち葉（走行ムーブメント）」では形板を床の上に重ならないように置き、森に見立て、動物に変身してそこを進みます。くま、うさぎなど、子どもたちにも課題を出してもらいます。動物になりきると四つ這い、片足立ち、ジャンプなどいろいろな移動方法に挑戦できます。イメージにつなげるため、絵カードを提示することもあります。「たき火を囲もう」では、大きなさつま芋を出現させ、その周りに形板と同色のフラフープを置き、色ごとに仲間分けをしました（図5）。形板を運ぶときは「どこかに挟む」という課題に、あご、足の裏、脇、お腹…といろいろな答えが出てきました。フラフープと形板の周りを赤いロープで囲み、たき火にします。ロープをみんなで持ち「上」「下」、座位のまま「前」「後ろ」と動きます。代表の親子が赤いスカーフを身につけ火の精に変身し、フラフープの内側へ入ります。周囲のみんなでロープを持ち、火の精が子どもを抱き上げるのに合わせて上に持ち上げ、火の精が子どもを降ろしたら下げるという視知覚連合運動です（図6）。大きい子は、子ども同士で手をつないでロープ際を歩きました。子どもたちが目の前を通ったらロープを上げ、通り過ぎたら下げ、ウェーブにします。大きなさつま芋にはあらかじめビーンズバッグが仕込んであり、中からビーンズバッグの焼き芋が出現。「アチチッ」とビーンズバッグを手の上で軽くジャンプさせながら子どもたちに渡すと、本当に熱そうに、落とさないように手の上で跳ねさせます。手と目の協応性や手指の操作性が働きます。最後は本当の焼き芋のようにおいしそうに食べました。

図4　落ち葉が頭に載るかな

図5　落ち葉を集めて焼き芋だ

図6　たき火よ燃えろ！

③ 冬「ウッキークリスマス」

　クリスマスはムーブメントに取り込みやすい題材です。今回は風船をメインにプログラムを考えました。風船は遊具が足りないときの強い味方です。風船の感触や割れることに恐怖がある子がいる場合は、キャンディボールやビニール袋、スカーフなどで代用することもあります。「風船体操」では風船を両手で軽く挟み、そのまま上下や前後に自由に動

かすよう促すと，「後ろ」はいろいろな案が出てきました。「方向」の次は，お腹や頭などの「身体部位」に注目します。指示された身体部位に風船を打ちつけてトントンとリズムをとります。初めは自分の身体で。「肩」では、お父さんやお母さんと肩をたたき合い、対人意識にも働きかけました。「プレゼント運び」では、風船をプレゼントと見立て、スカーフを使って運びます（図7）。大小どちらのスカーフを使うのかも親子で考えます。載せたり包んだり担いだり、様々な方法の全部に「いいね」と声かけします。運んだ先のゴールには大きな袋を使います。「クリスマスツリー作り」では、スタッフが床に緑のロープで大きな三角形を描き、子どもたちはそれぞれのスカーフで飾りつけます。リボンやお花の形にしたり、つなげたり、円を描いたり。ハットフリスビーも足して豪華なツリーの完成です（図8）。サンタクロースには、ツリーの前での記念撮影とツリーの解体にも参加してもらいました（図9）。フィナーレの「パラシュート」は、風船を載せるだけでファンタジーな世界です。子どもたちが下に入り、パラシュートを持っていた人が「1・2・3」で手を放した瞬間、サンタクロースとトナカイはパラシュートをサッと持って走り去り、上から風船が降ってきました。ムーブメントならではの斬新な退場です。

図7　プレゼントを運ぼう

図8　クリスマスツリー完成

図9　サンタも一緒に

［4］どの子にとっても居場所になる優しい環境ができるムーブメント

　ウッキークラブには、療育機関を利用している、言葉がゆっくり、人見知りが強い、衝動的な行動をとるなどのいろいろな個性の子どもたちも参加しやすく、自然とインクルーシブな環境になっているようです。「子どもの新たな発見や変化といった『発達性』に目を向けられること」は、保護者にとっても活動に参加する意欲になっていると考えられます。また、「あの時どこにも行き場がなく、ようやく居場所を見つけた」「園でなかなか一斉活動に入れなかったけど、パラシュートを経験していたおかげでみんなと一緒にできた」「園では一斉活動が苦手で怒られてばかりだけど、ここでは考えたことをほめてもらえて自信がついた」という話を、活動時にも卒業した後にも耳にします。「子どもたちはホールの端にいたり寝転がったりしていても、ちゃんと聞いている、ちゃんと見ている」ということにスタッフが気づき、さりげなく遊具を近づけたり、みんなとは別の方法で誘ってみたりするなどその子なりの参加の仕方を見つけ、尊重することが参加者みんなの共通認識であるということも、この場をどの子にも優しい環境にしている一因ではないか

と思います。初回参加時には保護者に「ムーブメント教育・療法Q&A」という説明書を配布し、ムーブメントがどのようなものかについて予備知識を入れてもらうようにしています。また、メインの活動後のおやつタイムでは振り返りを行っています。大人や子どもから感想をもらい、それに合わせてムーブメントのワンポイントレッスンの時間を設けており、その積み重ねの効果もあるのではないかと感じています。

[5] いろいろな現場で生かせるムーブメント

ここでは子育て支援のムーブメントをご紹介しましたが、ムーブメントは他にも幼児の様々な現場で活用することができます。たとえば、複数の市町（千葉県富里市・成田市・香取郡東庄町）の保健センターで行っている検診や相談後のフォローアップのための親子教室事業でも活用されています。ムーブメントを学んだことで、子育てする上でかかわりが難しい、自信が持てない、遊び方がわからないなどの悩みを抱える保護者に、子どもの興味・気づきを一緒に見つけることや具体的な遊び方・参加の仕方を提案することもできます。

また、単独通園型の児童発達支援センター「銀河鉄道」（千葉県八街市）で

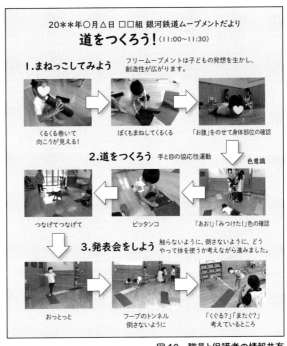

図10　職員と保護者の情報共有

は、保育者中心のプログラム作りを一緒に行う中で子どもの強みや挑戦に気づき、子どもに合わせた環境の作り方、遊具の使い方、働きかけ方の研修に役立てています。ここでは、ムーブメント実践の写真を時系列に並べたドキュメンテーションを作成しています。全3クラスの保育者の情報交換の手段としてだけでなく、「ムーブメントだより」という保護者に療育の様子を知らせる手段としても活用し、大変好評です（**図10**）。

その他、2020年4月には「NPO法人あそび発達サポート研究所」が活動をスタートさせ、地域の発達支援の質の向上や人材育成のためのツールとしてムーブメントを活用しています。保護者・保育者などに広くムーブメントを伝えることで、子どもへの視点が深まり、子どもたちが力を発揮できる環境作りに貢献できることを願っています。

（松川節理子）

●引用・参考文献

庄司亮子（2015）『ムーブメント教育による家族参加型子育て支援に関する研究―養育者と支援者にもたらす影響に着目して―』平成27年度鎌倉女子大学大学院修士論文.

10 | ムーブメント教育の環境・遊具活用の実際

◼ ムーブメント教育の遊具について

　本章では、ムーブメント教育の環境として重要な役割を持つムーブメント遊具について、その特徴や代表的な活用方法を紹介します。ムーブメント教育では、ムーブメント活動を楽しく豊かに展開するために、様々な遊具が開発されています。それぞれの遊具は、色や形、大きさなどに様々なバリエーションがあり、それぞれ異なる感覚を得られる材質が用いられるなど、子どもが思わず手を出したくなる、触りたくなるような工夫がされています。子どもは、遊具からの誘いにより、自然に身体が動き出し、豊かな活動が展開されます。このように、遊具からの働きかけは、ムーブメント教育の特徴である動的環境（子どもが自発的に動きたくなる環境、手を出したくなる環境）を作り出すのです。遊具を活用することで、子どもの自主性や自発性、創造性がかきたてられ、活動の幅が広がり、様々な遊びや支援の流れが生まれます。

　遊具は決まりきった方法で使うだけでなく、そのとき、その場にいる子どもに合わせて、自由に活用することができます。また、1つの遊具を使って展開するのはもちろんのこと、遊具と遊具を組み合わせることで、ムーブメント教育の楽しい風景を作ることや、変化のある繰り返しの活動を可能にします。また、遊具を使うことで、物とのかかわりの中で自分の身体や他者を意識することにもつながります。

　このように、遊具はムーブメント活動を展開する上で欠くことのできない環境としてのツールですが、あくまでも、主役は子どもです。そのため、まずはそれぞれの遊具の特徴をよく理解し、活動に参加する子どもの発達段階や特性に合わせて遊具を活用することが大切です。「誰のために」「何のために」「どのように」という視点を常に意識し、子どもの笑顔が広がるムーブメント環境を作りましょう。

◻ ムーブメント教育の遊具の紹介

　ここで紹介する1～11の各遊具は、JAMET（特定非営利活動法人日本ムーブメント教育・療法協会）とパステル舎の共同開発によるものです。

　また、各遊具の価格（2020年現在）は、特記のない場合は税別表記です。

1. カラーロープ

〈遊具の特徴〉

◆基本的な動きづくりから、身体意識、知覚運動、
　集団での活動、創造的活動まで幅広く活用でき
　る遊具です。

◆木綿製で、太さは直径10mm程度です。

◆赤・黄・青・緑の4色で、短ロープ（3m）と長
　ロープ（10m）の2種類があります。

◆価格　短ロープ4色セット：¥2,200
　　　　長ロープ4色セット：¥7,200

〈活用方法〉

◎ロープを輪にしてそれに皆でつかまって動かす：上下に揺らす。横
　に送る。上下左右に動かす。引っ張る。

◎床に置いたロープに沿って移動する：2本のロープで作った道を歩
　く。1本のロープの上を歩く。複数のロープを交差させ、好きな
　色のロープの上を歩く。

◎2人でロープを持って動かす：短ロープの両端を2人で持ち、波を作
　る。音や音楽を手がかりに動かす。ロープを床に打ちつけて音を出す。

◎ロープでいろいろな形を作る：床に図形や絵を描く（図1）。

図1　ロープでお絵描きをする

2. ビーンズバッグ

〈遊具の特徴〉

◆「お手玉」に似たプラスチック球が入った操作性
　運動遊具です。

◆色（赤・青・黄・緑・白）や形（丸・四角・三角）、重
　さの違いを利用して、身体意識、視知覚運動、前
　教科学習の活動に取り入れることができます。

◆付属品に布製の的（スコアーマット）があります。
　的にはマジックテープと数字がついています。

◆価格　ビーンズバッグ（45個）とスコアーマット
　　　　（1枚）のセット：¥28,500

〈活用方法〉

◎**ビーンズバッグに親しむ**：触る。重ねる。投げる。取る。両手でもむ。

◎**ビーンズバッグを運ぶ**：頭や肩など，様々な身体部位に載せて落とさないように歩く（**図2**）。

◎**的を使って遊ぶ**：数をめがけて的に投げる。

◎**仲間集めをする**：形・色別に集める。的についているマジックテープに、同じ色のビーンズバッグをつける。

◎**形や色を意識して遊ぶ**：床にランダムに置き、好きな形・色のビーンズバッグにタッチしながら移動する。いろいろなものに見立てて、好きな形を作る。

図2　ビーンズバッグを頭の上に載せて歩く

3. ムーブメントスカーフ

〈遊具の特徴〉

◆薄くて柔らかなナイロン製の布でできています。

◆触覚や視覚を刺激するなどの感覚運動や、ファンタジックな環境を作り出す精神運動をすることができます。

◆赤・黄・青・緑・ピンクの5色で、大型（100cm×196cm）と小型（100cm×98cm）の2種類があります。

◆価格　大型セット：¥5,200、小型セット：¥3,100

〈活用方法〉

◎**スカーフの色や感触を楽しむ**：触る。ロープにつけて動かす（**図3**）。スカーフのトンネルをくぐる。

◎**スカーフを投げる、受け取る**：スカーフをそのまま上に投げ、落ちてきたところをキャッチする。丸めて投げてキャッチする。2人でスカーフを投げ合う。

図3　スカーフの風を楽しむ

◎**見立てて遊ぶ**：スカーフを身体にまとい、お姫様や忍者に変身して遊ぶ。

◎**2人で向かい合ってスカーフを持ち、動かす**：上下に大きく動かす。引っ張り合う。風船などを載せて運ぶ。

4. プレイバンド

〈遊具の特徴〉

◆柔らかくて伸び縮みする幅2.5cm、長さ170cmの
バンド（帯）です。知覚運動や精神運動のプログ
ラムに活用できる遊具です。

◆赤・青・黄・緑の4色があります。

◆両サイドに手首（足首）が入る輪がついており、
輪を利用して複数のバンドを連結させたり、他の
遊具につけたりすることができます。

◆価格　4色セット：¥4,800

〈活用方法〉

◉**伸びることを楽しむ**：両手で持って伸ばす。2人でプレイバンドを持って引っ張る。

◉**身体を使って伸ばす**：立位、座位、あお向けの姿勢で身
体に引っかけて伸ばす。

◉**プレイバンドのくもの巣をつくる**：くぐる（図4）。また
ぐ。ジャンプする。踏みながら移動する。

◉**プレイバンドをつなげて大きな輪をつくる**：皆でプレイバ
ンドを持ち、前後左右や上下に動かす。

◉**他の遊具を組み合わせて遊ぶ**：プレイバンドが放射状
になるようにフラフープにつなげて、皆でプレイバン
ドを持って揺らす。引っ張る。

図4　プレイバンドのくもの巣をくぐる

5. スペースマット

〈遊具の特徴〉

◆適度なストレッチ性とクッション性があるマット
です。ネオプレーンゴム製なので、滑らない構造
になっています。

◆床に自由に並べていろいろなスペースを作ること
ができ、空間や図形の学習や認知など精神運動の
プログラムに活用できます。

◆赤・青・黄・緑・ピンクの5色で、大サイズ

（30cm×90cm）と小サイズ（30cm×30cm）があります。

◆価格　大マット5枚セット（5色）：¥9,300、小マット15枚セット(5色)：¥10,240

〈活用方法〉

◉**スペースマットで島渡り**：マットを床に並べる。自由に渡る。音に合わせて動く、止まる。ワニにつかまらないように渡る。

◉**道を作って渡る**：協力してマットの道を作る。マットの上を歩く。色を決めて歩く（図5）。

◉**引っ張りっこ**：2人組でマットの両端を持って、引っ張りっこをする。

◉**スペースマットの上でポーズをとる**：マットの上で、様々なポーズをとる。

◉**見立てて遊ぶ**：床に自由に並べて形を作る。活動の風景を作る。

図5　スペースマットの道を歩く

6. ユランコ

〈遊具の特徴〉

◆ハンモックのような揺れやそり遊びが体験でき、前庭感覚刺激の活動に最適な遊具です。

◆大型ユランコ（120cm×180cm）には14個、小型ユランコ（80cm×100cm）には6個の取っ手があるので、取っ手を持って動かすことで集団での活動ができます。

◆表は綿帆布で、裏は床や絨毯の上でも滑りやすいナイロン素材を使用。プールで使用可能な水抜きがあり、取り外し可能な牽引ベルトもついています。

◆価格　大型ユランコ（牽引ベルト2本つき）：¥35,000
　　　　小型ユランコ（牽引ベルト2本つき）：¥12,400

〈活用方法〉

◉**ユランコに乗って揺れを楽しむ**：1人で乗る。親子で乗る。ボールプールの上で乗る。

◉**持ち上げて揺らす**：ユランコを持ち上げ、前後・左右

図6　ユランコに乗って揺れを楽しむ

上下に揺らす、回転させる（**図6**）。

◎**そり遊びを楽しむ**：ユランコの取っ手に牽引ベルトをつけて床の上を引っ張り、それに座位、腹這い、あお向けで乗ったり、2人で乗ったりする。

◎**ユランコを乗り物に見立てて遊ぶ**：車、電車、新幹線に見立て、ゆっくりあるいは速く動かす。

◎**ユランコに乗った友達を引っ張る**：友達を乗せ、順番に引っ張る。

◎**プールで使う**：プールの中でユランコに子どもを乗せ、ハンモックのように揺らす。

7. ハットフリスビー

〈遊具の特徴〉

◆ナイロン製でエッジにマジックテープがついており、室内でも安全に使用できる操作性運動遊具です。

◆投げることを楽しみ始めた幼児から使用できるよう工夫されており、ミットを使うことで簡単にフリスビーを受け止めることができます。

◆頭に載せると帽子になることから「ハットフリスビー」と名づけられました。

◆色（縁取り）は、赤・青・黄・緑・白の5色あり、防水加工もされています。

◆価格　フリスビー20個（5色）、フリスビー受けミット2個：¥19,200

〈活用方法〉

◎**身体に載せて歩く**：頭や肩、手のひらに載せ、落とさないように歩く。

◎**床の上でスライドさせる**：床の上でスライドさせ、滑らせて飛ばす。

◎**フリスビーを投げる**：自由に投げる。ビーンズマット用の的に投げてくっつける（**図7**）。スカーフを的にして投げる。2人組になり、ミットをつけて投げたりキャッチしたりする。複数個を持って一度に投げる。

◎**他の遊具と組み合わせて遊ぶ**：フラフープの中を通すように投げる。

◎**プールに投げ入れて拾いあう**

図7　ハットフリスビーを的にくっつける、はがす

8. ムーブメント形板

〈遊具の特徴〉

◆発砲ポリエチレン製のソフトな素材を用いており、知覚運動や形、数などの前教科学習につなげることができる遊具です。

◆四角形（一辺25cmの正方形）とその半分の三角形（短辺25cmの直角三角形）があり、それぞれに0～9までの数字が片面印刷されています。

◆青・黄・ピンクの3色があります。

◆価格　四角形30枚、三角形30枚（各3色）：￥19,800

〈活用方法〉

◉**形づくり：**自由に形板を組み合わせて形を作る。友達と協力して大きな形を作る（**図8**）。

◉**身体に載せる、身体をタッピングする：**頭や肩に載せてポーズをとる。身体部位を軽くタッピングする。

◉**道を作る：**色や形ごとに道を作る。数字を意識して順番に並べて道を作る。

図8　形板を組み合わせて形を作る

◉**形板を拾う、集める：**指示された色や形、数字の形板を拾う。応用編として「足して5にする」など、複数の形板の組み合わせを考えさせる。

◉**形板の上を移動する：**好きな形板の上を自由に渡る。指示された形や色の形板の上を渡る。指定された枚数の形板を渡ってゴールまで行く。

9. ピッタンコセット

〈遊具の特徴〉

◆足型、知覚型（三角、四角、丸）やラインテープを着脱式のマットに自由に貼ったりはがしたりして遊べる遊具です。

◆知覚学習や身体意識の活動、自由に足型や知覚型を貼りつけて形を描くなど、精神運動、造形活動や等数の学習に活用することができます。

◆マット（46cm×400cm）1枚、足型10枚、知覚型36枚（三角、四角、丸×各12枚）、ライン2枚（2cm×92cm、

2cm×46cm）

◆価格　上記セット：￥26,800

図9　ピッタンコセットの型に沿って歩く

〈活用方法〉

◉**ピッタンコセットを貼る、はがす：**自由に貼ってはがす。形づくりをする。色や形で仲間に分けて貼る。

◉**足型に沿って歩く：**たくさんの足型をマットに貼り、足型の上を歩く（**図9**）。

◉**タッチしながら歩く：**マットに貼ってある型に手や足でタッチしながら歩く。

10. パラシュート

〈遊具の特徴〉

◆床に広げるだけでファンタジックな世界を作り出すことができ、社会性やコミュニケーションの活動を促すのに最適な遊具です。

◆感覚運動、知覚運動、精神運動のすべてのプログラムに活用できます。プログラムのフィナーレに登場させることで、達成感や幸福感をともに分かち合うことができます。

◆小型（直径3m）、中型（5m）、大型（7m）があり、強力なナイロン製の布で作られています。

◆幼児や低学年、障害のある児童でも掴みやすいように縁取り（エッジ機構）があり、防水加工がされているので、プールでも使うことができます。

◆価格　小型：￥32,000、中型：￥53,000、大型：￥63,000

〈活用方法〉

◉**皆で持つ：**パラシュートの周りを皆で持ち、引っ張る。小さく（波のように）揺らす。上下に大きく動かす。小刻みに揺らして合図で止める。左右に動かす。

◉**パラシュートの上に乗って楽しむ：**子どもをパラシュートの上に乗せ、ゆっくり・速く揺らす。グルグル回転させる。パラシュートを思い切り引っ張って子どもを持ち上げ、宙に舞うように大きな揺れを楽しむ。子どもを乗せて引っ張る（**図10-1**）。

図10-1　パラシュートの上に子どもを乗せて引っ張る

◉**パラシュートの下に入って楽しむ**：手を伸ばして触る。床に横たわって足で蹴る。ドームの中に入る。

◉**ドームを作る**：大きく上下に動かした後ドームを作る（図10-2）。ドームを子どもに潰させる（図10-3）。

◉**物を載せて楽しむ**：カラーボールをたくさん載せて弾ませる（ポップコーンムーブメント）。風船を載せる（図10-4）。紙吹雪を載せて飛ばす。

◉**パラシュートを飛ばす**：皆でパラシュートを持ち、上下させた後、タイミングを合わせて手を放し飛ばす（図10-5）。

図10-2　パラシュートでドームを作る

図10-3　パラシュートの山登り

図10-4　風船を載せて
パラシュートを揺らす

図10-5　タイミングを合わせて
パラシュートを飛ばす

11. ムーブメントリボン

〈遊具の特徴〉

◆リボンを動かして円を描いたり、大きく振ったり、小さな波を作ったりできる操作性運動遊具です。

◆腕を大きく回旋させることで、身体意識、時間・空間意識、協応性を高めることができます。

◆長さ60cmの木製のスティックに3mのナイロンタフタ製のリボンがついており、360度回転させることができます。

◆青・黄・緑・ピンクの4色があります。

◆価格　4色セット：¥7,200

〈活用方法〉

◉**自由に振る、動かす**：自由に動かす（図11）。円を描くように動かす。音楽に合わせて動かす。

◉**様々な姿勢でリボンを操作する：**立位、座位、あお向けの姿勢でリボンを動かす。

◉**リボンを持って走る：**リボンの端が床につかないように走る。

◉**リボンを振って音を出す：**リボンを上下に強く振る。

◉**自由に表現する：**風、波、花火などをイメージしながらリボンを動かす。

◉**リボンでダンスする：**ゆっくりと振ったり、元気よくダイナミックに動かす。

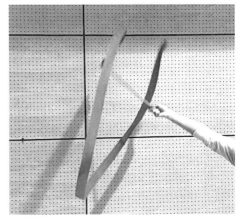

図11　リボンを自由に動かす

12. フラフープ

〈**遊具の特徴**〉

◆基本の動きづくりから知覚運動、精神運動ムーブメントまで幅広く活用できる遊具です。

◆様々なムーブメント遊具と組み合わせて活用することができます。

◆大きさは大（直径85cm）、中（60cm）、小（40cm）の3種類、色は赤、青、黄、緑、白の5色あります。

◆価格　大セット：¥5,390、中セット：¥4,070、小セット：¥3,520（いずれも税込）

〈**活用方法**〉

◉**いろいろな方法でフラフープを持つ・運ぶ：**フラフープを持って様々な姿勢をとる。身体にかけて運ぶ。

◉**フラフープをくぐる：**フラフープで作ったトンネルをくぐる（**図12**）。

◉**フラフープの道を移動する：**歩く。跳ぶ。またぐ。ケンケンパする。

◉**フラフープの中に身体部位を入れる**

◉**フラフープを操作する：**自由に転がす。回す。2人組でフラフープを転がしたり受け取ったりする。

図12　フラフープでトンネルを作る

13. スクーターボード

〈遊具の特徴〉

◆木製やポリプロピレン製のボードにキャスターがついている移動性の遊具です。

◆腹這いや座位姿勢で乗り、加速度刺激や回転性の前庭感覚刺激を楽しむことができます。

◆ボードの上に丈夫な箱を載せることで、座位保持が難しい子どもも乗ることができます。

◆大きさは様々あり、ポリプロピレン製のボードは縦、横に連結して使用できます。

◆価格　ポリプロピレン製（約 幅27.5cm×奥行41cm×高さ7.5cm）：¥2,000前後

〈活用方法〉

◉**ロープを結びつけて引っ張る**：子どもを座位や腹這いで乗せ、ボードにつけたロープで大人が引っ張る。子ども同士で順番に引っ張る。

◉**つかまって移動する**：子どもを座位もしくは腹這いで乗せ、フラフープやロープを握らせて移動する。

◉**スピードを楽しむ**：子どもを腹這いで乗せ、大人が後ろから勢いをつけて押す。

◉**漕いで進む**：子どもが腹這いで乗り、両手・両足を使って、自分で漕いで進む。

◉**ロープ渡り**：座位で乗り、ピンと張ったロープをたぐって進む。

（袴田優子、庄司亮子、飯村敦子）

《本章で紹介した遊具の取り扱い先》

1．カラーロープ　2．ビーンズバッグ　3．ムーブメントスカーフ　4．プレイバンド　　5．スペースマット　6．ユランコ
7．ハットフリスビー　8．ムーブメント形板　　9．ピッタンコセット　　10．パラシュート　11．ムーブメントリボン
：パステル舎（ムーブメント教育・療法、福祉遊具）
〒248-0013　神奈川県鎌倉市材木座2-7-15　TEL：0467-23-8360、FAX：0467-23-9170、HP：http://pastel4.web.fc2.com/
12．フラフープ：ひかりのくに、フレーベル館など
13．スクーターボード：ホームセンターなど（台車として販売されている）

●引用・参考文献

小林芳文、大橋さつき、飯村敦子（2014）『発達障がい児の育成・支援とムーブメント教育』大修館書店.
小林芳文（2006）『ムーブメント教育・療法による発達支援ステップガイド』日本文化科学社.
小林芳文、大橋さつき（2010）『遊び場づくりに役立つムーブメント教育・療法　笑顔が笑顔をよぶ子ども・子育て支援』明治図書出版.

執筆者一覧 （所属先・担当）

■ 編著者

小林　芳文	横浜国立大学・和光大学 名誉教授	1、7、8 章
是枝喜代治	東洋大学 教授	2、7、8 章
飯村　敦子	鎌倉女子大学 教授	1、7、8、10 章
雨宮由紀枝	日本女子体育大学 教授	4、7 章

■ 執筆者 （執筆順）

岩羽紗由実	聖ヶ丘教育福祉専門学校 専任教員	2 章
河合　高鋭	鶴見大学 准教授	3 章
小林　保子	鎌倉女子大学 教授	3 章
大塚美奈子	上田女子短期大学 専任講師	5 章
堀内　結子	横浜国立大学教育学部附属横浜小学校 教諭	5 章
大橋さつき	和光大学 教授	6 章
敦川　真樹	弘前大学教職大学院 教授	9 章事例 1
郡司　茂則	社会福祉法人茨城補成会 涸沼キッズ 管理者	9 章事例 2
下条のぞみ	社会福祉法人竹伸会 杉の木台こども園 保育士	9 章事例 3
竹内　誠	社会福祉法人竹伸会 杉の木台こども園 園長	9 章事例 3
藤原　晴代	社会福祉法人竹伸会 杉の木台こども園 保育士	9 章事例 3
奥村　操子	鳥取県立鳥取養護学校 教諭	9 章事例 4
鈴木　和子	NPO 法人子育て支援いっすね宮下事業所 施設長	9 章事例 5
松川節理子	NPO 法人あそび発達サポート研究所 代表理事	9 章事例 6
庄司　亮子	海老名市立わかば学園 児童指導員	10 章
袴田　優子	市川市教育センター 心理相談員	10 章

運動・遊び・学びを育てるムーブメント教育プログラム100
―幼児教育・保育、小学校体育、特別支援教育に向けて
©Y. Kobayashi, K. Koreeda, A. Iimura & Y. Amemiya, 2021　　NDC378／vi, 225p／26cm

初版第1刷発行 ──────── 2021年4月10日

編著者 ────────── 小林芳文・是枝喜代治・飯村敦子・雨宮由紀枝
発行者 ────────── 鈴木一行
発行所 ────────── 株式会社大修館書店
　　　　　　　　　　　　〒113-8541　東京都文京区湯島2-1-1
　　　　　　　　　　　　電話03-3868-2651（販売部）　03-3868-2297（編集部）
　　　　　　　　　　　　振替00190-7-40504
　　　　　　　　　　　　[出版情報] https://www.taishukan.co.jp/

装丁・本文デザイン・組版 ── 島内泰弘（島内泰弘デザイン室）
カバー・本文イラスト ─────── 高野真由美（アート・ワーク）
印刷所 ─────────── 横山印刷
製本所 ─────────── 難波製本

ISBN978-4-469-26906-2　Printed in Japan